전면개정 제37회 공인중개사 시험대비 동영상강의 www.pmg.co.kr

브랜드만족 1위 박문각
근거자료 별면표기

2026

김희상 부동산공법

부동산공법 체계도

김희상 편저

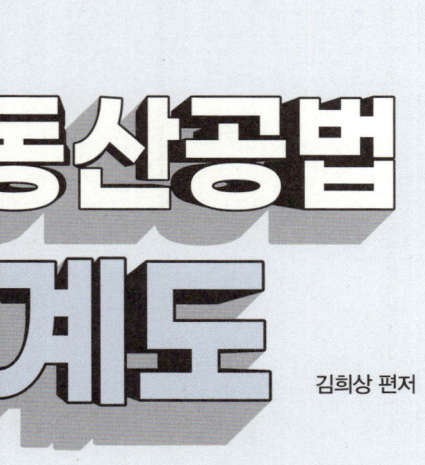

- 최근 개정 부동산공법 완벽반영
- 체계도로 부동산공법 전체적인 흐름과 절차 파악
- 빈칸완성을 통해 자연스러운 반복학습 완성
- 핵심 이론, 기출지문으로 학습효과 극대화

박문각 공인중개사

박문각

“부동산공법을 공부하는 여러분들께”

부동산공법은 수험생들에게 공포의 공법이라는 말로 불릴 만큼 용어도 낯설고
내용도 복잡하며 숫자도 많아서 접근하기가 어려운 법률입니다.
하지만 아무리 내용이 어려워도 공법의 원리와 체계를 통하여 접근하면,
공법은 더 이상 공포의 법률이 아닌 공부하고 싶고 기다려지는 과목이 됩니다.
부동산공법 체계도는 공부를 시작하는 수험생들이 전체적인 체계도를 통해 숲을 머릿속에 그리고
세세한 이론을 공부하기를 바라는 생각에서 출간하게 되었습니다.
부동산공법의 정답은 체계입니다. 여러분이 공법을 더 이상 공포가 아닌
즐겁게 공부할 수 있도록 도와드리겠습니다.
본서를 통해 수험생 여러분들이 모두 합격의 길로 가시길 바랍니다.

2025년 10월 저자 **명품공법** 김희상

부동산공법 **김희상**

저자 약력

現 에듀스파 박문각 부동산공법 교수
前 에듀윌 부동산공법 교수
前 방송대학TV 부동산공법 강사
前 삼성 SDI e-campus 부동산공법 강사
前 한국자산관리공사 공법 특강 강사

이 책의 차례

체계도 + 빈칸완성 한번 더!

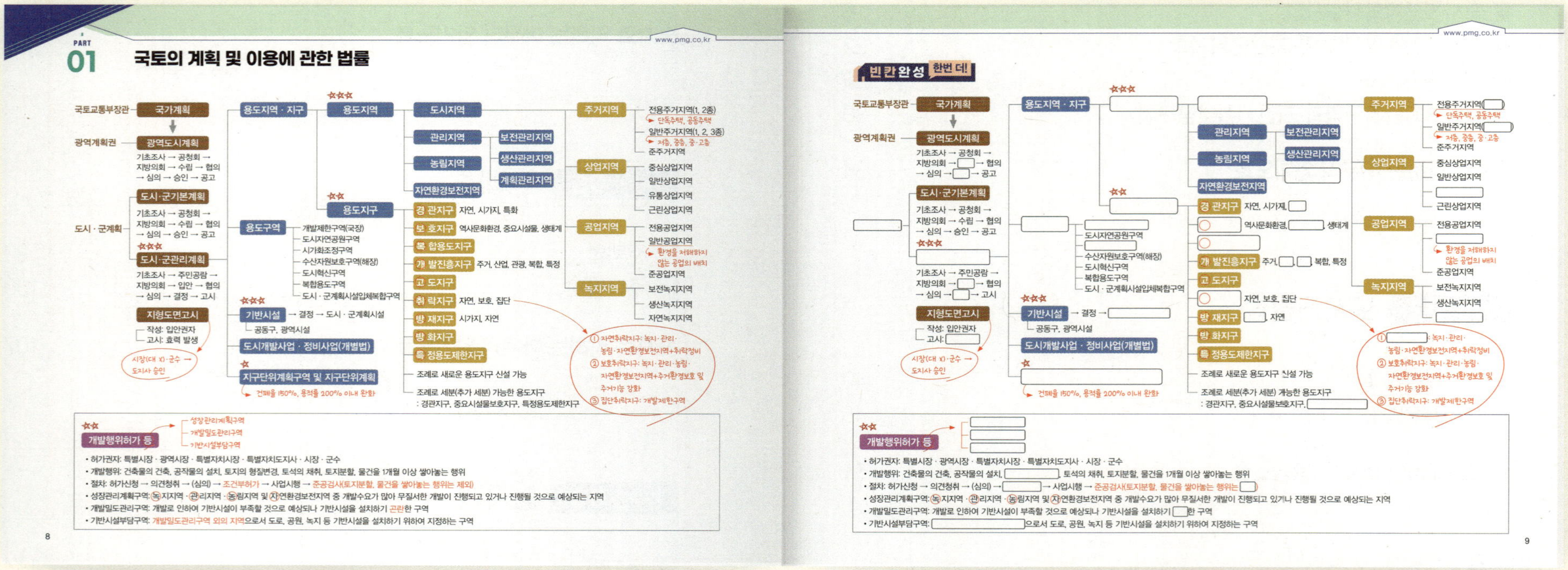

체계도로 부동산공법의 전체적인 흐름과 절차를 파악!

빈칸완성을 통해 중요 키워드를 채워나가며 자연스러운 반복학습 완성!

핵심 POINT

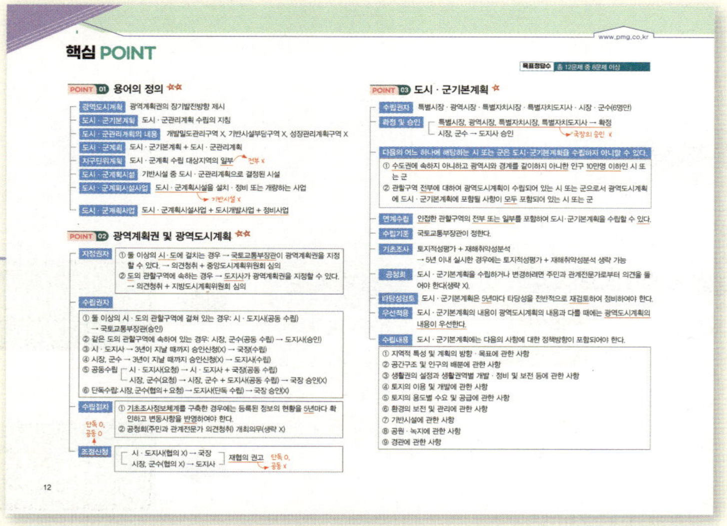

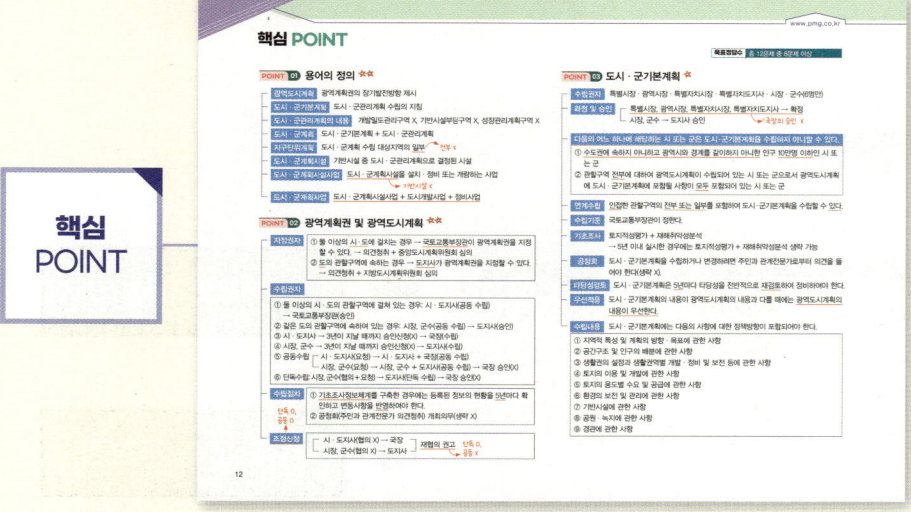

시험에 자주 출제되는 핵심 이론 학습!

기출 OX 문제

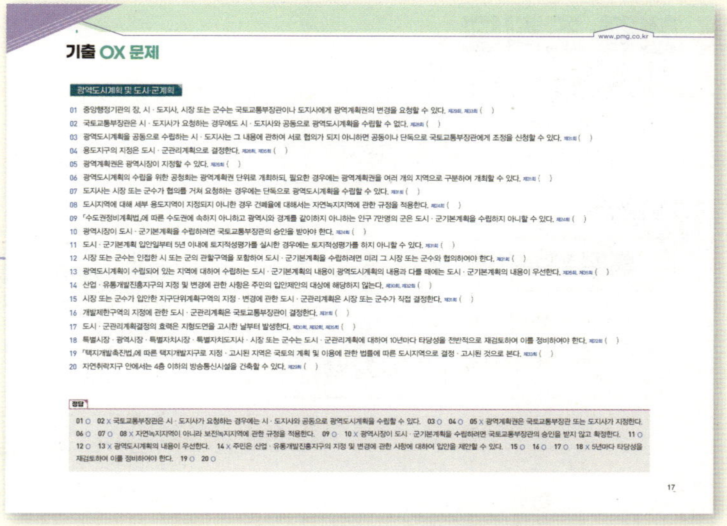

실제 기출지문으로 만들어진 OX문제로 실력 점검!

마무리 암기노트

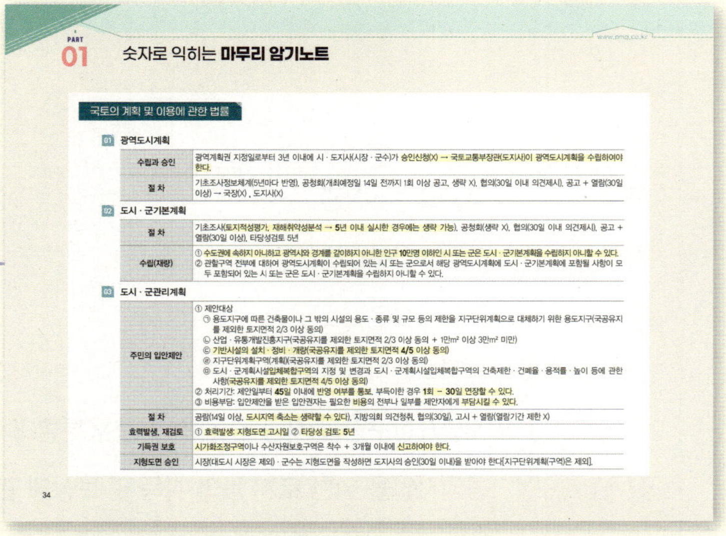

꼭 알아야 하는 중요 숫자를 암기하며 마무리 정리!

부록 유형별 계산문제

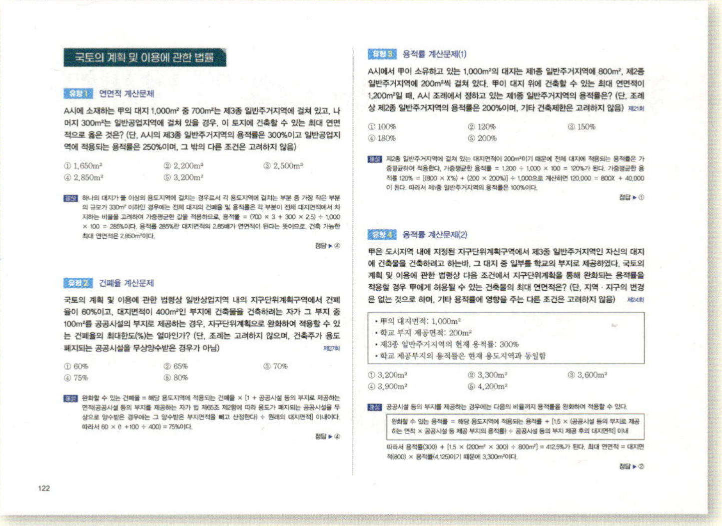

헷갈릴 수 있는 계산문제를 유형별로 정리!
+ 상세한 해설 수록!

행정 조직도

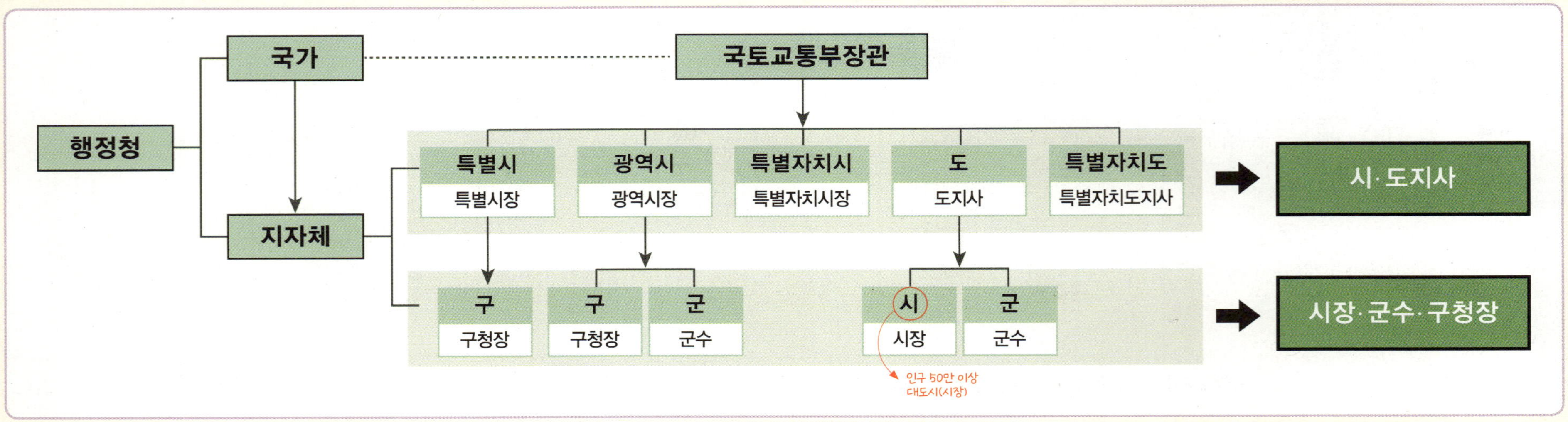

부동산공법 체계도 이렇게 보세요!

☆ 1회 이상 출제

☆☆ 2회 이상 출제

☆☆☆ 3회 이상 출제

검정색	기본 이론
빨간색	중요 이론
손글씨	교수님 보충 설명
암기 TIP	꼭 알아둘 암기코드

국장	국토교통부장관
해장	해양수산부장관
행장	행정안전부장관
농장	농림축산식품부장관
개특법	개발제한구역의 지정 및 관리에 관한 특별조치법
공취법	공익사업을 위한 토지 등의 취득 및 보상에 관한 법률

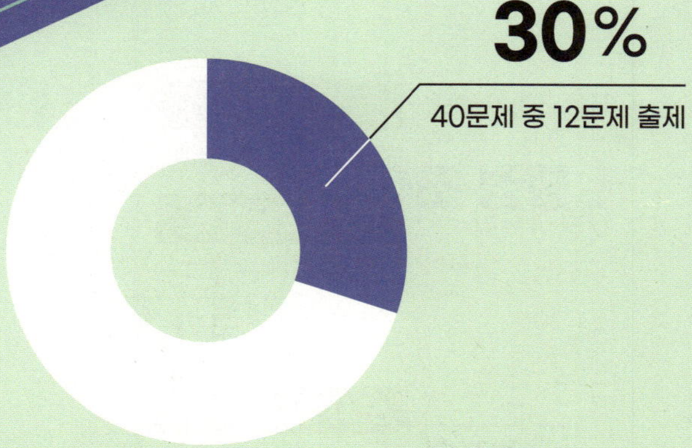

PART

01

국토의 계획 및 이용에 관한 법률

01 국토의 계획 및 이용에 관한 법률

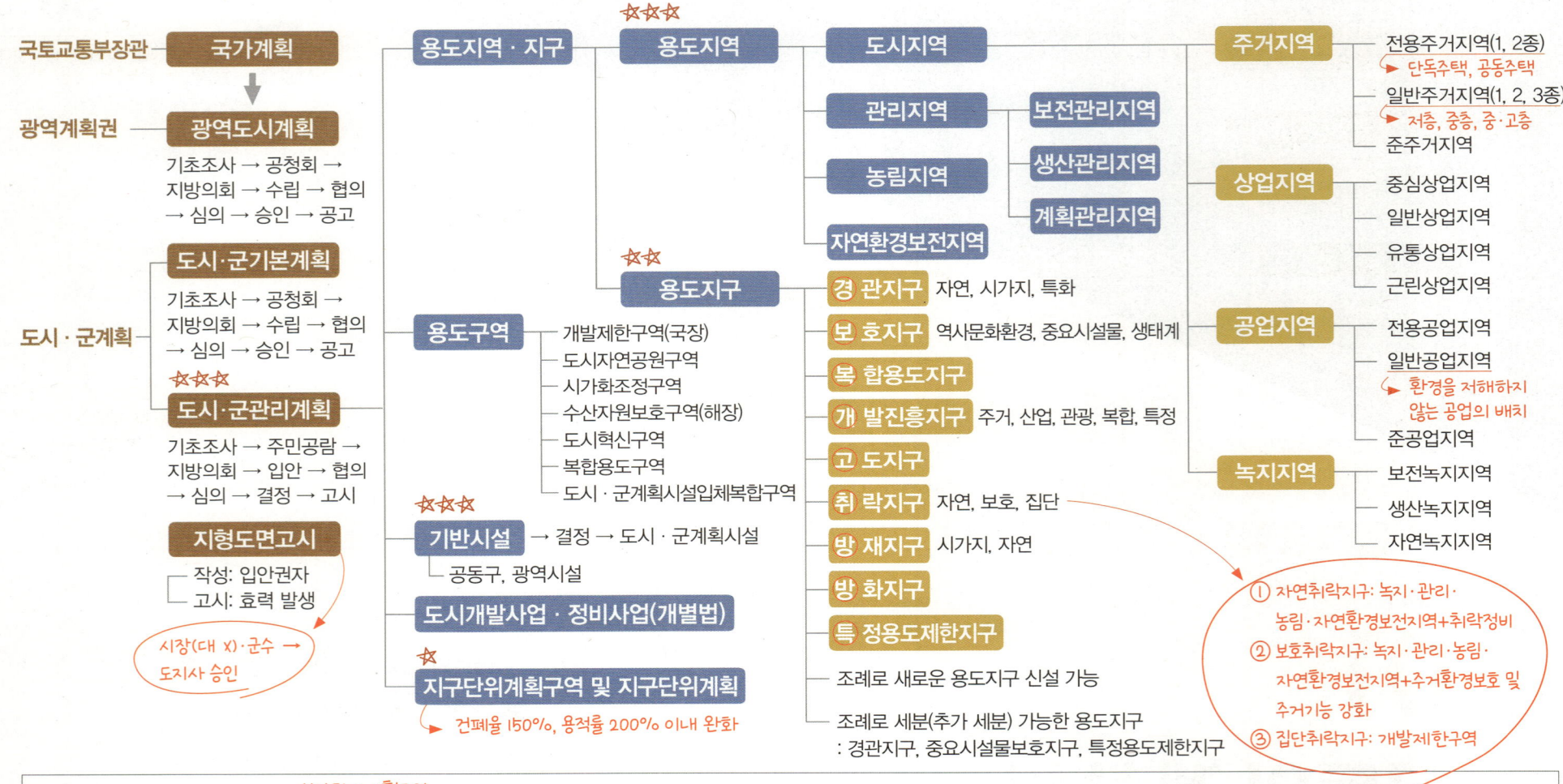

- 국토교통부장관 — 국가계획
  - ↓
- 광역계획권 — 광역도시계획
  - 기초조사 → 공청회 → 지방의회 → 수립 → 협의 → 심의 → 승인 → 공고
- 도시 · 군계획
  - 도시·군기본계획
    - 기초조사 → 공청회 → 지방의회 → 수립 → 협의 → 심의 → 승인 → 공고
  - ☆☆☆ 도시·군관리계획
    - 기초조사 → 주민공람 → 지방의회 → 입안 → 협의 → 심의 → 결정 → 고시
- 지형도면고시
  - 작성: 입안권자
  - 고시: 효력 발생
  - 시장(대 X)·군수 → 도지사 승인

- 용도지역 · 지구
  - ☆☆☆ 용도지역
    - 도시지역
      - 주거지역
        - 전용주거지역(1, 2종) → 단독주택, 공동주택
        - 일반주거지역(1, 2, 3종) → 저층, 중층, 중·고층
        - 준주거지역
      - 상업지역
        - 중심상업지역
        - 일반상업지역
        - 유통상업지역
        - 근린상업지역
      - 공업지역
        - 전용공업지역
        - 일반공업지역 → 환경을 저해하지 않는 공업의 배치
        - 준공업지역
      - 녹지지역
        - 보전녹지지역
        - 생산녹지지역
        - 자연녹지지역
    - 관리지역
      - 보전관리지역
      - 생산관리지역
      - 계획관리지역
    - 농림지역
    - 자연환경보전지역
  - ☆☆ 용도지구
    - 경관지구: 자연, 시가지, 특화
    - 보호지구: 역사문화환경, 중요시설물, 생태계
    - 복합용도지구
    - 개발진흥지구: 주거, 산업, 관광, 복합, 특정
    - 고도지구
    - 취락지구: 자연, 보호, 집단
      - ① 자연취락지구: 녹지·관리·농림·자연환경보전지역+취락정비
      - ② 보호취락지구: 녹지·관리·농림·자연환경보전지역+주거환경보호 및 주거기능 강화
      - ③ 집단취락지구: 개발제한구역
    - 방재지구: 시가지, 자연
    - 방화지구
    - 특정용도제한지구
    - 조례로 새로운 용도지구 신설 가능
    - 조례로 세분(추가 세분) 가능한 용도지구 : 경관지구, 중요시설물보호지구, 특정용도제한지구
- 용도구역
  - 개발제한구역(국장)
  - 도시자연공원구역
  - 시가화조정구역
  - 수산자원보호구역(해장)
  - 도시혁신구역
  - 복합용도구역
  - 도시 · 군계획시설입체복합구역
- ☆☆☆ 기반시설 → 결정 → 도시 · 군계획시설
  - 공동구, 광역시설
- 도시개발사업 · 정비사업(개별법)
- ☆ 지구단위계획구역 및 지구단위계획
  - → 건폐율 150%, 용적률 200% 이내 완화

☆☆ **개발행위허가 등** → 성장관리계획구역 / 개발밀도관리구역 / 기반시설부담구역

- 허가권자: 특별시장 · 광역시장 · 특별자치시장 · 특별자치도지사 · 시장 · 군수
- 개발행위: 건축물의 건축, 공작물의 설치, 토지의 형질변경, 토석의 채취, 토지분할, 물건을 1개월 이상 쌓아놓는 행위
- 절차: 허가신청 → 의견청취 → (심의) → 조건부허가 → 사업시행 → 준공검사(토지분할, 물건을 쌓아놓는 행위는 제외)
- 성장관리계획구역: 녹지지역 · 관리지역 · 농림지역 및 자연환경보전지역 중 개발수요가 많아 무질서한 개발이 진행되고 있거나 진행될 것으로 예상되는 지역
- 개발밀도관리구역: 개발로 인하여 기반시설이 부족할 것으로 예상되나 기반시설을 설치하기 곤란한 구역
- 기반시설부담구역: 개발밀도관리구역 외의 지역으로서 도로, 공원, 녹지 등 기반시설을 설치하기 위하여 지정하는 구역

빈칸완성 한번 더!

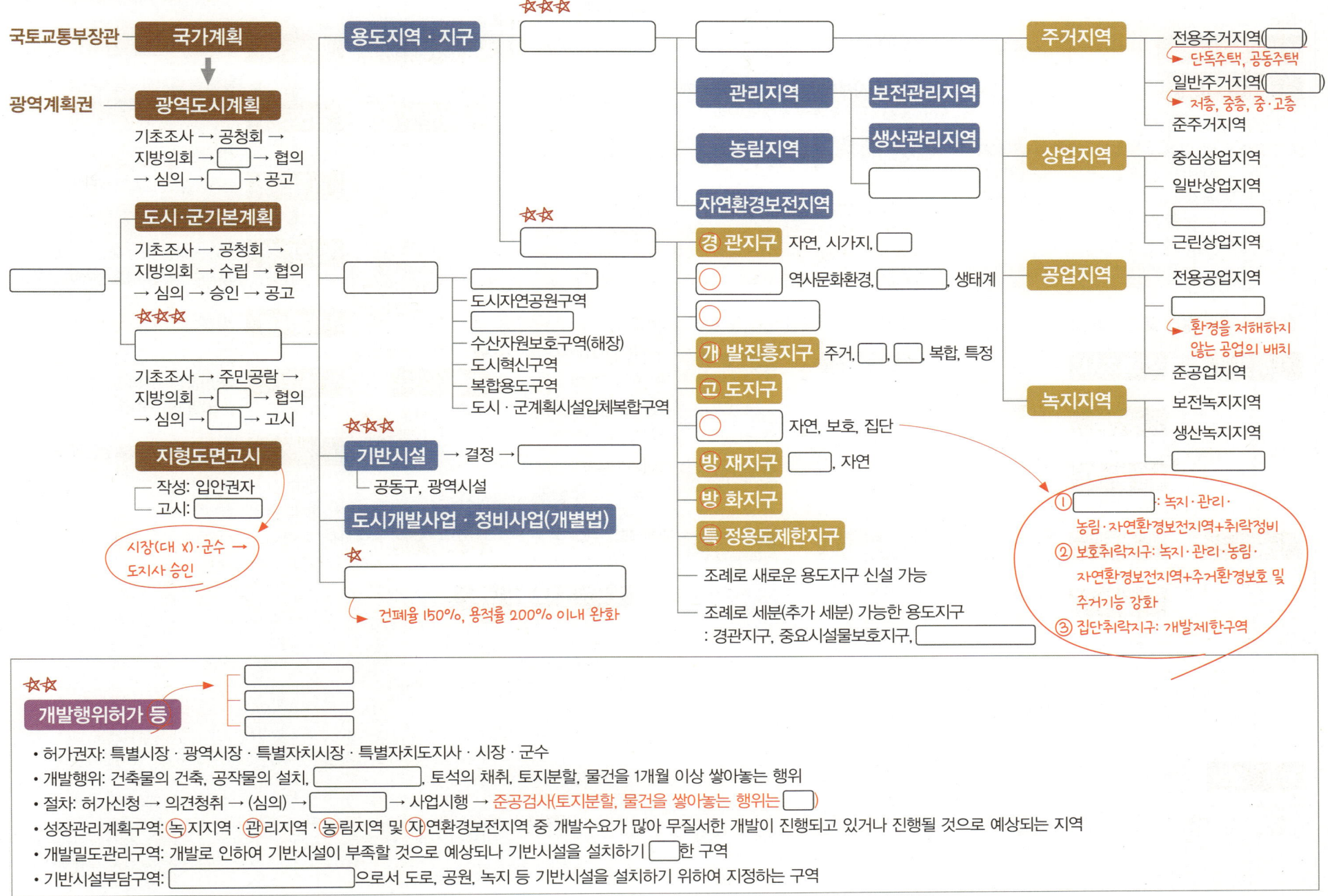

국토교통부장관 — 국가계획

↓

광역계획권 — 광역도시계획
- 기초조사 → 공청회 → 지방의회 → ☐ → 협의 → 심의 → ☐ → 공고

☐ —
- 도시·군기본계획
  - 기초조사 → 공청회 → 지방의회 → 수립 → 협의 → 심의 → 승인 → 공고
- ☆☆☆ ☐
  - 기초조사 → 주민공람 → 지방의회 → ☐ → 협의 → 심의 → ☐ → 고시

지형도면고시
- 작성: 입안권자
- 고시: ☐
- 시장(대 X)·군수 → 도지사 승인

용도지역·지구
- ☆☆☆ ☐
  - ☐ — 주거지역
    - 전용주거지역(☐) → 단독주택, 공동주택
    - 일반주거지역(☐) → 저층, 중층, 중·고층
    - 준주거지역
  - 관리지역
    - 보전관리지역
    - 생산관리지역
    - ☐
  - 농림지역
  - 자연환경보전지역
  - 상업지역
    - 중심상업지역
    - 일반상업지역
    - ☐
    - 근린상업지역
  - 공업지역
    - 전용공업지역
    - ☐ → 환경을 저해하지 않는 공업의 배치
    - 준공업지역
  - 녹지지역
    - 보전녹지지역
    - 생산녹지지역
    - ☐
- ☆☆ ☐
  - 경관지구: 자연, 시가지, ☐
  - ◯☐: 역사문화환경, ☐, 생태계
  - ◯☐
  - 개발진흥지구: 주거, ☐, ☐, 복합, 특정
  - 고도지구
  - ◯☐: 자연, 보호, 집단
    - ① ☐: 녹지·관리·농림·자연환경보전지역+취락정비
    - ② 보호취락지구: 녹지·관리·농림·자연환경보전지역+주거환경보호 및 주거기능 강화
    - ③ 집단취락지구: 개발제한구역
  - 방재지구: ☐, 자연
  - 방화지구
  - 특정용도제한지구
  - 조례로 새로운 용도지구 신설 가능
  - 조례로 세분(추가 세분) 가능한 용도지구: 경관지구, 중요시설물보호지구, ☐

☐
- ☐
- 도시자연공원구역
- ☐
- 수산자원보호구역(해장)
- 도시혁신구역
- 복합용도구역
- 도시·군계획시설입체복합구역

☆☆☆ 기반시설 → 결정 → ☐
- 공동구, 광역시설

도시개발사업·정비사업(개별법)

☆ ☐
- 건폐율 150%, 용적률 200% 이내 완화

☆☆ 개발행위허가 등
- ☐
- ☐
- ☐

- 허가권자: 특별시장·광역시장·특별자치시장·특별자치도지사·시장·군수
- 개발행위: 건축물의 건축, 공작물의 설치, ☐, 토석의 채취, 토지분할, 물건을 1개월 이상 쌓아놓는 행위
- 절차: 허가신청 → 의견청취 → (심의) → ☐ → 사업시행 → 준공검사(토지분할, 물건을 쌓아놓는 행위는 ☐)
- 성장관리계획구역: ㊀녹지지역·관리지역·농림지역 및 자연환경보전지역 중 개발수요가 많아 무질서한 개발이 진행되고 있거나 진행될 것으로 예상되는 지역
- 개발밀도관리구역: 개발로 인하여 기반시설이 부족할 것으로 예상되나 기반시설을 설치하기 ☐한 구역
- 기반시설부담구역: ☐으로서 도로, 공원, 녹지 등 기반시설을 설치하기 위하여 지정하는 구역

02 광역도시계획 및 도시 · 군계획

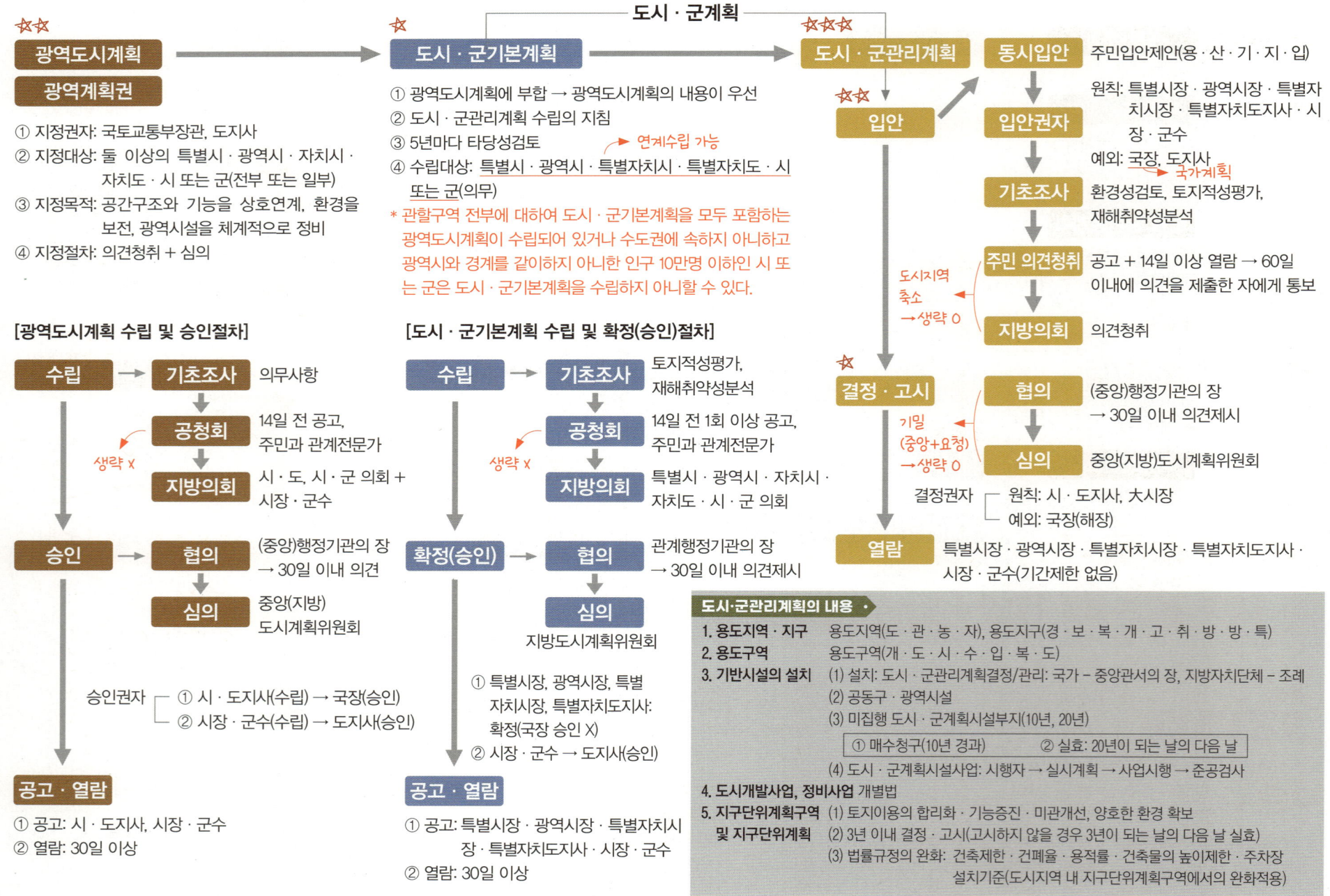

도시 · 군계획

☆☆ 광역도시계획 → ☆ 도시 · 군기본계획 → ☆☆☆ 도시 · 군관리계획

광역도시계획 / 광역계획권

① 지정권자: 국토교통부장관, 도지사
② 지정대상: 둘 이상의 특별시 · 광역시 · 자치시 · 자치도 · 시 또는 군(전부 또는 일부)
③ 지정목적: 공간구조와 기능을 상호연계, 환경을 보전, 광역시설을 체계적으로 정비
④ 지정절차: 의견청취 + 심의

도시 · 군기본계획

① 광역도시계획에 부합 → 광역도시계획의 내용이 우선
② 도시 · 군관리계획 수립의 지침
③ 5년마다 타당성검토 → 연계수립 가능
④ 수립대상: 특별시 · 광역시 · 특별자치시 · 특별자치도 · 시 또는 군(의무)

* 관할구역 전부에 대하여 도시 · 군기본계획을 모두 포함하는 광역도시계획이 수립되어 있거나 수도권에 속하지 아니하고 광역시와 경계를 같이하지 아니한 인구 10만명 이하인 시 또는 군은 도시 · 군기본계획을 수립하지 아니할 수 있다.

[광역도시계획 수립 및 승인절차]

- **수립** → **기초조사**: 의무사항
  - ↓ **공청회**: 14일 전 공고, 주민과 관계전문가 (생략 X)
  - ↓ **지방의회**: 시 · 도, 시 · 군 의회 + 시장 · 군수
- ↓ **승인** → **협의**: (중앙)행정기관의 장 → 30일 이내 의견
  - ↓ **심의**: 중앙(지방) 도시계획위원회
- 승인권자
  - ① 시 · 도지사(수립) → 국장(승인)
  - ② 시장 · 군수(수립) → 도지사(승인)
- ↓ **공고 · 열람**
  - ① 공고: 시 · 도지사, 시장 · 군수
  - ② 열람: 30일 이상

[도시 · 군기본계획 수립 및 확정(승인)절차]

- **수립** → **기초조사**: 토지적성평가, 재해취약성분석
  - ↓ **공청회**: 14일 전 1회 이상 공고, 주민과 관계전문가 (생략 X)
  - ↓ **지방의회**: 특별시 · 광역시 · 자치시 · 자치도 · 시 · 군 의회
- ↓ **확정(승인)** → **협의**: 관계행정기관의 장 → 30일 이내 의견제시
  - ↓ **심의**: 지방도시계획위원회
- ① 특별시장, 광역시장, 특별자치시장, 특별자치도지사: 확정(국장 승인 X)
- ② 시장 · 군수 → 도지사(승인)
- ↓ **공고 · 열람**
  - ① 공고: 특별시장 · 광역시장 · 특별자치시장 · 특별자치도지사 · 시장 · 군수
  - ② 열람: 30일 이상

도시 · 군관리계획

- **동시입안**: 주민입안제안(용 · 산 · 기 · 지 · 입)
- ☆☆ **입안**
  - ↓ **입안권자**: 원칙: 특별시장 · 광역시장 · 특별자치시장 · 특별자치도지사 · 시장 · 군수 / 예외: 국장, 도지사 (→ 국가계획)
  - ↓ **기초조사**: 환경성검토, 토지적성평가, 재해취약성분석
  - ↓ **주민 의견청취**: 공고 + 14일 이상 열람 → 60일 이내에 의견을 제출한 자에게 통보
  - ↓ **지방의회**: 의견청취
  - (도시지역 축소 → 생략 O)
- ↓ ☆ **결정 · 고시**
  - **협의**: (중앙)행정기관의 장 → 30일 이내 의견제시
  - ↓ **심의**: 중앙(지방)도시계획위원회
  - (기밀(중앙+요청) → 생략 O)
  - 결정권자: 원칙: 시 · 도지사, 大시장 / 예외: 국장(해장)
- ↓ **열람**: 특별시장 · 광역시장 · 특별자치시장 · 특별자치도지사 · 시장 · 군수(기간제한 없음)

도시·군관리계획의 내용

1. 용도지역 · 지구	용도지역(도 · 관 · 농 · 자), 용도지구(경 · 보 · 복 · 개 · 고 · 취 · 방 · 방 · 특)
2. 용도구역	용도구역(개 · 도 · 시 · 수 · 입 · 복 · 도)
3. 기반시설의 설치	(1) 설치: 도시 · 군관리계획결정/관리: 국가 – 중앙관서의 장, 지방자치단체 – 조례 (2) 공동구 · 광역시설 (3) 미집행 도시 · 군계획시설부지(10년, 20년) ① 매수청구(10년 경과) ② 실효: 20년이 되는 날의 다음 날 (4) 도시 · 군계획시설사업: 시행자 → 실시계획 → 사업시행 → 준공검사
4. 도시개발사업, 정비사업	개별법
5. 지구단위계획구역 및 지구단위계획	(1) 토지이용의 합리화 · 기능증진 · 미관개선, 양호한 환경 확보 (2) 3년 이내 결정 · 고시(고시하지 않을 경우 3년이 되는 날의 다음 날 실효) (3) 법률규정의 완화: 건축제한 · 건폐율 · 용적률 · 건축물의 높이제한 · 주차장 설치기준(도시지역 내 지구단위계획구역에서의 완화적용)

빈칸완성 한번 더!

☆☆
광역도시계획
[ ]

① 지정권자: [ ], [ ]
② 지정대상: 둘 이상의 특별시 · 광역시 · 자치시 · 자치도 · 시 또는 군(전부 또는 [ ])
③ 지정목적: 공간구조와 기능을 상호연계, 환경을 보전, 광역시설을 체계적으로 정비
④ 지정절차: 의견청취 + 심의

☆
도시 · 군기본계획
[ ]

① 광역도시계획에 부합 → [ ]의 내용이 우선
② [ ]
③ [ ]마다 타당성검토 → 연계수립 가능
④ 수립대상: 특별시 · 광역시 · 특별자치시 · 특별자치도 · 시 또는 군(의무)
* 관할구역 전부에 대하여 도시 · 군기본계획을 모두 포함하는 광역도시계획이 수립되어 있거나 수도권에 속하지 아니하고 광역시와 경계를 같이하지 아니한 인구 [ ]명 이하인 시 또는 군은 도시 · 군기본계획을 수립하지 아니할 수 있다.

☆☆☆
도시 · 군관리계획

[ ] 주민입안제안([ ])

☆☆ 입안 → 입안권자
- 원칙: 특별시장 · 광역시장 · 특별자치시장 · 특별자치도지사 · 시장 · 군수
- 예외: 국장, 도지사 → 국가계획

기초조사: 환경성검토, 토지적성평가, 재해취약성분석

[ ]: 공고 + 14일 이상 열람 → 60일 이내에 의견을 제출한 자에게 통보

(도시지역 축소 → 생략 O)

지방의회: 의견청취

☆ 결정 · 고시
- 협의: (중앙)행정기관의 장 → 30일 이내 의견제시
- 심의: 중앙(지방)도시계획위원회
- (기밀(중앙+요청) → 생략 O)
- 결정권자
  - 원칙: 시 · 도지사, 大시장
  - 예외: [ ]

열람: 특별시장 · 광역시장 · 특별자치시장 · 특별자치도지사 · 시장 · 군수(기간제한 없음)

[광역도시계획 수립 및 승인절차]

수립 → 기초조사: 의무사항
→ [ ]: 공청회 14일 전 공고, 주민과 관계전문가 (생략 X)
→ 지방의회: 시 · 도, 시 · 군 의회 + 시장 · 군수

승인 → 협의: (중앙)행정기관의 장 → 30일 이내 의견
→ 심의: 중앙(지방) 도시계획위원회

승인권자
- ① 시 · 도지사(수립) → [ ](승인)
- ② 시장 · 군수(수립) → [ ](승인)

공고 · 열람
① 공고: 시 · 도지사, 시장 · 군수
② 열람: 30일 이상

[도시 · 군기본계획 수립 및 확정(승인)절차]

수립 → 기초조사: [ ], 재해취약성분석
→ [ ]: 14일 전 1회 이상 공고, 주민과 관계전문가 (생략 X)
→ 지방의회: 특별시 · 광역시 · 자치시 · 자치도 · 시 · 군 의회

확정(승인) → 협의: 관계행정기관의 장 → 30일 이내 의견제시
→ 심의: 지방도시계획위원회

① 특별시장, 광역시장, 특별자치시장, 특별자치도지사: [ ](국장 승인 X)
② 시장 · 군수 → 도지사(승인)

공고 · 열람
① 공고: 특별시장 · 광역시장 · 특별자치시장 · 특별자치도지사 · 시장 · 군수
② 열람: 30일 이상

도시·군관리계획의 내용

1. 용도지역 · 지구	용도지역(도 · 관 · 농 · 자), 용도지구(경 · 보 · 복 · 개 · 고 · 취 · 방 · 방 · 특)
2. [ ]	용도구역(개 · 도 · 시 · 수 · 입 · 복 · 도)
3. 기반시설의 설치	(1) 설치: 도시 · 군관리계획결정/관리: 국가 – 중앙관서의 장, 지방자치단체 – 조례 (2) 공동구 · 광역시설 (3) 미집행 도시 · 군계획시설부지(10년, 20년) ① 매수청구(10년 경과) ② 실효: [ ]년이 되는 날의 다음 날 (4) 도시 · 군계획시설사업: 시행자 → 실시계획 → 사업시행 → 준공검사
4. 도시개발사업, 정비사업 개별법	
5. [ ] **및** [ ]	(1) 토지이용의 합리화 · 기능증진 · 미관개선, 양호한 환경 확보 (2) 3년 이내 결정 · 고시(고시하지 않을 경우 3년이 되는 날의 다음 날 실효) (3) 법률규정의 완화: 건축제한 · 건폐율 · 용적률 · 건축물의 높이제한 · 주차장 설치기준(도시지역 내 지구단위계획구역에서의 완화적용)

핵심 POINT

목표정답수 총 12문제 중 8문제 이상

POINT 01 용어의 정의 ☆☆

- 광역도시계획: 광역계획권의 장기발전방향 제시
- 도시 · 군기본계획: 도시 · 군관리계획 수립의 지침
- 도시 · 군관리계획의 내용: 개발밀도관리구역 X, 기반시설부담구역 X, 성장관리계획구역 X
- 도시 · 군계획: 도시 · 군기본계획 + 도시 · 군관리계획
- 지구단위계획: 도시 · 군계획 수립 대상지역의 일부 (전부 X)
- 도시 · 군계획시설: 기반시설 중 도시 · 군관리계획으로 결정된 시설
- 도시 · 군계획시설사업: 도시 · 군계획시설을 설치 · 정비 또는 개량하는 사업 (기반시설 X)
- 도시 · 군계획사업: 도시 · 군계획시설사업 + 도시개발사업 + 정비사업

POINT 02 광역계획권 및 광역도시계획 ☆☆

지정권자

① 둘 이상의 시 · 도에 걸치는 경우 → 국토교통부장관이 광역계획권을 지정할 수 있다. → 의견청취 + 중앙도시계획위원회 심의

② 도의 관할구역에 속하는 경우 → 도지사가 광역계획권을 지정할 수 있다. → 의견청취 + 지방도시계획위원회 심의

수립권자

① 둘 이상의 시 · 도의 관할구역에 걸쳐 있는 경우: 시 · 도지사(공동 수립) → 국토교통부장관(승인)

② 같은 도의 관할구역에 속하여 있는 경우: 시장, 군수(공동 수립) → 도지사(승인)

③ 시 · 도지사 → 3년이 지날 때까지 승인신청(X) → 국장(수립)

④ 시장, 군수 → 3년이 지날 때까지 승인신청(X) → 도지사(수립)

⑤ 공동수립
- 시 · 도지사(요청) → 시 · 도지사 + 국장(공동 수립)
- 시장, 군수(요청) → 시장, 군수 + 도지사(공동 수립) → 국장 승인(X)

⑥ 단독수립: 시장, 군수(협의+요청) → 도지사(단독 수립) → 국장 승인(X)

수립절차

① 기초조사정보체계를 구축한 경우에는 등록된 정보의 현황을 5년마다 확인하고 변동사항을 반영하여야 한다.

② 공청회(주민과 관계전문가 의견청취) 개최의무(생략 X)

(단독 O, 공동 O)

조정신청

- 시 · 도지사(협의 X) → 국장
- 시장, 군수(협의 X) → 도지사

→ 재협의 권고 (단독 O, 공동 X)

POINT 03 도시 · 군기본계획 ☆

- **수립권자**: 특별시장 · 광역시장 · 특별자치시장 · 특별자치도지사 · 시장 · 군수(6명만)
- **확정 및 승인**
  - 특별시장, 광역시장, 특별자치시장, 특별자치도지사 → 확정 (국장의 승인 X)
  - 시장, 군수 → 도지사 승인

다음의 어느 하나에 해당하는 시 또는 군은 도시·군기본계획을 수립하지 아니할 수 있다.

① 수도권에 속하지 아니하고 광역시와 경계를 같이하지 아니한 인구 10만명 이하인 시 또는 군

② 관할구역 전부에 대하여 광역도시계획이 수립되어 있는 시 또는 군으로서 광역도시계획에 도시 · 군기본계획에 포함될 사항이 모두 포함되어 있는 시 또는 군

- **연계수립**: 인접한 관할구역의 전부 또는 일부를 포함하여 도시·군기본계획을 수립할 수 있다.
- **수립기준**: 국토교통부장관이 정한다.
- **기초조사**: 토지적성평가 + 재해취약성분석
  → 5년 이내 실시한 경우에는 토지적성평가 + 재해취약성분석 생략 가능
- **공청회**: 도시 · 군기본계획을 수립하거나 변경하려면 주민과 관계전문가로부터 의견을 들어야 한다(생략 X).
- **타당성검토**: 도시 · 군기본계획은 5년마다 타당성을 전반적으로 재검토하여 정비하여야 한다.
- **우선적용**: 도시 · 군기본계획의 내용이 광역도시계획의 내용과 다를 때에는 광역도시계획의 내용이 우선한다.
- **수립내용**: 도시 · 군기본계획에는 다음의 사항에 대한 정책방향이 포함되어야 한다.

① 지역적 특성 및 계획의 방향 · 목표에 관한 사항

② 공간구조 및 인구의 배분에 관한 사항

③ 생활권의 설정과 생활권역별 개발 · 정비 및 보전 등에 관한 사항

④ 토지의 이용 및 개발에 관한 사항

⑤ 토지의 용도별 수요 및 공급에 관한 사항

⑥ 환경의 보전 및 관리에 관한 사항

⑦ 기반시설에 관한 사항

⑧ 공원 · 녹지에 관한 사항

⑨ 경관에 관한 사항

POINT 04 도시 · 군관리계획 ☆☆☆

- **입안권자**
  - 원칙: 특별시장, 광역시장, 특별자치시장, 특별자치도지사, 시장, 군수
  - 예외:
    - 국장(① 국가계획, ② 둘 이상의 시 · 도에 걸치는 용도지역 등, ③ 국장의 조정요구에 따라 정비하지 아니하는 경우)
    - 도지사(① 둘 이상의 시 · 군에 걸치는 용도지역 등, ② 도지사가 직접 수립하는 사업계획)
- **주민의 입안제안(면적기준은 국공유지 제외)** 암기TIP 용·산·기·지·입

① 기반시설 설치 · 정비 · 개량: 토지면적의 5분의 4 이상 동의
② 지구단위계획구역 및 지구단위계획: 토지면적의 3분의 2 이상 동의
③ 산업 · 유통개발진흥지구: 토지면적의 3분의 2 이상 동의
④ 용도지구 중 용도지구에서의 건축제한 등을 지구단위계획으로 대체하기 위한 용도지구: 토지면적의 3분의 2 이상 동의
⑤ 도시 · 군계획시설입체복합구역의 지정 및 변경과 도시 · 군계획시설입체복합구역의 건축제한 · 건폐율 · 용적률 · 높이 등에 관한 사항: 토지면적의 5분의 4 이상 동의
→ 산업 · 유통개발진흥지구 지정요건
  - ① 면적은 1만m² 이상 3만m² 미만일 것
  - ② 계획관리, 생산관리, 자연녹지지역일 것
  - ③ 계획관리지역이 전체 면적의 100분의 50 이상일 것

→ 45일 이내에 반영 여부 통보(1회에 한하여 30일 연장 가능)
→ 도시 · 군관리계획의 입안을 제안받은 자는 도시 · 군관리계획의 입안 및 결정에 필요한 비용의 전부 또는 일부를 제안자에게 부담시킬 수 있다.

- **기초조사**: 환경성검토 + 토지적성평가 + 재해취약성분석
- **도시지역 축소**: 주민 및 지방의회 의견청취 생략 가능
- **동시입안**: 도시 · 군관리계획은 광역도시계획이나 도시 · 군기본계획과 함께 입안할 수 있다.
- **국장이 결정**:
  ① 국장이 입안
  ② 개발제한구역
  ③ 국가계획과 연계하여 지정하는 시가화조정구역
- **해양수산부장관이 결정**: 수산자원보호구역
- 시장 · 군수가 지구단위계획구역과 지구단위계획을 입안하면 시장 · 군수가 직접 결정한다.
- **효력발생시기**: 지형도면을 고시한 날부터 효력발생, 5년마다 타당성검토
- **기득권보호**: 시가화조정구역, 수산자원보호구역 = 착수 + 신고(3개월 이내)

POINT 05 기초조사 등의 생략가능사유 ☆☆

- **환경성검토, 토지적성평가, 재해취약성분석을 생략할 수 있는 사유**

① 지구단위계획구역이 도심지(상업지역과 상업지역에 연접한 지역)에 위치하는 경우
② 지구단위계획구역 안의 나대지 면적이 구역 면적의 2%에 미달하는 경우
③ 해당 지구단위계획구역 또는 도시 · 군계획시설 부지가 다른 법률에 따라 지역 · 지구 등으로 지정되거나 개발계획이 수립된 경우
④ 지구단위계획의 내용에 너비 12m 이상 도로의 설치계획이 없는 경우
⑤ 기존의 용도지구를 폐지하고 지구단위계획을 수립 또는 변경하여 그 용도지구에 따른 건축물이나 그 밖의 시설의 용도 · 종류 및 규모 등의 제한을 그대로 대체하려는 경우
⑥ 해당 도시 · 군계획시설의 결정을 해제하려는 경우

- **토지적성평가만 생략할 수 있는 사유**

① 입안일부터 5년 이내에 토지적성평가를 실시한 경우
② 주거지역, 상업지역, 공업지역에 도시 · 군관리계획을 입안하는 경우
③ 「도시개발법」에 따른 도시개발사업의 경우
④ 지구단위계획구역 또는 도시 · 군계획시설 부지에서 도시 · 군관리계획을 입안하는 경우
⑤ 개발제한구역에 기반시설을 설치하는 경우
⑥ 개발제한구역에서 조정 또는 해제된 지역에 대하여 도시 · 군관리계획을 입안하는 경우

POINT 06 공간재구조화계획 ☆☆

- **입안권자**
  - 원칙: 특별시장, 광역시장, 특별자치시장, 특별자치도지사, 시장, 군수
  - 예외: 국장 ← 요청
- **주민의 입안제안(면적기준은 국공유지 제외)**

① 도시혁신구역: 토지면적의 3분의 2 이상의 동의
② 복합용도구역: 토지면적의 3분의 2 이상의 동의

- **입안절차**: 도시 · 군관리계획의 규정을 준용한다.
- **결정권자**
  - 원칙: 시 · 도지사
  - 예외: 국장(국장이 입안한 공간재구조화계획)
- **결정절차**
  - 협의: 30일(도시혁신구역 10일)
  - 심의: 시·도지사 결정하는 도시혁신구역, 복합용도구역의 지정 ⇨ 중앙도시계획위원회의 심의
- **효력발생**
  - 지형도면을 고시한 날
  - 지형도면이 필요 없는 경우 ⇨ 공간재구조화계획 결정을 고시한 날

핵심 POINT

목표정답수 총 12문제 중 8문제 이상

POINT 07 용도지역의 지정 ☆

용도지역의 지정의제

① 공유수면의 매립목적과 이웃하고 있는 용도지역의 내용과 같으면 → 매립준공구역은 이웃하고 있는 용도지역으로 지정된 것으로 본다.
② 공유수면 매립목적이 이웃하고 있는 용도지역의 내용과 다른 경우 및 둘 이상의 용도지역에 걸쳐 있거나 이웃하고 있는 경우 → 도시 · 군관리계획 결정으로 지정하여야 한다.

도시지역으로 결정 · 고시의제

① 항만구역으로서 도시지역에 연접한 공유수면
② 어항구역으로서 도시지역에 연접한 공유수면
③ 국가산업단지 · 일반산업단지 및 도시첨단산업단지
④ 택지개발지구
⑤ 전원개발사업구역 및 예정구역(수력발전소 및 송 · 변전설비만 설치하기 위한 구역은 제외)

추가 · 개발사업 완료로 해제되면 지정 이전의 용도지역으로 환원 (X)

관리지역에서의 결정 · 고시 의제

① 관리지역 + 농업진흥지역 = 농림지역으로 결정 · 고시(의제)
② 관리지역 + 보전산지 = 농림지역 또는 자연환경보전지역으로 결정 · 고시(의제)

용도지역 미지정(세분)지역에서의 행위제한

① 용도지역 미지정지역에서의 행위제한 → 자연환경보전지역에 관한 규정을 적용한다.
② 도시지역이 미세분된 경우의 행위제한 → 보전녹지지역에 관한 규정을 적용한다.
③ 관리지역이 미세분된 경우의 행위제한 → 보전관리지역에 관한 규정을 적용한다.

추가 · **도시지역에서 적용배제**
① 「도로법」에 따른 접도구역
② 「농지법」에 따른 농지취득자격증명. 다만, 녹지지역 + 도시 · 군계획사업에 필요하지 아니한 경우에는 적용한다.

POINT 08 용도지역에서의 건축제한 ☆☆☆

cf) 주거지역 중 아파트 건축 가능지역: 2종 전용주거지역, 2 · 3종 일반주거지역, 준주거지역

구 분	제1종 일반주거지역 (4층 이하의 건축물만 해당)	제2종 · 제3종 일반주거지역
건축할 수 있는 건축물	① 단독주택 ② 공동주택(아파트는 제외) ③ 제1종 근린생활시설 ④ 교육연구시설 중 유치원 · 초등학교 · 중학교 및 고등학교 ⑤ 노유자시설	① 단독주택 ② 공동주택 ③ 제1종 근린생활시설 ④ 종교시설 ⑤ 교육연구시설 중 유치원 · 초등학교 · 중학교 및 고등학교 ⑥ 노유자시설
도시 · 군계획 조례가 정하는 바에 따라 건축할 수 있는 건축물	① 제2종 근린생활시설(단란주점 및 안마시술소는 제외) ② 문화 및 집회시설(공연장 및 관람장은 제외) ③ 종교시설 ④ 의료시설(격리병원은 제외) ⑤ 운동시설(옥외 철탑이 설치된 골프연습장은 제외) ⑥ 업무시설 중 오피스텔로서 그 용도에 쓰이는 바닥면적의 합계가 3,000m² 미만인 것 ⑦ 창고시설 ⑧ 위험물저장 및 처리시설 중 주유소, 석유판매소, 액화가스 취급소 · 판매소, 도료류 판매소 ⑨ 자동차 관련 시설 중 주차장 및 세차장 ⑩ 동물 및 식물 관련 시설 중 화초 및 분재 등의 온실 ⑪ 교정시설 ⑫ 국방 · 군사시설 ⑬ 방송통신시설 ⑭ 발전시설 ⑮ 야영장시설	① 제2종 근린생활시설(단란주점 및 안마시술소는 제외) ② 문화 및 집회시설(관람장은 제외) ③ 의료시설(격리병원은 제외) ④ 운동시설 ⑤ ┌ 2종: 오피스텔, 사무소, 공공업무 시설+3,000m² 미만 └ 3종: 업무시설+3,000m² 이하 ⑥ 공장 ⑦ 창고시설 ⑧ 위험물저장 및 처리시설 중 주유소, 석유판매소, 액화가스 취급소 · 판매소, 도료류 판매소 ⑨ 자동차 관련 시설 중 차고 및 주기장과 주차장 및 세차장 ⑩ 동물 및 식물 관련 시설 중 작물재배사, 종묘배양시설, 화초 및 분재 등의 온실 ⑪ 교정시설 ⑫ 국방 · 군사시설 ⑬ 방송통신시설 ⑭ 발전시설 ⑮ 야영장시설

POINT 09 건폐율 및 용적률의 최대한도 ☆☆☆

건폐율 및 용적률의 최대한도

구 분	세분된 용도지역		건폐율	용적률
도시지역	주거지역	제1종 전용주거지역	50%	100%
		제2종 전용주거지역	50%	150%
		제1종 일반주거지역	60%	200%
		제2종 일반주거지역	60%	250%
		제3종 일반주거지역	50%	300%
		준주거지역	70%	500%
	상업지역	중심상업지역	90%	1,500%
		일반상업지역	80%	1,300%
		유통상업지역	80%	1,100%
		근린상업지역	70%	900%
	공업지역	전용공업지역	70%	300%
		일반공업지역	70%	350%
		준공업지역	70%	400%
	녹지지역	보전녹지지역	20%	80%
		생산녹지지역	20%	100%
		자연녹지지역	20%	100%
관리지역	보전관리지역		20%	80%
	생산관리지역		20%	80%
	계획관리지역		40%	100%
농림지역	–		20%	80%
자연환경보전지역	–		20%	80%

건폐율 특별규정(조례로 정하는 비율)

① 자연취락지구: 60% 이하, ② 도시지역 외의 지역에 지정된 개발진흥지구: 40% 이하,
③ 계획관리지역에 지정된 산업 · 유통개발지구: 60% 이하,
④ 자연녹지지역에 지정된 개발진흥지구: 30% 이하, ⑤ 수산자원보호구역: 40% 이하,
⑥ 자연공원: 60% 이하, ⑦ 농공단지: 70% 이하[기반시설이 충분히 확보된 경우: 80% 이하],
⑧ 공업지역에 있는 국가산업단지, 일반산업단지, 도시첨단산업단지 및 준산업단지: 80% 이하

용적률 특별규정(조례로 정하는 비율)

① 도시지역 외의 지역에 지정된 개발진흥지구: 100% 이하 ② 수산자원보호구역: 80% 이하
③ 자연공원: 100% 이하 ④ 농공단지(도시지역 외의 지정된 경우에 한함): 150% 이하

POINT 10 용도지구 ☆☆

용도지구의 세분

① 경관지구(자연, 시가지, 특화), 보호지구(역사문화환경, 중요시설물, 생태계)
② 개발진흥지구(주거, 산업 · 유통, 관광 · 휴양, 복합, 특정)
③ 취락지구(자연, 보호 집단), 방재지구(시가지, 자연)

조례에 의한 세분 또는 추가세분

경관지구, 중요시설물보호지구 및 특정용도제한지구

용도지구에서의 건축제한

원칙 도시 · 군계획조례

예외

① 복합용도지구
㉠ 일반주거지역: 안마시술소, 관람장, 공장, 위험물 저장 및 처리시설, 동물 및 식물 관련 시설, 장례시설을 건축할 수 없다. 암기TIP 마관동 공장물
㉡ 일반공업지역: 아파트, 단란주점 및 안마시술소, 노유자시설을 건축할 수 없다. 암기TIP 노란파마
㉢ 계획관리지역: 판매시설, 테마파크업의 시설을 건축할 수 있다.

② 개발진흥지구
㉠ 지구단위계획 또는 개발계획을 수립하는 경우 → 지구단위계획 또는 개발계획
㉡ 지구단위계획 또는 개발계획이 수립되기 전 → 조례
㉢ 지구단위계획 또는 개발계획을 수립하지 아니하는 개발진흥지구 → 해당 용도지역에 허용하는 건축물을 건축할 수 있다.

③ 고도지구: 도시 · 군관리계획으로 정하는 높이를 초과하는 건축물을 건축할 수 없다.

④ 자연취락지구: 녹지지역, 관리지역, 농림지역, 자연환경보전지역 → 4층 이하 + [단독주택(단독주택, 다중주택, 다가구주택, 공관), 제1종 근린생활시설, 제2종 근린생활시설(휴게음식점, 제과점, 일반음식점, 단란주점, 안마시술소는 제외), 운동시설, 동물 및 식물 관련 시설, 방송통신시설, 발전시설, 창고(농업 · 임업 · 축산업 · 수산업)], 교정시설, 국방 · 군사시설을 건축할 수 있다.
(노래연습장은 설치 가능)

⑤ 보호취락지구: 녹지지역, 관리지역, 농림지역, 자연환경보전지역 → 4층 이하 + 동물관련시설(x)

⑥ 집단취락지구: 개발제한구역(개발제한구역의 지정 및 관리에 관한 특별조치법)

추가 ·
용도지역 · 용도지구 안에서의 도시 · 군계획시설에 대하여는 용도지역 · 용도지구 안의 건축제한에 관한 규정을 적용하지 아니한다.

핵심 POINT

목표정답수 총 12문제 중 8문제 이상

POINT 11 용도구역 ☆

- **개발제한구역** 국토교통부장관 + 보안상 도시의 개발을 제한
- **도시자연공원구역** 시 · 도지사, 대도시 시장 + 식생이 양호한 산지의 개발을 제한
- **시가화조정구역** 시 · 도지사, 국토교통부장관(국가계획과 연계 시)
  - **지정목적** 무질서한 시가화 방지 + 계획적 · 단계적 개발을 도모
  - **시가화 유보기간** 5년 ~ 20년 이내
  - **실효** 시가화 유보기간이 끝나는 날의 다음 날
  - **도시 · 군계획사업** ① 국방상 · 공익상 불가피한 것 + ② 중앙행정기관의 장의 요청 + ③ 국장이 인정하는 사업만 시행할 수 있다.
  - **비도시 · 군계획사업** 허가(O) → 주택의 증축(기존 면적 포함 100m² 이하)
- **수산자원보호구역** 해양수산부장관 + 수산자원을 보호 · 육성(공유수면)
- **도시혁신구역**
  - **지정권자** 공간재구조화계획 결정권자
  - **지정대상** ① 도시 · 군기본계획에 따른 도심 · 부도심 또는 생활권의 중심지역
    ② 주요 기반시설과 연계하여 지역거점 역할을 수행할 수 있는 지역
    ③ 유휴토지 또는 대규모 시설 이전부지
  - **협의기간** 협의요청을 받은 기관의 장은 요청을 받은 날부터 10일 이내에 의견을 회신하여야 한다.
  - **지정제한** 다른 법률에서 공간재구조화계획의 결정을 의제하고 있는 경우에도 이 법에 따르지 아니하고 도시혁신구역의 지정과 도시혁신계획을 결정할 수 없다.
  - **적용특례** 도시혁신구역에 대하여는 다음의 법률 규정에도 불구하고 도시혁신계획으로 따로 정할 수 있다.

① 부설주차장의 설치
② 건축물에 대한 미술작품의 설치
③ 공개공지 등의 확보
④ 주택법에 따른 주택의 배치, 부대 · 복리시설의 설치기준 및 대지조성기준
⑤ 도시공원 또는 녹지 확보기준
⑥ 학교용지의 조성 · 개발 기준

  - **지정의제** 도시혁신구역으로 지정된 지역은 특별건축구역으로 지정된 것으로 본다.
  - **건축기준의 특례** 시 · 도지사 또는 시장 · 군수 · 구청장은 「건축법」에도 불구하고 도시혁신구역에서 건축하는 건축물을 건축기준 등의 특례사항을 적용하여 건축할 수 있는 건축물에 포함시킬 수 있다.

- **복합용도구역**
  - **지정권자** 공간재구조화계획 결정권자
  - **지정대상** ① 산업구조 또는 경제활동의 변화로 복합적인 토지이용이 필요한 지역
    ② 노후 건축물 등이 밀집하여 단계적 정비가 필요한 지역
  - **지정의제** 복합용도구역으로 지정된 지역은 「건축법」에 따른 특별건축구역으로 지정된 것으로 본다.
  - **수립기준** 복합용도구역과 복합용도계획의 세부적인 사항은 국토교통부장관이 정하여 고시한다.
- **도시 · 군계획시설입체복합구역**
  - **지정권자** 도시 · 군관리계획 결정권자
  - **지정대상** ① 도시 · 군계획시설 준공 후 10년이 경과한 경우로서 해당 시설의 개량 또는 정비가 필요한 경우
    ② 주변지역 정비 또는 지역경제 활성화를 위하여 기반시설의 복합적인 이용이 필요한 경우
    ③ 첨단기술을 적용한 새로운 형태의 기반시설 구축 등이 필요한 경우
  - **완화비율** 건폐율과 용적률은 해당 용도지역별 최대한도의 200% 이하로 한다.

기출 OX 문제

광역도시계획 및 도시·군계획

01 중앙행정기관의 장, 시 · 도지사, 시장 또는 군수는 국토교통부장관이나 도지사에게 광역계획권의 변경을 요청할 수 있다. 제29회, 제33회 (　)

02 국토교통부장관은 시 · 도지사가 요청하는 경우에도 시 · 도지사와 공동으로 광역도시계획을 수립할 수 없다. 제28회 (　)

03 광역도시계획을 공동으로 수립하는 시 · 도지사는 그 내용에 관하여 서로 협의가 되지 아니하면 공동이나 단독으로 국토교통부장관에게 조정을 신청할 수 있다. 제31회 (　)

04 용도지구의 지정은 도시 · 군관리계획으로 결정한다. 제26회, 제35회 (　)

05 광역계획권은 광역시장이 지정할 수 있다. 제26회 (　)

06 광역도시계획의 수립을 위한 공청회는 광역계획권 단위로 개최하되, 필요한 경우에는 광역계획권을 여러 개의 지역으로 구분하여 개최할 수 있다. 제31회 (　)

07 도지사는 시장 또는 군수가 협의를 거쳐 요청하는 경우에는 단독으로 광역도시계획을 수립할 수 있다. 제31회 (　)

08 도시지역에 대해 세부 용도지역이 지정되지 아니한 경우 건폐율에 대해서는 자연녹지지역에 관한 규정을 적용한다. 제24회 (　)

09 「수도권정비계획법」에 따른 수도권에 속하지 아니하고 광역시와 경계를 같이하지 아니하는 인구 7만명의 군은 도시 · 군기본계획을 수립하지 아니할 수 있다. 제24회 (　)

10 광역시장이 도시 · 군기본계획을 수립하려면 국토교통부장관의 승인을 받아야 한다. 제24회 (　)

11 도시 · 군기본계획 입안일부터 5년 이내에 토지적성평가를 실시한 경우에는 토지적성평가를 하지 아니할 수 있다. 제31회 (　)

12 시장 또는 군수는 인접한 시 또는 군의 관할구역을 포함하여 도시 · 군기본계획을 수립하려면 미리 그 시장 또는 군수와 협의하여야 한다. 제31회 (　)

13 광역도시계획이 수립되어 있는 지역에 대하여 수립하는 도시 · 군기본계획의 내용이 광역도시계획의 내용과 다를 때에는 도시 · 군기본계획의 내용이 우선한다. 제26회, 제35회 (　)

14 산업 · 유통개발진흥지구의 지정 및 변경에 관한 사항은 주민의 입안제안의 대상에 해당하지 않는다. 제30회, 제32회 (　)

15 주민이 기반시설의 설치에 관한 사항에 대해서 도시 · 군관리계획의 입안을 제안하려면 국 · 공유지를 제외한 토지면적의 5분의 4 이상의 동의를 받아야 한다. 제29회, 제36회 (　)

16 시장 또는 군수가 입안한 지구단위계획구역의 지정 · 변경에 관한 도시 · 군관리계획은 시장 또는 군수가 직접 결정한다. 제31회 (　)

17 개발제한구역의 지정에 관한 도시 · 군관리계획은 국토교통부장관이 결정한다. 제31회 (　)

18 도시 · 군관리계획결정의 효력은 지형도면을 고시한 날부터 발생한다. 제30회, 제32회, 제35회 (　)

19 특별시장 · 광역시장 · 특별자치시장 · 특별자치도지사 · 시장 또는 군수는 도시 · 군관리계획에 대하여 10년마다 타당성을 전반적으로 재검토하여 이를 정비하여야 한다. 제22회 (　)

20 「택지개발촉진법」에 따른 택지개발지구로 지정 · 고시된 지역은 국토의 계획 및 이용에 관한 법률에 따른 도시지역으로 결정 · 고시된 것으로 본다. 제33회 (　)

21 자연취락지구 안에서는 4층 이하의 방송통신시설을 건축할 수 있다. 제29회 (　)

정답

01 O　02 X 국토교통부장관은 시 · 도지사가 요청하는 경우에는 시 · 도지사와 공동으로 광역도시계획을 수립할 수 있다.　03 O　04 O　05 X 광역계획권은 국토교통부장관 또는 도지사가 지정한다.　06 O　07 O　08 X 자연녹지지역이 아니라 보전녹지지역에 관한 규정을 적용한다.　09 O　10 X 광역시장이 도시 · 군기본계획을 수립하려면 국토교통부장관의 승인을 받지 않고 확정한다.　11 O　12 O　13 X 광역도시계획의 내용이 우선한다.　14 X 주민은 산업 · 유통개발진흥지구의 지정 및 변경에 관한 사항에 대하여 입안을 제안할 수 있다.　15 O　16 O　17 O　18 O　19 X 5년마다 타당성을 재검토하여 이를 정비하여야 한다.　20 O　21 O

03 도시 · 군계획시설사업

→ 주차장, 사회복지시설, 장사시설, 종합의료시설, 빗물저장 및 이용시설, 폐차장은 도시·군관리계획으로 결정 X ☆☆

도시 · 군계획시설 결정 · 고시 →

① 원칙: 시 · 도지사 또는 大시장
② 예외: 국장

단계별 집행계획수립 → 입안권자 →

① 대상: 도시 · 군계획시설
② 기간: 결정 · 고시일로부터 3개월 이내
③ 구분: 1단계(3년 이내), 2단계(3년 이후)
④ 절차: 협의 + 지방의회 의견청취 → 수립 → 공고
⑤ 내용: 재원조달계획, 보상계획

사업시행자 →

행정청
- 원칙: 관할구역의 장(6명)
  - 협의(X): 국장 또는 도지사가 시행자를 지정한다.
- 예외: 국장 → 국가계획, 도지사 → 광역도시계획

비행정청 — 지정받은 자: 민간사업시행자(면적 2/3 이상 소유 + 총수 1/2 이상 동의)

실시계획 작성 및 인가신청 →

① 사업시행자 작성의무
② 인가권자
- 원칙: 시 · 도지사 또는 大시장
- 예외: 국장(국장이 지정한 시행자)

☆

실시계획인가 · 고시 →

① 인가절차: 공고+14일 이상 열람
② 조건부 인가(기 · 위 · 환 · 경 · 조)
③ 이행보증금 예치(국가, 지방자치단체, 공공기관 등은 제외)
④ 경미한 변경: 인가받지 않아도 된다.
→ 사업구역 경계의 변경이 없는 범위 안에서 연면적 10% 미만 변경
⑤ 실시계획의 실효

10년 이후 → 실시계획 인가
↓ 5년 → 5년이 지나기 전에 면적 2/3 이상 소유한 경우에는 7년
재결신청(X)
↓
5년이 지난 날의 다음 날

☆☆

사업시행 →

1. 시행자 보호규정
① 사업의 분할시행
② 서류의 무료 열람
③ 서류의 공시송달(비행정청: 국장, 시 · 도지사, 大시장 승인)
④ 행정심판: 비행정청 → 시행자를 지정한 자
⑤ 공 · 취 · 법을 준용

공·취·법의 특례
㉠ 실시계획 고시 → 사업인정 및 고시(의제)
㉡ 재결신청기간 → 사업시행기간(1년 이내 X)

2. 필요한 토지 등은 수용 가능
3. 인접한 토지 등은 일시사용만 가능(수용 X)
4. 국공유지 매각금지 → 위반 시 무효

준공검사 →

① 시 · 도지사 또는 大시장(국장 X)
② 준공검사증명서 발급

공사완료공고

① 시 · 도지사 또는 大시장 → 공보와 인터넷 홈페이지
② 국장 → 관보와 인터넷 홈페이지

도시·군계획시설결정의 실효 ☆☆☆

도시 · 군계획시설결정이 고시된 도시 · 군계획시설에 대하여 그 고시일부터 20년이 지날 때까지 그 시설의 설치에 관한 도시 · 군계획시설사업이 시행되지 아니하는 경우 그 도시 · 군계획시설결정은 그 고시일부터 20년이 되는 날의 다음 날에 그 효력을 잃는다.

지방의회의 해제권고

해제권고	보고주체	지방자치단체의 장(6명)은 도시 · 군계획시설결정의 고시일부터 10년이 지날 때까지 사업이 시행되지 아니한 경우에는 지방의회의 정례회 또는 임시회의기간 중에 이를 보고하여야 한다.
	보고기간	① 지방의회의 해제권고 → 90일 이내에 해제를 권고하는 서면을 지방자치단체의 장에게 송부 ② 해제되지 아니한 시설 → 2년마다 지방의회에 보고
해제결정	① 해제권고받은 지방자치단체의 장 → 1년 이내에 해제를 위한 결정 ② 지방자치단체의 장이 해제할 수 없다고 인정 → 6개월 이내에 소명	
결정신청	시장 · 군수 → 도지사에게 결정신청	

도시·군계획시설부지의 매수청구 ☆☆☆

1. 매수청구자	도시 · 군관리계획의 결정의 고시일로부터 10년 이내에 도시 · 군계획시설사업이 시행되지 아니한 경우(실시계획의 인가가 진행된 경우는 제외) 지목이 대(垈)인 토지(건축물 및 정착물을 포함)의 소유자
2. 매수의무자	(1) 특별시장 · 광역시장 · 특별자치시장 · 특별자치도지사 · 시장 · 군수 (2) 사업시행자 (3) 설치 · 관리의무자(서로 다른 경우에는 설치의무자)
3. 매수 여부 결정 및 통지	(1) 매수청구가 있은 날부터 6개월 이내에 매수 여부를 결정 → 토지소유자에게 통지 (2) 매수결정을 통지한 날로부터 2년 이내에 매수하여야 한다.
4. 매수대금의 지급	(1) 원칙: 현금 (2) 예외: 도시 · 군계획시설채권(매수의무자가 지방자치단체) ① 토지소유자가 원하는 경우 ② 부재부동산 소유자의 토지 또는 비업무용 토지로서 매수대금이 3천만원을 초과하여 그 초과하는 금액을 지급하는 경우 (3) 상환기간 및 이율: 상환기간은 10년 이내로 하며, 이율은 1년 만기 정기예금 금리의 평균 이상으로 하되 구체적인 상환기간과 이율은 조례로 정한다. (4) 「지방재정법」 준용: 채권의 발행절차에 관한 사항은 「지방재정법」에 따른다.
5. 매수가격 및 절차	공 · 취 · 법 준용
6. 매수거부 · 지연 시 조치	(1) 3층 이하의 단독주택, 3층 이하의 1종 근린생활시설, 3층 이하의 2종 근린생활시설(단란주점, 안마시술소, 노래연습장, 다중생활시설은 제외), 공작물 설치 가능 (→ 다중주택 X, 다가구주택 X, 공관 X) (2) 개발행위허가의 기준을 적용하지 아니한다.

빈칸완성 한번 더!

주차장, □, 장사시설, 종합의료시설, 빗물저장 및 이용시설, 폐차장은 도시·군관리계획으로 결정 X ☆☆

도시·군계획시설 결정·고시 → □ → 입안권자 → 사업시행자 → 실시계획 작성 및 인가신청 →

도시·군계획시설 결정·고시
① 원칙: 시·도지사 또는 大시장
② 예외: 국장

□ → 입안권자
① 대상: 도시·군계획시설
② 기간: 결정·고시일로부터 3개월 이내
③ 구분: 1단계(3년 이내), 2단계(3년 이후)
④ 절차: 협의 + 지방의회 의견청취 → 수립 → 공고
⑤ 내용: 재원조달계획, 보상계획

사업시행자
- 행정청
  - 원칙: 관할구역의 장(6명)
    - 협의(X): 국장 또는 도지사가 시행자를 지정한다.
  - 예외: 국장 → □
    - 도지사 → 광역도시계획
- 비행정청 — 지정받은 자: □(면적 2/3 이상 소유 + 총수□동의)

실시계획 작성 및 인가신청
① 사업시행자 작성의무
② 인가권자
- 원칙: 시·도지사 또는 大시장
- 예외: 국장(국장이 지정한 시행자)

실시계획인가·고시 ☆ → 사업시행 ☆☆ → 준공검사 → 공사완료공고

실시계획인가·고시 ☆
① 인가절차: 공고+14일 이상 열람
② □(기·위·환·경·조)
③ 이행보증금 예치(국가, 지방자치단체, 공공기관 등은 □)
④ 경미한 변경: 인가받지 않아도 된다.
→ 사업구역 경계의 변경이 □범위 안에서 연면적 10% 미만 변경
⑤ 실시계획의 실효

10년 이후 → 실시계획 인가
↓ 5년
재결신청(X) — 5년이 지나기 전에 면적 2/3 이상 소유한 경우에는 7년
↓
5년이 지난 날의 다음 날

사업시행 ☆☆
1. 시행자 보호규정
① 사업의 □
② 서류의 무료 열람
③ 서류의 공시송달(비행정청: 국장, 시·도지사, 大시장 승인)
④ 행정심판: 비행정청 → 시행자를 지정한 자
⑤ 공·취·법을 준용

> **공·취·법의 특례**
> ㉠ □ → 사업인정 및 고시(의제)
> ㉡ 재결신청기간 → 사업시행기간(1년 이내 X)

2. 필요한 토지 등은 수용 가능
3. 인접한 토지 등은 □만 가능(수용 X)
4. 국공유지 매각금지 → 위반 시 무효

준공검사
① 시·도지사 또는 大시장(국장 X)
② 준공검사증명서 발급

공사완료공고
① 시·도지사 또는 大시장 → 공보와 인터넷 홈페이지
② 국장 → 관보와 인터넷 홈페이지

도시·군계획시설결정의 실효 ☆☆☆

도시·군계획시설결정이 고시된 도시·군계획시설에 대하여 그 고시일부터 20년이 지날 때까지 그 시설의 설치에 관한 도시·군계획시설사업이 시행되지 아니하는 경우 그 도시·군계획시설결정은 그 고시일부터 20년이 되는 날의 □ 그 효력을 잃는다.

지방의회의 해제권고

해제권고	보고주체	지방자치단체의 장(6명)은 도시·군계획시설결정의 고시일부터 10년이 지날 때까지 사업이 시행되지 아니한 경우에는 지방의회의 정례회 또는 임시회의기간 중에 이를 보고하여야 한다.
	보고기간	① 지방의회의 해제권고 → 90일 이내에 해제를 권고하는 서면을 지방자치단체의 장에게 송부 ② 해제되지 아니한 시설 → 2년마다 지방의회에 보고
해제결정	① 해제권고받은 지방자치단체의 장 → □에 해제를 위한 결정 ② 지방자치단체의 장이 해제할 수 없다고 인정 → □에 소멸	
결정신청	시장·군수 → □에게 결정신청	

도시·군계획시설부지의 매수청구 ☆☆☆

1. 매수청구자
도시·군관리계획의 결정의 고시일로부터 □ 이내에 도시·군계획시설사업이 시행되지 아니한 경우(실시계획의 인가가 진행된 경우는 제외) 지목이 □인 토지(□ 및 정착물을 포함)의 소유자

2. 매수의무자
(1) 특별시장·광역시장·특별자치시장·특별자치도지사·시장·군수
(2) 사업시행자
(3) 설치·관리의무자(서로 다른 경우에는 설치의무자)

3. 매수 여부 결정 및 통지
(1) 매수청구가 있은 날부터 □ 이내에 매수 여부를 결정 → 토지소유자에게 통지
(2) 매수결정을 통지한 날로부터 □ 이내에 매수하여야 한다.

4. 매수대금의 지급
(1) 원칙: 현금
(2) 예외: 도시·군계획시설채권(매수의무자가 □)

> ① 토지소유자가 원하는 경우
> ② 부재부동산 소유자의 토지 또는 비업무용 토지로서 매수대금이 □원을 초과하여 그 □을 지급하는 경우

(3) 상환기간 및 이율: 상환기간은 □로 하며, 이율은 1년 만기 정기예금 금리의 평균 이상으로 하되 구체적인 상환기간과 이율은 조례로 정한다.
(4) 「지방재정법」 준용: 채권의 발행절차에 관한 사항은 「지방재정법」에 따른다.

5. 매수가격 및 절차
공·취·법 준용 → 다중주택 X, 다가구주택 X, 공관 X

6. 매수거부·지연 시 조치
(1) 3층 이하의 □, 3층 이하의 1종 근린생활시설, 3층 이하의 2종 근린생활시설(단란주점, 안마시술소, 노래연습장, □은 제외), 공작물 설치 가능
(2) 개발행위허가의 기준을 적용하지 아니한다.

핵심 POINT

목표정답수 총 12문제 중 8문제 이상

POINT 01 도시 · 군계획시설사업 ☆☆☆

- **기반시설의 종류**
  - 공간시설: 광장, 공원, 녹지, 유원지, 공공공지
  - 방재시설: 하천, 유수지, 저수지, 방화설비, 방풍설비, 방수설비, 사방설비, 방조설비
  - 보건위생시설: 장사시설, 도축장, 종합의료시설
  - 환경기초시설: 하수도, 폐기물처리 및 재활용시설, 빗물저장 및 이용시설, 수질오염방지시설, 폐차장
- **기반시설의 설치**: 주차장, 사회복지시설, 장사시설, 종합의료시설, 빗물저장 및 이용시설, 폐차장 → 도시 · 군관리계획으로 결정(X)
  - 암기 TIP 주사장이 종일 비 맞고 폐차장에 서 있다.
- **공동구**
  - 설치: 200만m² 초과 + [도시개발구역, 정비구역, 택지개발지구, 경제자유구역, 도청이전신도시, 공공주택지구] → 사업시행자(설치의무)
    - 암기 TIP 정경택도 도청이 있는 공공주택지구에 산다.
  - 관리
    - 공동구관리자는 5년마다 공동구 안전 및 유지 · 관리계획을 수립 · 시행하여야 한다.
    - 1년에 1회 이상 안전점검
  - 분할납부: 공동구관리자는 공동구 관리에 소요되는 비용을 연 2회로 분할하여 납부하게 하여야 한다.
  - 납부시기: 공동구 점용예정자는 공사가 착수되기 전에 부담금의 3분의 1 이상을 납부하여야 하고, 나머지는 공사기간 만료일 전까지 납부하여야 한다.
  - 공동구협의회 심의사항: 가스관, 하수도관
- **광역시설의 설치 및 관리**
  - 원칙: 광역시설의 설치 및 관리는 도시 · 군계획시설의 설치 · 관리의 규정에 따른다.
  - 예외
    - 협약체결: 특별시장 · 광역시장 · 특별자치시장 · 특별자치도지사 · 시장 또는 군수는 협약을 체결하거나 협의회를 구성하여 광역시설을 설치 · 관리할 수 있다.
    - 법인의 설치 · 관리: 국가계획으로 설치하는 광역시설은 그 광역시설의 설치 · 관리를 사업목적으로 하여 설립된 법인이 설치 · 관리할 수 있다.
- **실효**: 20년 사업시행(X) → 도시 · 군계획시설결정의 고시일 20년 + 다음 날

POINT 02 도시 · 군계획시설부지의 매수청구 ☆☆

- **매수청구**
  - ① 10년 이내 미집행 + 지목이 대(垈)인 토지(건축물 및 정착물을 포함)
  - ② 실시계획인가가 진행된 경우 → 매수청구 제외
- **매수의무자**
  - ① 특별시장 · 광역시장 · 특별자치시장 · 특별자치도지사 · 시장 · 군수
  - ② 시행자
  - ③ 설치 · 관리의무자(다른 경우에는 설치의무자)
- **매수 여부 결정**: 6개월, 매수기한: 2년 (암기 TIP 6월2)
- **매수가격**: 공 · 취 · 법 준용
- **도시 · 군계획시설채권 발행 가능**: 상환기간: 10년 이내
  - 지방자치단체(매수의무자)
    - + ① 토지소유자가 원하거나, → [3천만원(현금) + 초과(채권)]
    - + ① 부재부동산 또는 비업무용 토지 + ② 3천만원 초과
- **매수거부**: 3층 이하 + [① 단독주택, ② 제1종 근린생활시설, ③ 제2종 근린생활시설(단란주점, 안마시술소, 노래연습장, 다중생활시설은 설치 X)], ④ 공작물 → 설치 가능
- **토지소유자의 해제신청**
  - ① 해제신청 요건: 10년 이내 미집행 + 실효시까지 집행계획이 없는 경우 → 입안권자에게 해제신청(O)
  - ② 입안여부결정: 입안권자는 3개월 이내에 입안여부를 토지소유자에게 알려야 한다.
  - ③ 결정의 해제 신청: 입안(X) → 결정권자에게 결정신청(O) → 결정권자는 2개월 이내에 결정 여부를 토지소유자에게 알려야 한다.

POINT 03 비용부담

- **원칙**: 시행자의 비용부담
- **예외**: 수익자의 비용부담
- **시 · 도지사** —비용부담→ **특별시 · 광역시 · 특별자치시 · 특별자치도 · 시 · 군**
  - → 협의(X): 행정안전부장관이 결정한다.
- **보조 또는 융자**
  - ① 기초조사 또는 지형도면 작성: 80% 이하의 범위에서 국가예산으로 보조할 수 있다.
  - ② 행정청인 시행자: 사업비용의 50% 이하의 범위에서 국가예산으로 보조 또는 융자할 수 있다.
  - ③ 비행정청인 시행자: 사업비용의 3분의 1 이하의 범위에서 국가 또는 지자체가 보조 또는 융자할 수 있다.

기출 OX 문제

도시·군계획시설사업

01 도시 · 군계획시설은 기반시설 중 도시 · 군관리계획으로 결정된 시설이다. 제32회 (　)

02 폐차장은 기반시설 중 환경기초시설에 해당한다. 제26회 (　)

03 폐기물처리 및 재활용시설은 기반시설 중 보건위생시설에 해당한다. 제32회 (　)

04 「도시개발법」에 따른 도시개발구역이 200만m²를 초과하는 경우 해당 구역에서 개발사업을 시행하는 자는 공동구를 설치하여야 한다. 제29회, 제32회, 제35회 (　)

05 공동구관리자는 10년마다 해당 공동구의 안전 및 유지 · 관리계획을 수립 · 시행하여야 한다. 제29회 (　)

06 공동구가 설치된 경우 쓰레기수송관은 공동구협의회의 심의를 거쳐야 공동구에 수용할 수 있다. 제35회, 제36회 (　)

07 도시 · 군관리계획으로 결정된 하천의 정비사업은 도시 · 군계획시설사업에 해당한다. 제27회 (　)

08 광역시장이 단계별 집행계획을 수립하고자 하는 때에는 미리 관계 행정기관의 장과 협의하여야 하며, 해당 지방의회의 의견을 들어야 한다. 제28회 (　)

09 도시 · 군계획시설사업이 둘 이상의 지방자치단체의 관할구역에 걸쳐 시행되는 경우, 사업시행자에 대한 협의가 성립되지 아니하는 때에는 사업면적이 가장 큰 지방자치단체가 사업시행자가 된다. 제24회 (　)

10 국토교통부장관은 국가계획과 관련되거나 그 밖에 특히 필요하다고 인정되는 경우에는 관계 특별시장 · 광역시장 · 특별자치시장 · 특별자치도지사 · 시장 또는 군수의 의견을 들어 직접 도시 · 군계획시설사업을 시행할 수 있다. 제34회 (　)

11 도시 · 군계획시설사업의 실시계획에는 사업의 착수예정일 및 준공예정일도 포함되어야 한다. 제32회 (　)

12 사업구역경계의 변경이 있더라도 건축물의 연면적 10% 미만을 변경하는 경우에는 실시계획 변경인가를 받을 필요가 없다. 제21회 (　)

13 도시 · 군계획시설결정의 고시일부터 10년 이내에 도시 · 군계획시설사업에 관한 실시계획의 인가만 있고 사업이 시행되지 아니하는 경우에는 그 시설부지의 매수청구권이 인정된다. 제24회, 제35회 (　)

14 도시 · 군계획시설부지의 매수의무자인 지방공사는 도시 · 군계획시설채권을 발행하여 그 대금을 지급할 수 있다. 제32회 (　)

15 도시 · 군계획시설채권의 상환기간은 10년 이내로 한다. 제25회, 제26회, 제32회 (　)

16 도시 · 군계획시설부지의 매수의무자는 매수하기로 결정한 토지를 매수결정을 알린 날부터 2년 이내에 매수하여야 한다. 제32회 (　)

17 도시 · 군계획시설결정이 고시된 도시 · 군계획시설에 대하여 그 고시일부터 20년이 지날 때까지 그 시설의 설치에 관한 도시 · 군계획시설사업이 시행되지 아니하는 경우 그 도시 · 군계획시설결정은 그 고시일부터 20년이 되는 날의 다음 날에 그 효력을 잃는다. 제30회, 제35회 (　)

18 행정청인 도시 · 군계획사업의 시행자가 도시 · 군계획사업에 의하여 새로 공공시설을 설치한 경우, 새로 설치된 공공시설은 그 시설을 관리할 관리청에 무상으로 귀속된다. 제27회, 제33회 (　)

정답

01 O　02 O　03 X 폐기물처리 및 재활용시설은 기반시설 중 환경기초시설에 해당한다.　04 O　05 X 5년마다 안전 및 유지 · 관리계획을 수립 · 시행하여야 한다.　06 X 가스관 및 하수도관의 시설은 공동구협의회의 심의를 거쳐야 수용할 수 있다.　07 O　08 O　09 X 둘 이상의 지방자치단체의 관할구역에 걸쳐 시행되는 경우, 협의가 성립되지 않으면 국토교통부장관 또는 도지사가 시행자를 지정한다.　10 O　11 O　12 X 사업구역경계의 변경이 있기 때문에 실시계획 변경인가를 받아야 한다.　13 X 실시계획의 인가가 있는 경우에는 매수청구권이 인정되지 않는다.　14 X 매수의무자인 지방공사는 도시 · 군계획시설채권을 발행할 수 없다.　15 O　16 O　17 O　18 O

04 지구단위계획구역 및 지구단위계획

지구단위계획구역 지구단위계획구역(재량적 · 의무적 지정)

1. 지구단위계획구역의 지정 ☆☆☆

재량적 지정대상지역	의무적 지정대상지역
① 용도지구(취락지구 등) ② 도시개발구역, 정비구역 ③ 택지개발지구, 대지조성사업지구 ④ 산업단지, 준산업단지, 관광특구, 관광단지 ⑤ 개발제한구역, 도시자연공원구역, 시가화조정구역, 공원에서 해제되는 구역 ⑥ 녹지지역에서 주거지역 · 상업지역 · 공업지역으로 변경되는 구역 ⑦ 세 개 이상의 노선이 교차하는 대중교통 결절지로부터 1km 이내에 위치한 지역	① 사업이 끝난 후 10년이 지난 지역 정비구역 택지개발지구 ② 면적이 30만m² 이상인 지역 ㉠ 시가화조정구역 또는 공원에서 해제되는 지역(녹지지역으로 지정 또는 존치되거나 개발계획이 수립되지 아니한 경우는 제외) ㉡ 녹지지역에서 주거지역 · 상업지역 · 공업지역으로 변경되는 지역

2. 도시지역 외의 지역에 지정하는 경우 ☆

(1) 계획관리지역(구역 면적의 50% 이상이 포함)

① 지정요건(계획관리지역 + 생산관리지역 + 보전관리지역)

자연보전권역인 경우에는 10만m² 이상

㉠ 아파트, 연립주택 건설계획이 포함된 경우에는 토지면적이 30만m² 이상이고, 아파트, 연립주택 건설계획이 포함되지 않은 경우에는 3만m² 이상
㉡ 해당 지역에 도로, 상하수도 등 기반시설을 공급할 수 있을 것
㉢ 자연환경, 경관, 미관 등을 해치지 아니하고 국가유산의 훼손 우려가 없을 것

(2) 개발진흥지구

① 계획관리지역에서의 지정요건에 해당할 것
② 해당 개발진흥지구가 다음의 지역에 위치할 것

㉠ 주거, 특정, 복합개발진흥지구(주거기능이 포함) → 계획관리지역
㉡ 산업 · 유통, 복합개발진흥지구(주거기능이 포함되지 않은 경우) → 계획관리지역, 생산관리지역, 농림지역
㉢ 관광 · 휴양개발진흥지구 → 도시지역 외의 지역(관리 · 농림 · 자연환경보전지역)

(3) 용도지구를 폐지하고 용도지구에서의 행위제한을 지구단위계획으로 대체하려는 지역

지구단위계획 도시 · 군계획 수립대상지역의 일부에 대하여 토지이용을 합리화하고 그 기능을 증진시키며 미관을 개선하고 양호한 환경을 확보하며, 그 지역을 체계적 · 계획적으로 관리하기 위하여 수립하는 도시 · 군관리계획을 말한다.

1. 지구단위계획의 수립(수립기준: 국장) ☆☆

지구단위계획에는 ②와 ④의 사항을 포함한 둘 이상의 사항이 포함되어야 한다.

① 용도지역이나 용도지구를 대통령령으로 정하는 범위에서 세분하거나 변경하는 사항
①의2. 기존의 용도지구를 폐지하고 그 용도지구에서의 건축물이나 그 밖의 시설의 용도 · 종류 및 규모 등의 제한을 대체하는 사항
② 대통령령으로 정하는 기반시설의 배치와 규모
③ 도로로 둘러싸인 일단의 지역 또는 계획적인 개발 · 정비를 위하여 구획된 일단의 토지의 규모와 조성계획
④ 건축물의 용도제한, 건축물의 건폐율 또는 용적률, 건축물의 높이의 최고한도 또는 최저한도
⑤ 건축물의 배치 · 형태, 색채 또는 건축선에 관한 계획
⑥ 환경관리계획 또는 경관계획
⑦ 보행안전 등을 고려한 교통처리계획
⑧ 그 밖에 토지 이용의 합리화, 도시나 농 · 산 · 어촌의 기능증진에 필요한 사항

2. 완화규정 ☆☆☆

완화대상	도시지역 내	도시지역 외
건축제한	건축물의 용도 · 종류 및 규모	
건폐율	150%	150%
용적률	200%	200%
건축물의 높이제한	120%	완화규정 없음
주차장 설치기준	100%	

3. 지구단위계획구역 지정의 실효

지구단위계획구역의 지정에 관한 도시 · 군관리계획결정의 고시일부터 3년 이내에 지구단위계획이 결정 · 고시되지 아니하면 그 3년이 되는 날의 다음 날에 효력을 잃는다.

빈칸완성 한번 더!

지구단위계획구역 지구단위계획구역(재량적 · 의무적 지정)

1. 지구단위계획구역의 지정 ☆☆☆

재량적 지정대상지역	의무적 지정대상지역
① 용도지구(취락지구 등) ② [ ] 정비구역 ③ 택지개발지구, [ ] ④ 산업단지, 준산업단지, [ ], 관광단지 ⑤ ㉮개발제한구역, ㉯도시자연공원구역, [ ], ㉰공원에서 [ ]되는 구역 ⑥ 녹지지역에서 주거지역 · 상업지역 · 공업지역으로 변경되는 구역 ⑦ 세 개 이상의 노선이 교차하는 대중교통 결절지로부터 [ ]이내에 위치한 지역	① 사업이 끝난 후 [ ]이 지난 지역 ┌ ㉠정비구역 └ [ ] ② 면적이 [ ]이상인 지역 ㉠ 시가화조정구역 또는 공원에서 해제되는 지역(녹지지역으로 지정 또는 존치되거나 개발계획이 수립되지 아니한 경우는 제외) ㉡ [ ]에서 주거지역 · 상업지역 · 공업지역으로 변경되는 지역

2. 도시지역 외의 지역에 지정하는 경우 ☆

(1) [ ](구역 면적의 50% 이상이 포함)

① 지정요건(계획관리지역 + 생산관리지역 + 보전관리지역)

자연보전권역인 경우에는 10만m² 이상

> ㉠ 아파트, 연립주택 건설계획이 포함된 경우에는 토지면적 [ ]만m² 이상이고, 아파트, 연립주택 건설계획이 포함되지 않은 경우에는 3만m² 이상
> ㉡ 해당 지역에 도로, 상하수도 등 기반시설을 공급할 수 있을 것
> ㉢ 자연환경, 경관, 미관 등을 해치지 아니하고 국가유산의 훼손 우려가 없을 것

(2) [ ]

① 계획관리지역에서의 지정요건에 해당할 것

② 해당 개발진흥지구가 다음의 지역에 위치할 것

> ㉠ 주거, 특정, 복합개발진흥지구(주거기능이 포함) → 계획관리지역
> ㉡ 산업 · 유통, 복합개발진흥지구(주거기능이 포함되지 않은 경우) → 계획관리지역, 생산관리지역, [ ]
> ㉢ 관광 · 휴양개발진흥지구 → 도시지역 외의 지역(관리 · 농림 · 자연환경보전지역)

(3) 용도지구를 폐지하고 용도지구에서의 행위제한을 [ ]으로 대체하려는 지역

지구단위계획 도시 · 군계획 수립대상지역의 [ ]에 대하여 토지이용을 합리화하고 그 기능을 증진시키며 미관을 개선하고 양호한 환경을 확보하며, 그 지역을 체계적 · 계획적으로 관리하기 위하여 수립하는 [ ]을 말한다.

1. 지구단위계획의 수립(수립기준: [ ]) ☆☆

지구단위계획에는 ②와 ④의 사항을 포함한 둘 이상의 사항이 포함되어야 한다.

① 용도지역이나 용도지구를 대통령령으로 정하는 범위에서 세분하거나 변경하는 사항

①의2. 기존의 용도지구를 폐지하고 그 용도지구에서의 건축물이나 그 밖의 시설의 용도 · 종류 및 규모 등의 제한을 대체하는 사항

② 대통령령으로 정하는 [ ]의 배치와 규모

③ 도로로 둘러싸인 일단의 지역 또는 계획적인 개발 · 정비를 위하여 구획된 일단의 토지의 규모와 조성계획

④ 건축물의 [ ], 건축물의 건폐율 또는 [ ], 건축물 높이의 [ ] 또는 최저한도

⑤ 건축물의 배치 · 형태, 색채 또는 건축선에 관한 계획

⑥ 환경관리계획 또는 경관계획

⑦ 보행안전 등을 고려한 교통처리계획

⑧ 그 밖에 토지 이용의 합리화, 도시나 농 · 산 · 어촌의 기능증진에 필요한 사항

2. 완화규정 ☆☆☆

완화대상	도시지역 내	도시지역 외
건축제한	건축물의 용도 · 종류 및 규모	
건폐율	[ ]	150%
용적률	[ ]	200%
건축물의 높이제한	[ ]	완화규정 [ ]
주차장 설치기준	[ ]	

3. 지구단위계획구역 지정의 실효

지구단위계획구역의 지정에 관한 도시 · 군관리계획결정의 고시일부터 3년 이내에 지구단위계획이 결정 · 고시되지 아니하면 그 3년이 되는 날의 [ ]에 효력을 잃는다.

핵심 POINT

목표정답수 총 12문제 중 8문제 이상

POINT 01 지구단위계획구역 ☆☆☆

재량적 지정대상 지구단위계획구역으로 지정할 수 있다. → 전부 또는 일부 가능

① 용도지구, 도시개발구역, 정비구역, 택지개발지구, 대지조성사업지구, 산업단지와 준산업단지, 관광단지, 관광특구 암기TIP 정조택시타고 산업단지로 관광가자!!
② 개발제한구역, 도시자연공원구역, 시가화조정구역, 공원 + 해제 암기TIP 공개도시 + 해제
③ 녹지지역 → 주거지역, 상업지역, 공업지역으로 변경되는 구역

의무적 지정대상 지구단위계획구역으로 지정하여야 한다.

① [정비구역, 택지개발지구] + 10년이 지난 지역 암기TIP 정택이는 10년 지난 친구
② 시가화조정구역 또는 공원에서 해제되는 구역 + 30만m² 이상(녹지지역으로 지정 또는 존치되거나 개발계획이 수립되지 아니하는 경우는 제외)
③ [녹지지역 → 주거지역, 상업지역, 공업지역] + 면적 30만m² 이상

계획관리지역(면적의 100분의 50 이상) + 생산관리지역 또는 보전관리지역

① 아파트 또는 연립주택 건설계획이 포함된 경우로서 자연보전권역인 경우: 10만m² 이상
② 아파트 또는 연립주택 건설계획이 포함되지 않은 경우: 3만m² 이상
③ 보전관리지역을 포함하는 경우: 보전관리지역의 면적은 다음의 요건을 충족할 것
- 지구단위계획구역 면적이 10만m² 이하인 경우: 면적의 20% 이내
- 지구단위계획구역 면적이 10만m² 초과 20만m² 이하인 경우: 2만m²
- 지구단위계획구역면적이 20만m² 를 초과하는 경우: 전체 지구단위계획구역 면적의 10% 이내

개발진흥지구의 지정요건

① 주거개발진흥지구, 복합개발진흥지구(주거기능 포함 O), 특정개발진흥지구 → 계획관리지역
② 산업 · 유통개발진흥지구 및 복합개발진흥지구(주거기능 포함 X) → 계획관리지역, 생산관리지역, 농림지역
③ 관광 · 휴양개발진흥지구 → 관리지역, 농림지역, 자연환경보전지역

도시지역 외의 지역으로서 용도지구를 폐지하고 용도지구에서의 행위제한을 지구단위계획으로 대체하려는 지역은 지구단위계획구역으로 지정할 수 있다.

POINT 02 지구단위계획 ☆☆☆

수립기준 국토교통부장관이 정한다.

의무적 포함

① 기반시설의 배치와 규모,
② 건축물의 용도제한, 건폐율, 용적률, 건축물 높이의 최고한도 또는 최저한도에 관한 사항은 지구단위계획에 포함되어야 한다.

완화규정

도시지역 내
① 건축제한: 건축물의 용도 · 종류 · 규모
② 건폐율: 150%를 초과할 수 없다.
③ 용적률: 200%를 초과할 수 없다.
④ 건축물 높이제한: 120% 이내에서 완화하여 적용할 수 있다.
⑤ 채광 등의 확보를 위한 높이제한: 200% 이내에서 완화하여 적용할 수 있다.
⑥ 주차장 설치기준: 100%까지 완화하여 적용할 수 있다.
㉠ 한옥마을을 보존하고자 하는 경우
㉡ 차 없는 거리를 조성하고자 하는 경우

도시지역 외
① 건축제한: 건축물의 용도 · 종류 · 규모 등을 완화하여 적용할 수 있다.
② 건폐율: 150% 이내에서 완화하여 적용할 수 있다.
③ 용적률: 200% 이내에서 완화하여 적용할 수 있다.

도시지역에 개발진흥지구를 지정하고 해당 지구를 지구단위계획구역으로 지정한 경우 해당 용도지역의 용적률을 120% 이내에서 완화하여 적용할 수 있다.

실효

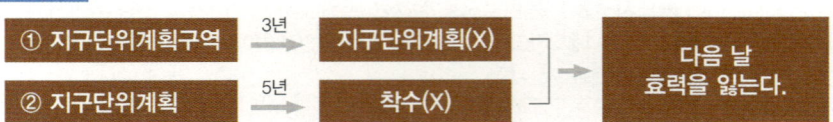

① 지구단위계획구역 → (3년) → 지구단위계획(X) → 다음 날 효력을 잃는다.
② 지구단위계획 → (5년) → 착수(X) → 다음 날 효력을 잃는다.

지구단위계획구역에서의 건축 지구단위계획이 수립되어 있는 지구단위계획구역에서 건축물(일정기간 내 철거가 예상되는 가설건축물은 제외)을 건축 또는 용도변경하거나 공작물을 설치하려면 지구단위계획에 맞게 하여야 한다.

기출 OX 문제

지구단위계획구역 및 지구단위계획

01 지구단위계획의 수립기준은 국토교통부장관이 정한다. 제27회 ( )

02 시 · 도지사는 「도시개발법」에 따라 지정된 도시개발구역의 전부 또는 일부에 대하여 지구단위계획구역을 지정할 수 있다. 제27회 ( )

03 「관광진흥법」에 따라 지정된 관광단지의 전부 또는 일부에 대하여 지구단위계획구역을 지정할 수 있다. 제32회 ( )

04 개발제한구역에서 해제되는 구역 중 계획적인 개발 또는 관리가 필요한 지역은 지구단위계획구역으로 지정할 수 있다. 제25회 ( )

05 「주택법」에 따라 대지조성사업지구로 지정된 지역의 전부에 대하여 지구단위계획구역을 지정할 수는 없다. 제24회 ( )

06 주민은 도시 · 군관리계획 입안권자에게 지구단위계획의 변경에 관한 도시 · 군관리계획의 입안을 제안할 수 있다. 제25회 ( )

07 「택지개발촉진법」에 따라 지정된 택지개발지구에서 시행되는 사업이 끝난 후 10년이 지난 지역으로서 관계 법률에 따른 토지 이용과 건축에 관한 계획이 수립되어 있지 않은 지역은 지구단위계획구역으로 지정하여야 한다. 제27회, 제34회 ( )

08 계획관리지역 외의 지역에 지정된 개발진흥지구 내의 지구단위계획구역에서는 건축물의 용도 · 종류 및 규모 등을 완화하여 적용할 경우 아파트 및 연립주택은 허용되지 아니한다. 제29회 ( )

09 농림지역에 위치한 산업 · 유통개발진흥지구는 지구단위계획구역으로 지정할 수 있는 대상지역에 포함되지 않는다. 제34회 ( )

10 시장 또는 군수가 입안한 지구단위계획의 수립 · 변경에 관한 도시 · 군관리계획은 해당 시장 또는 군수가 직접 결정한다. 제25회, 제31회, 제32회, 제35회 ( )

11 도시지역 외에 지정하는 지구단위계획구역에 대해서는 해당 용도지역에 적용되는 건축물 높이의 120% 이내에서 높이제한을 완화하여 적용할 수 있다. 제29회 ( )

12 도시지역 내에 지정하는 지구단위계획구역에 대해서는 해당 지역에 적용되는 건폐율의 200% 이내에서 건폐율을 완화하여 적용할 수 있다. 제24회 ( )

13 도시지역 내 지구단위계획구역의 지정이 한옥마을의 보존을 목적으로 하는 경우 지구단위계획으로 「주차장법」에 따른 주차장 설치기준을 100%까지 완화하여 적용할 수 있다. 제26회, 제28회 ( )

14 지구단위계획(주민이 입안을 제안한 것에 한정한다)에 관한 도시 · 군관리계획결정의 고시일부터 5년 이내에 「국토의 계획 및 이용에 관한 법률」 또는 다른 법률에 따라 허가 · 인가 · 승인 등을 받아 사업이나 공사에 착수하지 아니하면 그 5년이 된 날의 다음날에 그 지구단위계획에 관한 도시 · 군관리계획결정은 효력을 잃는다. 제34회 ( )

15 지구단위계획이 수립되어 있는 지구단위계획구역에서 공사기간 중 이용하는 공사용 가설건축물을 건축하려면 그 지구단위계획에 맞게 하여야 한다. 제32회 ( )

정답

01 O 02 O 03 O 04 O 05 X 대지조성사업지구의 전부에 대하여 지정할 수 있다. 06 O 07 O 08 O 09 X 포함된다. 10 O 11 X 해당 용도지역에 적용되는 건축물 높이의 120% 이내에서 높이제한을 완화하여 적용할 수 있는 지역은 도시지역 내에 지정하는 지구단위계획구역에서 적용되는 규정이다. 12 X 건폐율의 150%를 초과할 수 없다. 13 O 14 O 15 X 공사기간 중 이용하는 공사용 가설건축물은 일정기간 내 철거가 예상되기 때문에 지구단위계획에 맞게 건축하여야 하는 건축물에서 제외된다.

05 개발행위허가

개발행위 허가

허가권자
특별시장, 광역시장, 특별자치시장, 특별자치도지사, 시장 또는 군수

1. 허가대상 개발행위 ☆☆☆

→ 도시·군계획시설사업 + 도시개발사업 + 정비사업

허가대상(도시 · 군계획사업은 제외)	
건축물의 건축	「건축법」에 따른 건축물의 건축
공작물의 설치	인공을 가하여 제작한 시설물의 설치
토지의 형질변경	절토(땅깎기), 성토(흙쌓기), 정지(땅고르기), 포장 등의 행위와 공유수면의 매립(경작을 위한 경우는 제외)
토석채취	토지의 형질변경을 목적으로 하지 않는 토석의 채취
토지분할	① 녹지지역, 관리지역, 농림지역, 자연환경보전지역에서 관계 법령에 따른 인가 · 허가 등을 받지 아니하고 행하는 토지의 분할 ② 「건축법」에 따른 분할제한면적 미만으로의 토지의 분할 ③ 관계 법령에 따른 인가 · 허가 등을 받지 아니하고 행하는 너비 5m 이하로의 토지의 분할
물건을 쌓아놓는 행위	녹지지역, 관리지역, 자연환경보전지역에서 울타리 안에 위치하지 아니한 토지에 물건을 1개월 이상 쌓아놓는 행위

2. 허가절차 ☆

허가신청 → 시행자 의견청취 → 도시계획 위원회의 심의 → 허가 또는 불허가의 처분 → 사업시행 → 준공검사

- 도시계획 위원회의 심의: ↳ 지구단위계획, 성장관리계획을 수립한 지역은 심의(X)
- 허가 또는 불허가의 처분: ↱ 15일 이내(협의 또는 심의기간 제외)
- 준공검사: ↳ 토지분할(X) 물건쌓기(X)

3. 조건부 허가 ☆☆☆

허가권자는 (기)반시설의 설치 또는 그에 필요한 용지의 확보, (위)해 방지, (환)경오염 방지, (경)관, (조)경 등에 관한 조치를 할 것을 조건으로 개발행위허가를 할 수 있다.

→ 국가, 지자체, 공공기관은 예치X

4. 이행보증금의 예치금액 및 예치방법

예치금액	기반시설의 설치, 위해 방지, 환경오염 방지, 경관 및 조경에 필요한 비용의 범위에서 산정하되 총 공사비의 20% 이내가 되도록 한다.
예치방법	① 원칙: 현금으로 납입 ② 예외: 이행보증서 등으로 갈음할 수 있다.
반환시기	개발행위허가를 받은 자가 준공검사를 받은 때에는 즉시 반환하여야 한다.

개발행위 허가제한

제한권자
국토교통부장관, 시 · 도지사, 시장 또는 군수

1. 제한기간

(1) 원칙: 1회에 한하여 3년 이내의 기간 동안 제한할 수 있다.

(2) 예외: 제한대상지역 ③, ④, ⑤에 대하여 1회에 한하여 2년 이내의 기간 동안 제한기간을 연장할 수 있다. → 연장 시 심의 X

2. 제한대상지역 ☆

① 녹지지역이나 계획관리지역으로서 수목이 집단적으로 자라고 있거나 조수류 등이 집단적으로 서식하고 있는 지역 또는 우량농지 등으로 보전할 필요가 있는 지역
② 개발행위로 인하여 주변의 환경, 경관, 미관, 국가유산 등이 크게 오염되거나 손상될 우려가 있는 지역
③ 도시 · 군기본계획이나 도시 · 군관리계획을 수립하고 있는 지역으로서 그 도시 · 군기본계획이나 도시 · 군관리계획이 결정될 경우 용도지역, 용도지구, 용도구역의 변경이 예상되고 그에 따라 개발행위허가의 기준이 크게 달라질 것으로 예상되는 지역
④ 지구단위계획구역으로 지정된 지역
⑤ 기반시설부담구역으로 지정된 지역

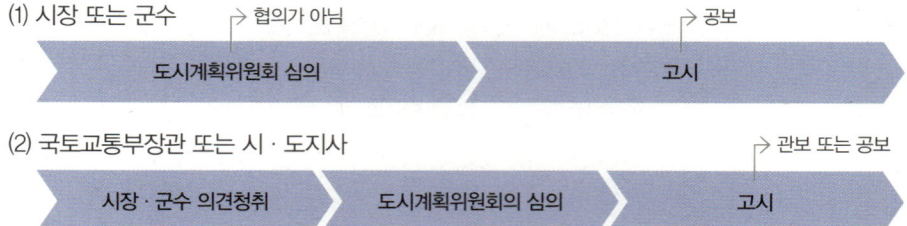

3. 제한절차

(1) 시장 또는 군수

도시계획위원회 심의 (↱ 협의가 아님) → 고시 (↱ 공보)

(2) 국토교통부장관 또는 시 · 도지사

시장 · 군수 의견청취 → 도시계획위원회의 심의 → 고시 (↱ 관보 또는 공보)

4. 위반자에 대한 조치

토지의 원상회복	개발행위허가를 받지 아니하고 개발행위를 하거나 허가내용과 다르게 개발행위를 하는 자에게는 그 토지의 원상회복을 명할 수 있다.
행정대집행	원상회복의 명령을 받은 자가 원상회복을 하지 아니하면 행정대집행에 따라 원상회복을 할 수 있다.
행정형벌	3년 이하의 징역 또는 3천만원 이하의 벌금

빈칸완성 한번 더!

개발행위 허가	허가권자 특별시장, 광역시장, 특별자치시장, 특별자치도지사, 시장 또는 군수

1. 허가대상 개발행위 ☆☆☆

→ (   ) + 도시개발사업 + (   )

허가대상(도시 · 군계획사업은 제외)	
( )	「건축법」에 따른 건축물의 건축
공작물의 설치	인공을 가하여 제작한 시설물의 설치
토지의 형질변경	절토(땅깎기), 성토(흙쌓기), 정지(땅고르기), 포장 등의 행위와 공유수면의 매립(( )을 위한 경우는 제외)
토석채취	토지의 형질변경을 목적으로 하지 않는 토석의 채취
토지분할	① 녹지지역, 관리지역, 농림지역, 자연환경보전지역에서 관계 법령에 따른 인가 · 허가 등을 받지 아니하고 행하는 토지의 분할 ② 「건축법」에 따른 분할제한면적 미만으로의 토지의 분할 ③ 관계 법령에 따른 인가 · 허가 등을 받지 아니하고 행하는 너비 5m 이하로의 토지의 분할
물건을 쌓아놓는 행위	녹지지역, 관리지역, 자연환경보전지역에서 울타리 안에 위치하지 아니한 토지에 물건을 ( ) 이상 쌓아놓는 행위

2. 허가절차 ☆

허가신청 → 시행자 의견청취 → 도시계획 위원회의 심의 → 허가 또는 불허가의 처분 → 사업시행 → 준공검사

- 허가 또는 불허가의 처분: 15일 이내(협의 또는 심의기간 제외)
- 도시계획 위원회의 심의: 지구단위계획, 성장관리계획을 수립한 지역은 심의(X)
- 준공검사: (   )(X), 물건쌓기(X)

3. 조건부 허가 ☆☆☆

허가권자는 (   )의 설치 또는 그에 필요한 용지의 확보, (   ), 환경오염 방지, 경관, 조경 등에 관한 조치를 할 것을 조건으로 개발행위허가를 할 수 (   ).

4. 이행보증금의 예치금액 및 예치방법

→ 국가, 지자체, 공공기관은 예치X

예치금액	기반시설의 설치, 위해 방지, 환경오염 방지, 경관 및 조경에 필요한 비용의 범위에서 산정하되 총 공사비의 20% 이내가 되도록 한다.
예치방법	① 원칙: 현금으로 납입 ② 예외: 이행보증서 등으로 갈음할 수 있다.
반환시기	개발행위허가를 받은 자가 ( )를 받은 때에는 즉시 반환하여야 한다.

개발행위 허가제한	제한권자 ( ), 시 · 도지사, 시장 또는 군수

1. 제한기간

(1) 원칙: 1회에 한하여 3년 이내의 기간 동안 제한할 수 있다.

(2) 예외: 제한대상지역 (   )에 대하여 1회에 한하여 (   )의 기간 동안 제한기간을 연장할 수 있다. → 연장 시 심의 X

2. 제한대상지역 ☆

① 녹지지역이나 계획관리지역으로서 수목이 집단적으로 자라고 있거나 조수류 등이 집단적으로 서식하고 있는 지역 또는 (   )등으로 보전할 필요가 있는 지역

② 개발행위로 인하여 주변의 환경, 경관, 미관, 국가유산 등이 크게 오염되거나 손상될 우려가 있는 지역

③ 도시 · 군기본계획이나 (   )을 수립하고 있는 지역으로서 그 도시 · 군기본계획이나 도시 · 군관리계획이 결정될 경우 용도지역, 용도지구, 용도구역의 변경이 예상되고 그에 따라 개발행위허가의 기준이 크게 달라질 것으로 예상되는 지역

④ (   )으로 지정된 지역

⑤ (   )으로 지정된 지역

3. 제한절차

(1) 시장 또는 군수

도시계획위원회 심의 (협의가 아님) → 고시 (공보)

(2) 국토교통부장관 또는 시 · 도지사

시장 · 군수 의견청취 → 도시계획위원회의 심의 → 고시 (관보 또는 공보)

4. 위반자에 대한 조치

토지의 원상회복	개발행위허가를 받지 아니하고 개발행위를 하거나 허가내용과 다르게 개발행위를 하는 자에게는 그 토지의 원상회복을 명할 수 ( ).
행정대집행	원상회복의 명령을 받은 자가 원상회복을 하지 아니하면 행정대집행에 따라 원상회복을 할 수 있다.
행정형벌	3년 이하의 징역 또는 3천만원 이하의 벌금

핵심 POINT

목표정답수 총 12문제 중 8문제 이상

POINT 01 개발행위허가 ☆☆☆

- 도시 · 군계획사업, 경작을 위한 토지형질변경, 응급조치: 허가대상 X
- 사업기간을 단축 또는 부지면적 5% 범위 안에서 축소: 변경허가 X
- 사업기간 연장 또는 부지면적 확장: 변경허가를 받아야 한다.
- 개발밀도관리구역: 기반시설 설치나 그에 필요한 용지의 확보에 관한 계획서를 제출하지 아니한다.
- 조건부허가
  - ① 허가권자는 기반시설의 설치, 위해방지, 환경오염방지, 경관, 조경 등의 조치를 할 것을 조건으로 허가를 할 수 있다.
  - ② 허가권자는 개발행위허가에 조건을 붙이려는 때에는 미리 개발행위허가를 신청한 자의 의견을 들어야 한다.
- 개발행위허가의 규모
  - ① 공업지역, 관리지역, 농림지역: 3만m² 미만
  - ② 보전녹지지역, 자연환경보전지역: 5천m² 미만
  - ③ 주거지역, 상업지역, 생산녹지, 자연녹지: 1만m² 미만
  - → 공삼이, 관농이
- 허가대상 토지가 2 이상 걸치는 경우: 각각 적용한다.

추가 ›
개발행위허가의 대상인 토지의 총면적이 해당 토지가 걸쳐 있는 용도지역 중 개발행위의 규모가 가장 큰 용도지역의 개발행위의 규모를 초과하여서는 아니 된다.

- 개발행위허가 기준을 강화 또는 완화 적용하는 지역(유보용도)
  계획관리지역, 생산관리지역, 자연녹지지역
- 준공검사대상이 아닌 것: 토지분할, 물건쌓기
- 개발행위허가 제한 (→ 국장, 시·도지사, 시장·군수)
  - ① 녹지지역이나 계획관리지역 + 수목, 조수류, 우량농지 등으로 보전할 필요가 있는 지역
  - ② 개발행위로 주변의 환경 · 경관 · 미관 · 국가유산 등이 크게 오염되거나 손상될 우려가 있는 지역
  - → 최대 3년(연장 X)까지 개발행위허가를 제한할 수 있다.
  - ③ 도시 · 군기본계획이나 도시 · 군관리계획을 수립하고 있는 지역
  - ④ 지구단위계획구역
  - ⑤ 기반시설부담구역
  - → 최대 5년(연장 O)까지 개발행위허가를 제한할 수 있다.

POINT 02 성장관리계획구역

- 지정대상지역: 특별시장 · 광역시장 · 특별자치시장 · 특별자치도지사 · 시장 또는 군수는 녹지지역, 관리지역, 농림지역 및 자연환경보전지역 중 다음의 어느 하나에 해당하는 지역의 전부 또는 일부에 대하여 성장관리계획구역을 지정할 수 있다.
  - ① 개발수요가 많아 무질서한 개발이 진행되고 있거나 진행될 것으로 예상되는 지역
  - ② 주변의 토지이용이나 교통여건 변화 등으로 향후 시가화가 예상되는 지역
  - ③ 주변지역과 연계하여 체계적인 관리가 필요한 지역
- 지정절차
  - ① 주민 의견청취(14일 이상 열람) + 지방의회 의견청취 + 협의 + 심의: 경미한 사항을 변경하는 경우에는 그러하지 아니하다.
  - ② 지방의회 의견제시: 60일 이내
  - ③ 협의기간: 30일 이내

POINT 03 성장관리계획

- 내용: 특별시장 · 광역시장 · 특별자치시장 · 특별자치도지사 · 시장 또는 군수는 성장관리계획구역을 지정할 때에는 다음의 사항을 포함하여 성장관리계획을 수립하여야 한다.
  - ① 도로, 공원 등 기반시설의 배치와 규모에 관한 사항
  - ② 건축물의 용도제한, 건축물의 건폐율 또는 용적률
  - ③ 건축물의 배치, 형태, 색채 및 높이(건축선 X)
  - ④ 환경관리 및 경관계획
- 건폐율 완화규정: 성장관리계획구역에서는 다음의 범위에서 성장관리계획으로 정하는 바에 따라 조례로 정하는 비율까지 건폐율을 완화하여 적용할 수 있다.
  - ① 계획관리지역: 50% 이하
  - ② 생산관리지역 · 농림지역 및 자연녹지지역 · 생산녹지지역: 30% 이하
- 용적률 완화규정: 성장관리계획구역 내 계획관리지역에서는 125% 이하의 범위에서 성장관리계획으로 정하는 바에 따라 조례로 정하는 비율까지 용적률을 완화하여 적용할 수 있다.
- 타당성검토: 5년
- 건축제한: 성장관리계획구역에서 개발행위 또는 건축물의 용도변경을 하려면 그 성장관리계획에 맞게 하여야 한다.

기출 OX 문제

개발행위허가

01 도시 · 군계획사업에 의하여 10층 이상의 건축물을 건축하려는 경우에는 허가를 받아야 한다. 제35회 ( )

02 재해복구를 위한 응급조치로서 공작물의 설치를 하려는 자는 도시 · 군계획사업에 의한 행위가 아닌 한 개발행위허가를 받아야 한다. 제30회 ( )

03 농림지역에 물건을 1개월 이상 쌓아놓는 행위는 개발행위허가의 대상이 아니다. 제34회 ( )

04 허가받은 개발행위의 사업기간을 연장하려는 경우에는 변경에 대한 허가를 받아야 한다. 제23회 ( )

05 개발행위를 허가하는 경우에는 조건을 붙일 수 없다. 제24회 ( )

06 환경오염 방지조치를 할 것을 조건으로 개발행위허가를 하려는 경우에는 미리 개발행위허가를 신청한 자의 의견을 들어야 한다. 제30회 ( )

07 「사방사업법」에 따른 사방사업을 위한 개발행위에 대하여 허가를 하는 경우 중앙도시계획위원회와 지방도시계획위원회의 심의를 거치지 아니한다. 제33회, 제34회 ( )

08 국가나 지방자치단체가 시행하는 개발행위에도 이행보증금을 예치하게 하여야 한다. 제30회 ( )

09 개발행위허가의 제한을 연장하는 경우 그 연장 기간은 2년을 넘을 수 없다. 제34회 ( )

10 국토교통부장관은 개발행위로 인하여 주변의 환경이 크게 오염될 우려가 있는 지역에서 개발행위허가를 제한하고자 하는 경우 중앙도시계획위원회의 심의를 거쳐야 한다. 제33회 ( )

11 개발행위로 인하여 주변의 국가유산 등이 크게 손상될 우려가 있는 지역에 대해서는 최대 5년까지 개발행위허가를 제한할 수 있다. 제24회 ( )

12 지구단위계획구역으로 지정된 지역으로서 도시 · 군관리계획상 특히 필요하다고 인정하는 지역에 대해서는 최장 5년의 기간 동안 개발행위허가를 제한할 수 있다. 제22회 ( )

13 토지분할에 대해 개발행위허가를 받은 자가 그 개발행위를 마치면 관할 행정청의 준공검사를 받아야 한다. 제26회 ( )

14 개발행위허가를 받은 자가 행정청이 아닌 경우 개발행위허가를 받은 자가 새로 설치한 공공시설은 그 시설을 관리할 관리청에 무상으로 귀속된다. 제32회 ( )

15 개발행위허가를 받은 자가 행정청이 아닌 경우 개발행위로 용도가 폐지되는 공공시설은 개발행위허가를 받은 자에게 무상으로 귀속된다. 제32회 ( )

16 개발행위허가를 취소하려면 청문을 실시하여야 한다. 제32회 ( )

17 주변지역과 연계하여 체계적 관리가 필요한 주거지역은 성장관리계획구역을 지정할 수 있는 지역에 해당한다. 제29회, 제32회, 제33회 ( )

18 성장관리계획구역 내 생산녹지지역에서는 30% 이하의 범위에서 성장관리계획으로 정하는 바에 따라 건폐율을 완화하여 적용할 수 있다. 제33회, 제35회 ( )

19 성장관리계획구역 내 보전관리지역에서는 125% 이하의 범위에서 성장관리계획으로 정하는 바에 따라 용적률을 완화하여 적용할 수 있다. 제33회 ( )

정답

01 X 도시 · 군계획사업에 의하여 건축물을 건축하려는 경우에는 허가를 받지 않아도 된다. 02 X 응급조치는 개발행위허가를 받지 않아도 된다. 03 O 04 O 05 X 허가권자는 미리 개발행위허가를 신청한 자의 의견을 들어 조건부 허가를 할 수 있다. 06 O 07 O 08 X 국가나 지방자치단체는 이행보증금 예치대상이 아니다. 09 O 10 O 11 X 최대 3년까지 개발행위허가를 제한할 수 있다. 12 O 13 X 토지분할은 준공검사대상이 아니다. 14 O 15 X 개발행위허가를 받은 자가 행정청이 아닌 경우 개발행위로 용도가 폐지되는 공공시설은 새로 설치한 공공시설의 설치비용에 상당하는 범위에서 개발행위허가를 받은 자에게 무상으로 양도할 수 있다. 16 O 17 X 주거지역은 성장관리계획구역을 지정할 수 있는 지역에 해당하지 않는다. 18 O 19 X 성장관리계획구역 내 보전관리지역이 아니고 계획관리지역에서는 125% 이하의 범위에서 성장관리계획으로 정하는 바에 따라 용적률을 완화하여 적용할 수 있다.

06 개발밀도관리구역과 기반시설부담구역

구 분	개발밀도관리구역 ☆☆☆	기반시설부담구역 ☆☆☆
지정권자	특별시장 · 광역시장 · 특별자치시장 · 특별자치도지사 · 시장 또는 군수(승인 X)	
대상지역	주거지역 · 상업지역 · 공업지역에서의 개발행위로 인하여 기반시설의 처리 · 공급 또는 수용 능력이 부족할 것으로 예상되는 지역 중 기반시설의 설치가 곤란한 지역	① 이 법 또는 다른 법령의 제정 · 개정으로 인하여 행위제한이 완화되거나 해제되는 지역 ② 이 법 또는 다른 법령에 따라 지정된 용도지역 등이 변경되거나 해제되어 행위제한이 완화되는 지역 ③ 전년도 개발행위허가 건수가 전전년도 개발행위허가 건수보다 20% 이상 증가한 지역 ④ 해당 지역의 전년도 인구증가율이 그 지역이 속하는 특별시 · 광역시 · 특별자치시 · 특별자치도 · 시 또는 군의 전년도 인구증가율보다 20% 이상 높은 지역
절 차	지방도시계획위원회의 심의 → 고시(주민 의견청취 X)	주민 의견청취 → 지방도시계획위원회의 심의 → 고시
지정기준 (국장이 정함)	① 해당 지역의 도로서비스 수준이 매우 낮아 차량 통행이 현저히 지체되는 지역 ② 해당 지역의 도로율이 국토교통부령이 정하는 용도지역별 도로율에 20% 이상 미달하는 지역 ③ 향후 2년 이내에 해당 지역의 수도에 대한 수요량이 수도시설의 시설용량을 초과할 것으로 예상되는 지역 ④ 향후 2년 이내에 해당 지역의 하수발생량이 하수시설의 시설용량을 초과할 것으로 예상 되는 지역 ⑤ 향후 2년 이내에 해당 지역의 학생 수가 학교수용능력을 20% 이상 초과할 것으로 예상되는 지역	① 기반시설부담구역은 기반시설이 적절하게 배치될 수 있는 규모로서 최소 10만m² 이상의 규모가 되도록 지정할 것 ② 소규모 개발행위가 연접하여 시행될 것으로 예상되는 지역의 경우에는 하나의 단위구역으로 묶어서 기반시설부담구역을 지정할 것 ③ 기반시설부담구역의 경계는 도로, 하천, 그 밖의 특색 있는 지형지물을 이용하는 등 경계선이 분명하게 구분되도록 할 것
지정효과	① 개발밀도관리구역 안에서는 건폐율 또는 용적률을 강화하여 적용한다. ② 해당 용도지역에 적용되는 용적률의 최대한도의 50%의 범위에서 강화하여 적용한다.	특별시장 · 광역시장 · 특별자치시장 · 특별자치도지사 · 시장 또는 군수는 기반시설부담구역이 지정되면 대통령령으로 정하는 바에 따라 기반시설설치계획을 수립하여야 하며, 이를 도시 · 군관리계획에 반영하여야 한다.
해제 및 의제	규정 없음	① 해제: 기반시설부담구역의 지정 · 고시일부터 1년이 되는 날까지 기반시설설치계획을 수립하지 아니하면 그 1년이 되는 날의 다음 날에 기반시설부담구역의 지정은 해제된 것으로 본다. ② 의제: 지구단위계획을 수립한 경우에는 기반시설설치계획을 수립한 것으로 본다.
기반시설 설치비용	규정 없음	① 기반시설설치비용의 부과대상은 단독주택 및 숙박시설 등 연면적 200m²(기존 건축물의 연면적을 포함)를 초과하는 건축물의 신축 · 증축 행위로 한다. ② 민간개발사업자의 부담비율: 20/100(100분의 25의 범위에서 가감) ③ 기반시설설치비용: 현금(카드), 토지로 납부(물납) 인정 ④ 부과시기: 건축허가를 받은 날부터 2개월 이내 ⑤ 납부시기: 사용승인 신청 시까지

빈칸완성 한번 더!

구 분	[ ] ☆☆☆	[ ] ☆☆☆
지정권자	특별시장 · 광역시장 · 특별자치시장 · 특별자치도지사 · 시장 또는 군수(승인 X)	
대상지역	주거지역 · [ ] · 공업지역에서의 개발행위로 인하여 기반시설의 처리 · 공급 또는 수용 능력이 부족할 것으로 예상되는 지역 중 기반시설의 설치가 [ ] 한 지역	① 이 법 또는 다른 법령의 제정 · 개정으로 인하여 행위제한이 [ ] 되거나 해제되는 지역 ② 이 법 또는 다른 법령에 따라 지정된 용도지역 등이 변경되거나 해제되어 행위제한이 완화되는 지역 ③ 전년도 개발행위허가 건수가 전전년도 개발행위허가 건수보다 [ ] 한 지역 ④ 해당 지역의 전년도 인구증가율이 그 지역이 속하는 특별시 · 광역시 · 특별자치시 · 특별자치도 · 시 또는 군의 전년도 인구증가율보다 20% 이상 높은 지역
절 차	지방도시계획위원회의 심의 → 고시(주민 의견청취 X)	[ ] → 지방도시계획위원회의 심의 → 고시
지정기준 (국장이 정함)	① 해당 지역의 도로서비스 수준이 매우 낮아 차량 통행이 현저히 지체되는 지역 ② 해당 지역의 도로율이 국토교통부령이 정하는 용도지역별 도로율에 20% 이상 미달하는 지역 ③ 향후 2년 이내에 해당 지역의 수도에 대한 수요량이 수도시설의 시설용량을 초과할 것으로 예상되는 지역 ④ 향후 2년 이내에 해당 지역의 하수발생량이 하수시설의 시설용량을 초과할 것으로 예상 되는 지역 ⑤ 향후 [ ] 에 해당 지역의 학생 수가 학교수용능력을 [ ] 할 것으로 예상되는 지역	① 기반시설부담구역은 기반시설이 적절하게 배치될 수 있는 규모로서 최소 [ ] 이상의 규모가 되도록 지정할 것 ② 소규모 개발행위가 연접하여 시행될 것으로 예상되는 지역의 경우에는 하나의 단위구역으로 묶어서 기반시설부담구역을 지정할 것 ③ 기반시설부담구역의 경계는 도로, 하천, 그 밖의 특색 있는 지형지물을 이용하는 등 경계선이 분명하게 구분되도록 할 것
지정효과	① 개발밀도관리구역 안에서는 건폐율 또는 용적률을 강화하여 적용한다. ② 해당 용도지역에 적용되는 [ ] 의 최대한도의 [ ] 의 범위에서 [ ] 하여 적용한다.	특별시장 · 광역시장 · 특별자치시장 · 특별자치도지사 · 시장 또는 군수는 기반시설부담구역이 지정되면 대통령령으로 정하는 바에 따라 기반시설설치계획을 수립하여야 하며, 이를 [ ] 에 반영하여야 한다.
해제 및 의제	규정 없음	① 해제: 기반시설부담구역의 지정 · 고시일부터 1년이 되는 날까지 기반시설설치계획을 수립하지 아니하면 그 [ ] 이 되는 날의 [ ] 에 기반시설부담구역의 지정은 [ ] 된 것으로 본다. ② 의제: 지구단위계획을 수립한 경우에는 기반시설설치계획을 수립한 것으로 본다.
기반시설 설치비용	규정 없음	① 기반시설설치비용의 부과대상은 단독주택 및 숙박시설 등 연면적 200m²(기존 건축물의 연면적을 포함)를 초과하는 건축물의 [ ] 행위로 한다. ② 민간개발사업자의 부담비율: 20/100(100분의 25의 범위에서 가감) ③ 기반시설설치비용: 현금(카드), [ ] 납부(물납) 인정 ④ 부과시기: 건축허가를 받은 날부터 2개월 이내 ⑤ 납부시기: 사용승인 신청 시까지

핵심 POINT

목표정답수 총 12문제 중 8문제 이상

POINT 01 개발밀도관리구역, 기반시설부담구역 ☆☆☆

- **중복지정** 개발밀도관리구역과 기반시설부담구역은 중복지정할 수 없다.
- **개발밀도관리구역** '곤란' + 건폐율 또는 용적률(50%)을 강화하여 적용한다.
- **기반시설부담구역** '완화' + 20% 이상 증가 + 주민의 의견청취 + 10만m² 이상 + 1년(다음 날 해제). 대학은 제외
- **기반시설설치계획** 기반시설부담구역 지정 → 기반시설설치계획 수립 → 도시·군관리계획에 반영하여야 한다.
- **기반시설유발계수** 위락시설(2.1) → 관광휴게시설(1.9) → 제2종 근린생활시설(1.6) → 종교시설, 운수시설, 문화 및 집회시설, 자원순환 관련 시설(1.4) → 제1종 근린생활시설, 판매시설(1.3) → 숙박시설(1.0) → 의료시설(0.9) → 방송통신시설(0.8) → 단독주택, 공동주택, 교육연구시설, 노유자시설, 수련시설, 운동시설, 업무시설, 교정시설, 국방·군사시설(0.7)

> 암기 TIP 암기코드 → 기반시설유발계수 높은 순!
> 위 → 위락시설
> 관 → 관광휴게시설
> 이 → 제2종 근린생활시설
> 가
> 종교시설에서는 좋은 문자만 온다 → 종교시설, 운수시설, 문화 및 집회시설, 자원순환 관련 시설
> 일 → 제1종 근린생활시설, 판매시설
> 숙 캐면 → 숙박시설
> 병 원 간 것을 → 의료시설
> 방송으로 알리자 → 방송통신시설

비교정리 → 펄프, 종이 및 종이제품 제조공장(2.5) / 목재 및 나무제품 제조공장(2.1) / 코크스, 석유정제품 및 핵연료 제조공장(2.1) / 비금속 광물제품 제조공장(1.3) / 가죽, 가방 및 신발 제조공장(1.0)

- **기반시설설치비용의 부과대상** ① 단독주택 및 숙박시설 + ② 연면적 200m² 초과 + ③ 건축물의 신축·증축 → 토지로 납부(물납) 가능
- **기반시설설치비용 부과시기** 건축허가를 받은 날부터 2개월 이내 부과
- **기반시설설치비용 납부시기** 사용승인 신청 시까지 납부
- **연기 및 분할납부** 납부의무자가 재해나 도난으로 재산에 심한 손실을 입은 경우 등 기반시설설치비용을 납부하기가 곤란하다고 인정되는 1년의 범위에서 납부기일을 연기하거나 2년의 범위에서 분할납부를 인정할 수 있다.

POINT 02 공공시설의 귀속 ☆☆☆

- **새로운 공공시설** 그 시설을 관리할 관리청에 무상으로 귀속
- **종래의 공공시설**
  ① 개발행위자가 행정청인 경우: 개발행위허가를 받은 자에게 무상으로 귀속
  ② 개발행위자가 비행정청인 경우: 용도폐지되는 공공시설은 새로 설치한 공공시설의 설치비용에 상당하는 범위 안에서 개발행위허가를 받은 자에게 무상양도 가능
- **귀속시기**
  ① 개발행위자가 행정청인 경우: 공공시설의 종류와 토지의 세목을 통지한 날
  ② 개발행위자가 비행정청인 경우: 준공검사를 받은 때

POINT 03 타인토지에의 출입 등 → 일시사용, 장애물 변경·제거

- **출입사유**
  ① 도시·군계획, 광역도시계획에 관한 기초조사
  ② 개발밀도관리구역, 기반시설부담구역 및 기반시설설치계획에 관한 기초조사
- **출입 등의 절차**
  - **출입절차** (→ 점유자 또는 관리인)
    ① 행정청: 7일 전 토지소유자 등에게 통지
    ② 비행정청: 허가(O) + 7일 전 토지소유자 등에게 통지
  - **일시사용 등** (→ 장애물 변경·제거)
    ① 일시사용 또는 장애물 변경·제거 → 토지소유자·점유자 또는 관리인의 동의
    ※ 동의(X): 행정청인 시행자는 통지(O), 비행정청인 시행자는 허가(O)
    ② 3일 전 토지소유자 등에게 통지
  - **출입의 제한** 일출 전이나 일몰 후에는 토지점유자의 승낙 없이 택지나 담장 또는 울타리로 둘러싸인 타인의 토지에 출입할 수 없다.
  - **수인의무** 토지의 점유자는 정당한 사유 없이 타인 토지의 출입 등의 행위를 방해하거나 거부하지 못한다.

POINT 04 청문 ☆☆☆

① 개발행위허가 취소
② 도시·군계획시설사업의 시행자 지정 취소
③ 실시계획인가 취소

기출 OX 문제

개발밀도관리구역과 기반시설부담구역

01 개발행위로 인하여 기반시설의 수용능력이 부족할 것이 예상되는 지역 중 기반시설의 설치가 곤란한 지역은 기반시설부담구역으로 지정하여야 한다. 제22회, 제35회 (　)

02 「고등교육법」에 따른 대학은 기반시설부담구역에 설치가 필요한 기반시설에 해당한다. 제25회 (　)

03 기반시설설치비용은 현금, 신용카드 또는 직불카드 납부를 원칙으로 하되, 부과대상 토지 및 이와 비슷한 토지로 하는 납부를 인정할 수 있다. 제25회 (　)

04 기반시설부담구역의 지정고시일부터 2년이 되는 날까지 기반시설설치계획을 수립하지 아니하면 그 2년이 되는 날의 다음 날에 구역의 지정은 해제된 것으로 본다. 제25회, 제32회, 제33회 (　)

05 개발밀도관리구역에서는 해당 용도지역에 적용되는 용적률의 최대한도의 50% 범위에서 용적률을 강화하여 적용한다. 제24회, 제32회, 제33회, 제34회, 제35회 (　)

06 동일한 지역에 대해 기반시설부담구역과 개발밀도관리구역을 중복하여 지정할 수 있다. 제27회, 제34회, 제35회 (　)

07 기반시설부담구역 내에서 「주택법」에 따른 리모델링을 하는 건축물은 기반시설설치비용의 부과대상이 아니다. 제27회 (　)

08 녹지와 폐기물처리 및 재활용시설은 기반시설부담구역에 설치가 필요한 기반시설에 해당한다. 제27회, 제35회 (　)

09 기존 건축물을 철거하고 신축하는 건축행위가 기반시설설치비용의 부과대상이 되는 경우에는 기존 건축물의 건축 연면적을 초과하는 건축행위만 부과대상으로 한다. 제27회, 제35회 (　)

10 군수가 개발밀도관리구역을 지정하려면 지방도시계획위원회의 심의를 거쳐 도지사의 승인을 받아야 한다. 제29회 (　)

11 시장 또는 군수가 개발밀도관리구역을 지정하려는 경우 주민의 의견을 들어야 한다. 제30회 (　)

12 시장은 기반시설부담구역을 지정하면 기반시설설치계획을 수립하여야 하며, 이를 도시 · 군관리계획에 반영하여야 한다. 제29회 (　)

13 기반시설부담구역으로 지정된 지역에 대해서는 개발행위허가의 제한을 연장할 수 있다. 제35회 (　)

14 지구단위계획을 수립한 경우에는 기반시설설치계획을 수립한 것으로 본다. 제35회 (　)

15 시장 또는 군수는 기반시설설치비용 납부의무자가 지방자치단체로부터 건축허가를 받은날부터 3개월 이내에 기반시설설치비용을 부과하여야 한다. 제32회 (　)

16 기반시설설치비용을 부과 받은 납부의무자는 납부기일의 연기 또는 분할납부가 인정되지 않는 한 사용승인 신청 시까지 기반시설설치비용을 내야 한다. 제28회 (　)

17 의료시설과 교육연구시설의 기반시설유발계수는 같다. 제28회 (　)

정답

01 X 기반시설부담구역이 아니라 개발밀도관리구역 지정대상이다. 02 X 대학은 기반시설부담구역에 설치가 필요한 기반시설에 해당하지 않는다. 03 O 04 X 2년이 아니라 1년이다. 05 O 06 X 기반시설부담구역과 개발밀도관리구역은 중복하여 지정할 수 없다. 07 O 08 O 09 O 10 X 도지사의 승인을 받지 않아도 된다. 11 X 개발밀도관리구역을 지정하려는 경우에는 주민의 의견을 듣는 절차가 없다. 12 O 13 O 14 O 15 X 건축허가를 받은 날부터 2개월 이내에 기반시설 설치비용을 부과하여야 한다. 16 O 17 X 의료시설의 기반시설유발계수는 0.9이고, 교육연구시설의 기반시설유발계수는 0.7이다.

국토의 계획 및 이용에 관한 법률

01 광역도시계획

수립과 승인	광역계획권 지정일로부터 3년 이내에 시 · 도지사(시장 · 군수)가 승인신청(X) → 국토교통부장관(도지사)이 광역도시계획을 수립하여야 한다.
절 차	기초조사정보체계(5년마다 반영), 공청회(개최예정일 14일 전까지 1회 이상 공고, 생략 X), 협의(30일 이내 의견제시), 공고 + 열람(30일 이상) → 국장(X) , 도지사(X)

02 도시 · 군기본계획

절 차	기초조사(토지적성평가, 재해취약성분석 → 5년 이내 실시한 경우에는 생략 가능), 공청회(생략 X), 협의(30일 이내 의견제시), 공고 + 열람(30일 이상), 타당성검토 5년
수립(재량)	① 수도권에 속하지 아니하고 광역시와 경계를 같이하지 아니한 인구 10만명 이하인 시 또는 군은 도시 · 군기본계획을 수립하지 아니할 수 있다. ② 관할구역 전부에 대하여 광역도시계획이 수립되어 있는 시 또는 군으로서 해당 광역도시계획에 도시 · 군기본계획에 포함될 사항이 모두 포함되어 있는 시 또는 군은 도시 · 군기본계획을 수립하지 아니할 수 있다.

03 도시 · 군관리계획

주민의 입안제안	① 제안대상 ㉠ 용도지구에 따른 건축물이나 그 밖의 시설의 용도 · 종류 및 규모 등의 제한을 지구단위계획으로 대체하기 위한 용도지구(국공유지를 제외한 토지면적 2/3 이상 동의) ㉡ 산업 · 유통개발진흥지구(국공유지를 제외한 토지면적 2/3 이상 동의 + 1만m² 이상 3만m² 미만) ㉢ 기반시설의 설치 · 정비 · 개량(국공유지를 제외한 토지면적 4/5 이상 동의) ㉣ 지구단위계획구역(계획)(국공유지를 제외한 토지면적 2/3 이상 동의) ㉤ 도시 · 군계획시설입체복합구역의 지정 및 변경과 도시 · 군계획시설입체복합구역의 건축제한 · 건폐율 · 용적률 · 높이 등에 관한 사항(국공유지를 제외한 토지면적 4/5 이상 동의) ② 처리기간: 제안일부터 45일 이내에 반영 여부를 통보. 부득이한 경우 1회 - 30일 연장할 수 있다. ③ 비용부담: 입안제안을 받은 입안권자는 필요한 비용의 전부나 일부를 제안자에게 부담시킬 수 있다.
절 차	공람(14일 이상, 도시지역 축소는 생략할 수 있다), 지방의회 의견청취, 협의(30일), 고시 + 열람(열람기간 제한 X)
효력발생, 재검토	① 효력발생: 지형도면 고시일 ② 타당성 검토: 5년
기득권 보호	시가화조정구역이나 수산자원보호구역은 착수 + 3개월 이내에 신고하여야 한다.
지형도면 승인	시장(대도시 시장은 제외) · 군수는 지형도면을 작성하면 도지사의 승인(30일 이내)을 받아야 한다[지구단위계획(구역)은 제외].

04 용도지역

건폐율 특별규정	① 취락지구: 60% 이하 ② 개발진흥지구(㉠ 도시지역 외의 지역: **40%** 이하, 다만, 계획관리지역에 산업·유통개발진흥지구가 지정된 경우: 60% 이하 ㉡ 자연녹지지역: **30%** 이하) ③ 수산자원보호구역: **40%** 이하 ④ 자연공원: **60%** 이하 ⑤ 농공단지: **70%** 이하. 다만, 해당 지방도시계획위원회의 심의를 거쳐 도로 · 상수도 · 하수도 등의 기반시설이 충분히 확보되었다고 인정되거나 도시 · 군계획조례로 정하는 기반시설 확보 요건을 갖춘 경우에는 80% 이하로 한다. ⑥ 공업지역에 있는 국가산업단지, 일반산업단지, 도시첨단산업단지 및 준산업단지: 80% 이하 ⑦ 성장관리계획구역 내 계획관리지역: 50% 이하 ⑧ 성장관리계획구역 내 생산관리지역 · 농림지역 · 자연녹지지역 · 생산녹지지역: 30% 이하

05 용도지구 및 용도구역

복합용도지구	복합용도지구를 지정하는 경우에는 용도지역 전체 면적의 1/3 이하의 범위에서 지정하여야 한다.
시가화 유보기간	**5**년 이상 **20**년 이내: 유보기간이 끝나는 날의 다음 날 실효

06 도시 · 군계획시설

공동구 설치의무	면적이 **200**만m^2를 초과하는 다음의 지역에서 개발사업을 시행하는 자는 공동구를 설치하여야 한다. ① 도시개발구역 ② 정비구역 ③ 택지개발지구 ④ 경제자유구역 ⑤ 도청이전신도시 ⑥ 공공주택지구
공동구 관리	① 공동구관리자는 **5**년마다 공동구 안전 및 유지 · 관리계획을 수립 · 시행하여야 한다. ② 안전점검: 관리자는 1년에 1회 이상 실시하여야 한다.
공동구 설치 및 관리비용	① 설치비용: 부담금의 납부통지를 받은 공동구 점용예정자는 공동구 설치공사가 착수되기 전에 부담액의 3분의 1 이상을 납부하여야 한다. ② 관리비용: 공동구 관리자는 공동구 관리에 소요되는 비용을 연 2회로 분할하여 납부하게 하여야 한다.
단계별 집행계획	① 수립시기: 도시 · 군계획시설결정의 고시일로부터 **3**개월 이내. 다만, 도시 및 주거환경정비법에 따라 의제되는 경우에는 2년 이내 ② 구분: 1단계(3년 이내 시행할 사업), 2단계(3년 이후 시행할 사업) ③ 절차: 협의 + 지방의회 의견청취
지정시행자(민간)	토지면적의 **2/3** 이상을 소유하고 토지소유자 총수의 **1/2** 이상의 동의를 받아야 한다[한국토지주택공사 등 공공은 동의(X)].
실시계획	① 국토교통부장관, 시 · 도지사, 대도시 시장은 실시계획을 인가하려면 14일 이상 일반이 열람할 수 있도록 하여야 한다. ② 구역경계의 변경이 없는 범위 안에서 행하는 연면적 10% 미만 변경 → 변경인가(X) ③ 도시 · 군계획시설결정의 고시일부터 20년이 되는 날의 다음 날 이후 실시계획이 폐지되거나 효력을 잃은 경우 도시 · 군계획시설결정은 실시계획이 폐지되거나 효력을 잃는 날에 효력을 잃는다.

매수청구	도시 · 군계획시설결정의 고시일부터 **10**년 이내에 사업이 시행되지 아니한 경우(실시계획인가가 진행된 경우는 제외) 지목이 대(垈)인 토지(건축물 및 정착물 포함)의 소유자는 매수청구를 할 수 있다. ① 매수청구가 있으면 → **6**개월 이내에 매수 여부를 결정하여 토지소유자와 특별시장 · 광역시장 · 특별자치시장 · 특별자치도지사 · 시장 · 군수에게 알려야 한다. ② 매수를 결정한 경우 → 매수결정을 알린 날부터 **2**년 이내에 매수하여야 한다. ③ 지방자치단체가 매수의무자로서 ㉠ 토지소유자가 원하거나, ㉡ 부재부동산(비업무용 토지) + 매수대금이 **3**천만원을 초과하여 그 초과하는 금액을 지급하는 경우 → 도시 · 군계획시설채권의 발행이 가능하며 상환기간은 10년 이내에서 조례로 정한다. ④ 매수하지 아니하기로 결정하거나 매수결정을 알린 날부터 2년 이내에 매수가 이루어지지 아니한 경우 └→ 허가를 받아 **3**층 이하의 단독주택과 **3**층 이하의 제**1**종 · 제**2**종 근린생활시설(단란주점, 안마시술소, 노래연습장, 다중생활시설은 제외) 또는 공작물을 설치할 수 있다.
실 효	도시 · 군계획시설결정의 고시일부터 20년이 지날 때까지 사업이 시행되지 아니하는 경우 그 도시 · 군계획시설결정은 그 고시일부터 **20**년이 되는 날의 다음 날에 그 효력을 잃는다.
지방의회 해제권고	① 특별시장 · 광역시장 · 특별자치시장 · 특별자치도지사 · 시장 · 군수는 도시 · 군계획시설(국토교통부장관이 결정 · 고시한 시설 중 중앙이 직접 설치하기로 한 시설은 제외) 중 ㉠ 설치할 필요성이 없어진 경우 또는 ㉡ 10년이 지날 때까지 해당 사업이 시행되지 아니하는 경우에는 지방의회에 보고하여야 하며, 해제되지 아니한 장기미집행 도시 · 군계획시설 등에 대하여 최초로 지방의회에 보고한 때부터 2년마다 지방의회에 보고하여야 한다. ② 보고를 받은 지방의회는 보고가 접수된 날부터 90일 이내에 해제를 권고하는 서면을 특별시장 · 광역시장 · 특별자치시장 · 특별자치도지사 · 시장 · 군수에게 보내야 한다. ③ 특별시장 · 광역시장 · 특별자치시장 · 특별자치도지사는 해제권고를 받은날부터 **1**년 이내에 해제를 위한 도시 · 군관리계획을 결정하여야 하고, 시장 · 군수는 도지사에게 그 결정을 신청하여야 한다. → 도지사는 1년 이내에 해제를 위한 도시 · 군관리계획을 결정하여야 한다. 이 경우 해제할 수 없다고 인정하는 특별한 사유를 해제권고를 받은 날부터 6개월 이내에 소명하여야 한다.
토지소유자의 해제신청	① 입안권자: 3개월 이내에 입안 여부 통보하여야 한다. ② 결정권자: 2개월 이내에 결정 여부 통보하여야 한다. ③ 국장으로부터 해제권고를 받은 경우: 결정권자가 6개월(도시계획위원회의 심의만을 거쳐 해제하는 경우에는 2개월) 이내에 이행되어야 한다.

07 지구단위계획구역

의무적 지정대상	① 정비구역 및 택지개발지구에서 사업이 끝난 후 **10**년이 지난 지역 ② 시가화조정구역 또는 공원에서 해제되는 지역 → 30만m^2 이상 ③ 녹지지역에서 주거 · 상업 · 공업지역으로 변경되는 지역 → **30**만m^2 이상

도시지역 외 지역에서의 지정요건	지정면적 50% 이상이 계획관리지역(나머지 구역은 생산관리지역 + 보전관리지역)으로서 다음에 해당하는 지역 ① 아파트 또는 연립주택의 건설계획이 포함: 30만m² 이상 → 자연보전권역 또는 초등학교기준 충족: 10만m² 이상 ② 아파트 또는 연립주택의 건설계획이 포함되지 아니한 경우: 3만m² 이상일 것
완 화	도시지역 내에서 건폐율 **150%**(초과X), 용적률 **200%**(초과X), 건축물의 높이제한 **120%** 이내, 채광 등의 확보를 위한 높이제한 **200%** 이내, 주차장 설치기준을 **100%** 이내에서 완화하여 적용할 수 있다.
실 효	① 지구단위계획구역 결정 · 고시 + 3년 이내 지구단위계획 결정 · 고시(X) = 다음 날 ② 지구단위계획 결정 · 고시 + 5년 이내 착수(X) = 다음 날

08 개발행위허가

허가대상	① 1개월 이상 물건쌓기(녹지지역 · 관리지역 · 자연환경보전지역) ② 부지면적 또는 연면적 **5%** 이내에서 축소는 허가(X)
신고대상	응급조치(1개월 이내 신고)
개발행위규모	① 공업지역 · 관리지역 · 농림지역: **3**만m² 미만 ② 보전녹지지역 · 자연환경보전지역: **5**천m² 미만 ③ 주거지역 · 상업지역 · 자연녹지지역 · 생산녹지지역: **1**만m² 미만
처리기간	15일 이내(협의 또는 심의기간은 제외)에 허가 또는 불허가처분을 하여야 한다.
이행보증금	민간개발행위자에 한하여 총 공사비의 20% 이내에서 이행보증금을 예치(국가 · 지자체 · 공공기관 · 공공단체는 제외)
제한기간	① 녹지지역이나 계획관리지역 + 수목, 조수류, 우량농지, ② 개발행위로 국가유산 등이 오염되거나 손상될 우려가 있는 지역은 최장 3년간 개발행위허가를 제한할 수 있고, ③ 도시 · 군기본계획이나 도시 · 군관리계획을 수립하고 있는 지역, ④ 지구단위계획구역 ⑤ 기반시설부담구역은 최장 **5**년까지 개발행위허가를 제한할 수 있다.
위반자	허가를 받지 아니하거나 부정한 방법으로 허가를 받아 개발행위를 한 자는 3년 이하의 징역 또는 3천만원 이하의 벌금

09 개발밀도관리구역

대상지역(곤란)	① 차량통행이 현저히 지체되는 지역 ② 도로율이 용도지역별 도로율 기준에 20% 이상 미달하는 지역 ③ 향후 **2**년 이내 수도수요량 · 하수발생량 초과예상 지역, 향후 2년 이내 학생 수가 학교수용능력을 **20%** 이상 초과할 것으로 예상되는 지역
강 화	용적률의 최대한도의 **50%**의 범위 안에서 강화하여 적용한다.

10 기반시설부담구역[고등교육법에 따른 학교(대학)는 제외]

대상지역 (의무적 지정)	① 법령의 제정 · 개정으로 인하여 행위제한이 완화되거나 해제되는 지역 ② 용도지역 등이 변경되거나 해제되어 행위제한이 완화되는 지역 ③ 전년도 개발행위허가 건수가 전전년도 개발행위허가 건수보다 **20%** 이상 증가한 지역 ④ 전년도 인구증가율이 그 지역이 속하는 도시의 인구증가율보다 **20%** 이상 높은 지역
해 제	기반시설부담구역 지정 · 고시일부터 1년이 되는 날까지 기반시설설치계획을 수립하지 아니하면 그 **1**년이 되는 날의 다음 날에 기반시설부담구역의 지정은 해제된 것으로 본다.
지정면적	기반시설부담구역은 기반시설이 적절하게 배치될 수 있는 규모로서 그 면적은 최소 10만m^2 이상이 되도록 하여야 한다.
기반시설유발계수	① 위락시설: **2.1** ② 관광휴게시설: **1.9** ③ 제2종 근린생활시설: **1.6** ④ 종교시설, 운수시설, 문화 및 집회시설, 자원순환 관련 시설: **1.4** ⑤ 제1종 근린생활시설, 판매시설: **1.3** ⑥ 숙박시설: **1.0** ⑦ 의료시설: **0.9** ⑧ 방송통신시설: **0.8** ⑨ 단독주택, 공동주택, 교육연구시설, 업무시설, 노유자시설, 수련시설, 교정시설, 국방 · 군사시설: 0.7
설치비용	① 부과대상: 단독주택, 숙박시설 등의 건축물을 200m^2를 초과하는 건축물의 신축 · 증축 ② 부과시기: 건축허가를 받은 날부터 2개월 이내 부과 ③ 납부: 사용승인 신청 시까지 납부하여야 한다. → 토지로 납부할 수 있다. ④ 연기 및 분할납부: 1년의 범위에서 납부기일을 연기하거나 2년의 범위에서 분할납부를 인정할 수 있다.

11 시범도시(국장이 지정)

보조 및 융자	① 시범도시사업계획의 수립에 소요되는 비용의 80% 이하 ② 시범도시사업의 시행에 소요되는 비용(보상비를 제외)의 50% 이하

12 타인토지에의 출입 등

출입절차	① 행정청: 7일 전 토지소유자 등에게 통지 ② 비행정청: 허가(o) + 7일 전 토지소유자 등에게 통지
일시사용 등	토지소유자 · 점유자 또는 관리인의 동의(o) + 3일 전 통지

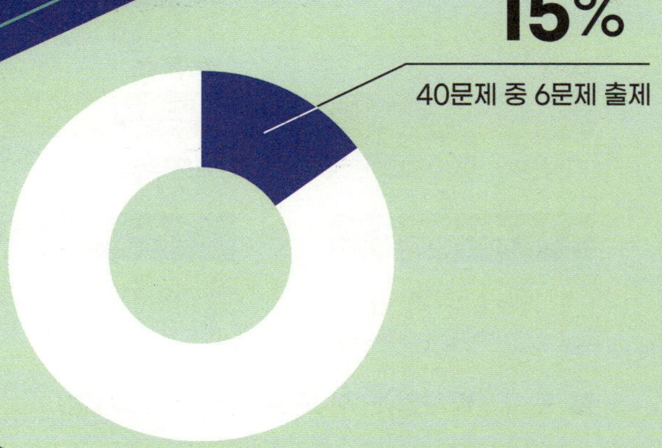

PART

02
도시개발법

07 도시개발법 1

☆☆ **개발계획의 수립** → ☆☆☆ **도시개발구역의 지정**

지정권자: 시 · 도지사, 大시장, 국토교통부장관

구역지정절차 → **기초조사** → **공람 또는 공청회** → **협의** → **심의** → **지정 · 고시** → **공람**

* 구역지정절차: 제안 · 요청 (국가·지자체·조합을 제외)
* 기초조사: (임의적)
* 공람 또는 공청회: 주민이나 전문가 의견청취, 일간신문 공고 (10만m² 미만 제외)
  * *공청회 개최는 100만m² 이상(의무)
* 협의: 지정권자 → 관계 행정기관의 장 (50만m² 이상 → 국장과 협의)
* 심의: 국장 → 중앙도시계획위원회, 시 · 도지사, 大시장 → 지방도시계획위원회
* 지정 · 고시: 효과: 도시지역과 지구위계획구역(의제) (취락지구 X)
* 공람: 특별자치도지사, 시장 · 군수 또는 구청장

■ 도시개발사업(단지 또는 시가지조성사업)

시행자

1. 공공사업시행자

① 국가 · 지자체
② 공공기관, 정부출연기관
③ 지방공사

2. 민간사업시행자

① 토지소유자 · 조합(전부환지방식)
② 이전법인
③ 등록사업자
④ 건설업자, 부동산개발업자
⑤ 부동산투자회사

3. 도시개발조합 ☆☆☆

① 토지소유자 7명 이상 → 정관 작성(면적 2/3 이상 + 총수 1/2 이상 동의)
② 지정권자의 인가
③ 등기(성립요건): 「민법」 중 사단법인(준용)
④ 조합원: 토지소유자
⑤ 조합임원: 조합장, 이사, 감사

4. 시행자 변경 ☆☆

① 실시계획인가 2년 이내 사업을 착수(X)
② 시행자 지정 또는 실시계획인가가 취소된 경우
③ 부도 · 파산 등으로 목적 달성이 어렵다고 인정되는 경우
④ 전부환지방식(토지소유자 또는 조합) → 도시개발구역 지정 · 고시일부터 1년 이내에 실시계획인가 신청(X)

5. 도시개발사업의 대행 및 위탁 ☆☆

① 대행: 공공사업시행자는 도시개발사업을 효율적으로 시행하기 위하여 필요한 경우에는 설계 · 분양 등 도시개발사업의 일부를 「주택법」에 따른 주택건설사업자 등으로 하여금 대행하게 할 수 있다.
② 위탁: 시행자는 항만 · 철도, 그 밖에 「국토의 계획 및 이용에 관한 법률」에 따른 기반시설의 건설과 공유수면의 매립에 관한 업무를 국가, 지방자치단체, 공공기관 · 정부출연기관 또는 지방공사에 위탁하여 시행할 수 있다.

실시계획 → **인가 · 고시**

개발계획에 부합, 지구단위계획이 포함

도시 · 군관리계획의 결정 · 고시(의제)

감정가격 + 토지평가 협의회의 심의 → 결정

사업시행

수용방식
환지방식
혼용방식 (분할혼용방식, 미분할혼용방식)

준공검사

수용방식 ☆☆☆

① 민간사업시행자(면적 2/3 이상 토지 소유 + 토지소유자 총수 1/2 이상 동의)
② 세부목록 고시 → 사업인정 및 고시(의제)
③ 재결신청 → 사업시행기간 종료일까지
④ 토지상환채권(시행자가 발행)
  ㉠ 토지소유자가 원하는 경우 + 매수대금의 일부
  ㉡ 민간시행자 → 지급보증 ㉢ 발행규모(1/2 초과 X)
  ㉣ 기명증권(양도 가능)
⑤ 이주대책(의무)
⑥ 선수금(지정권자 승인)
⑦ 원형지(조성되지 아니한 상태의 토지) → 1/3 이내 공급
⑧ 조성토지 공급가격(학교, 폐기물처리시설 → 감정가격 이하)

환지방식

1. 환지계획 ☆☆☆

① 행정청이 아닌 시행자 → 특별자치도지사, 시장 · 군수 · 구청장의 인가
② 원칙: 종전 토지와 환지의 위치 · 지목 · 면적 · 토질 · 수리 · 이용상황 · 환경 등을 종합적으로 고려하여 합리적으로 정하여야 한다.
③ 예외 ㉠ 토지소유자의 동의 또는 신청에 의한 환지부지정(임차권자 등의 동의), 직권부지정 ㉡ 면적 고려: 증환지, 감환지, 입체환지 ㉢ 공공시설용지: 환지계획 작성기준 적용(X) ㉣ 체비지(경비충당 목적), 보류지(규약 · 정관 · 시행규정으로 정하는 목적)

2. 환지예정지

① 임의적, 임차권자 등 아울러 지정 ② 사용 · 수익권 이전(종전 토지 → 환지예정지)
③ 종전 토지의 사용 · 수익 금지 ④ 체비지 → 시행자가 사용 · 수익 · 처분

3. 환지처분 ☆☆

① 준공검사 후 60일 이내 환지처분 O ② 공고일 다음 날 권리의 이전(종전 토지 → 환지)
③ 예외: 행정상 · 재판상의 처분, 지역권(종전 토지에 존속)
④ 입체환지: 건축물의 일부와 토지의 공유지분 취득(환지처분공고일 다음 날)
⑤ 권리의 소멸: 환지부지정된 종전 토지에 있던 권리는 환지처분공고일이 끝나는 때 소멸
⑥ 체비지는 시행자, 보류지는 환지계획에서 정한 자가 환지처분공고일 다음 날 취득
⑦ 청산금(분할징수 · 교부 가능) ㉠ 환지처분 시 결정 → 공고일 다음 날 확정 ㉡ 환지처분 공고 후 징수 · 교부. 다만 환지를 정하지 아니한 토지는 환지처분 전에 교부 가능
⑧ 환지등기: 시행자는 환지처분이 공고되면 공고 후 14일 이내 촉탁 · 신청

빈칸완성 한번 더!

☆☆ **개발계획의 수립** → ☆☆☆ **도시개발구역의 지정**

지정권자: 시 · 도지사, 大시장, (　　　)

*공청회 개최는 (　　　) 이상(의무)

구역지정절차 → **기초조사** → **공람 또는 공청회** → **협의** → **심의** → **지정 · 고시** → **공람**

- 구역지정절차: 제안 · 요청 → 국가 · 지자체 · (　　)을 제외
- 기초조사: (임의적)
- 공람 또는 공청회: 주민이나 전문가 의견청취 / 일간신문 공고 (10만m² 미만 제외)
- 협의: 지정권자 → 관계 행정기관의 장 (50만m² 이상 → 국장과 협의)
- 심의: 국장 → 중앙도시계획위원회 / 시 · 도지사, 大시장 → 지방도시계획위원회
- 지정 · 고시: 효과: 도시지역과 지구위계획구역(의제) ((　　　)X)
- 공람: 특별자치도지사, 시장 · 군수 또는 구청장

■ **도시개발사업(단지 또는 시가지조성사업)**

시행자

1. 공공사업시행자
① 국가 · 지자체
② 공공기관, 정부출연기관
③ 지방공사

2. (　　　　)
① 토지소유자 · 조합(전부환지방식)
② 이전법인
③ 등록사업자
④ 건설업자, 부동산개발업자
⑤ 부동산투자회사

3. 도시개발조합 ☆☆☆
① 토지소유자 (　　)이상 → 정관 작성(면적 2/3 이상 + (　　　) 이상 동의)
② 지정권자의 인가
③ 등기(성립요건): (　　　)중 사단법인(준용)
④ 조합원: 토지소유자
⑤ 조합임원: 조합장, 이사, (　　)

4. 시행자 변경 ☆☆
① 실시계획인가 (　　)이내 사업을 착수(X)
② 시행자 지정 또는 실시계획인가가 취소된 경우
③ 부도 · 파산 등으로 목적 달성이 어렵다고 인정되는 경우
④ 전부환지방식(토지소유자 또는 조합) → 도시개발구역 지정 · 고시일부터 (　　)이내에 실시계획인가 신청(X)

5. 도시개발사업의 대행 및 위탁 ☆☆
① 대행: (　　)사업시행자는 도시개발사업을 효율적으로 시행하기 위하여 필요한 경우에는 설계 · 분양 등 도시개발사업의 일부를 「주택법」에 따른 주택건설사업자 등으로 하여금 대행하게 할 수 (　　).
② 위탁: 시행자는 항만 · 철도, 그 밖에 「국토의 계획 및 이용에 관한 법률」에 따른 기반시설의 건설과 공유수면의 매립에 관한 업무를 국가, 지방자치단체, 공공기관 · 정부출연기관 또는 지방공사에 위탁하여 시행할 수 있다.

실시계획 → **인가 · 고시**

- 실시계획: 개발계획에 부합, (　　　　)이 포함
- 인가 · 고시: (　　　　)의 결정 · 고시(의제)

감정가격 + 토지평가협의회의 심의 → 결정

사업시행: 수용방식 / 환지방식 / 혼용방식 → 분할혼용방식, 미분할혼용방식

↓

준공검사

수용방식 ☆☆☆
① (　　)사업시행자(면적 2/3 이상 토지 소유 + 토지소유자 총수 1/2 이상 동의)
② 세부목록 고시 → 사업인정 및 고시(의제)
③ (　　　) → 사업시행기간 종료일까지
④ 토지상환채권(시행자가 발행)
　㉠ 토지소유자가 원하는 경우 + 매수대금의 (　　)
　㉡ 민간시행자 → (　　　)　㉢ 발행규모((　　　)X)
　㉣ (　　　)(양도 가능)
⑤ 이주대책(의무)
⑥ 선수금(지정권자 승인)
⑦ 원형지(조성되지 아니한 상태의 토지) → (　　　)공급
⑧ 조성토지 공급가격((　　), 폐기물처리시설 → (　　　)이하)

환지방식

1. 환지계획 ☆☆☆
① 행정청이 아닌 시행자 → 특별자치도지사, (　　　　　　)의 인가
② 원칙: 종전 토지와 환지의 위치 · 지목 · 면적 · 토질 · 수리 · 이용상황 · 환경 등을 종합적으로 고려하여 합리적으로 정하여야 한다.
③ 예외 ㉠ 토지소유자의 동의 또는 신청에 의한 환지부지정((　　　)등의 동의), 직권부지정 ㉡ 면적 고려: 증환지, 감환지, 입체환지 ㉢ 공공시설용지: 환지계획 작성기준 적용(X) ㉣ 체비지(경비충당 목적), 보류지(규약 · 정관 · 시행규정으로 정하는 목적)

2. (　　　　)
① 임의적, 임차권자 등 아울러 지정　② 사용 · 수익권 이전(종전 토지 → 환지예정지)
③ 종전 토지의 사용 · 수익 금지　④ 체비지 → 시행자가 사용 · 수익 · (　　)

3. 환지처분 ☆☆
① 준공검사 후 60일 이내 환지처분 O　② 공고일 다음 날 권리의 이전(종전 토지 → (　　))
③ 예외: 행정상 · 재판상의 처분, (　　　)(종전 토지에 존속)
④ (　　　): 건축물의 일부와 토지의 공유지분 취득(환지처분공고일 다음 날)
⑤ 권리의 소멸: 환지부지정된 종전 토지에 있던 권리는 환지처분공고일이 (　　　)소멸
⑥ 체비지는 시행자, 보류지는 환지계획에서 정한 자가 환지처분공고일 (　　　)취득
⑦ 청산금(분할징수 · 교부 가능) ㉠ 환지처분 시 결정 → 공고일 (　　　)확정 ㉡ 환지처분 공고 후 징수 · 교부. 다만 환지를 정하지 아니한 토지는 환지처분 전에 교부 가능
⑧ 환지등기: 시행자는 환지처분이 공고되면 공고 후 14일 이내 촉탁 · 신청

핵심 POINT

목표정답수 총 6문제 중 4문제 이상

POINT 01 개발계획 ☆☆

도시개발구역 지정 후 개발계획을 수립할 수 있다.(지가가 낮은 지역)

① 자연녹지지역
② 생산녹지지역(생산녹지지역이 도시개발구역 지정면적의 100분의 30 이하만 해당)
③ 도시지역 외의 지역(관리지역, 농림지역, 자연환경보전지역)
④ 국장이 지역균형발전을 위하여 지정하려는 지역(자연환경보전지역은 제외)
⑤ 주거지역 · 상업지역 · 공업지역 + 전체 면적의 100분의 30 이하인 지역

개발계획 + 환지방식 면적 2/3 이상 + 총수 1/2 이상 동의 O (시행자가 국가 또는 지방자치단체: 동의 X)

도시개발구역 지정 후 개발계획에 포함시킬 수 있는 내용 암기TIP (봄이 되니) 새순임박

① 도시개발구역 밖에 기반시설 설치, ② 토지의 세부목록,
③ 임대주택건설계획 등 세입자의 주거 및 생활안정대책, ④ 순환개발(1공구, 2공구)

동의기준 국공유지 면적: 포함, 개발계획의 변경을 요청받기 전에 철회: 제외, 구분소유자: 각각 1명, 토지소유자가 변경: 기존 토지소유자(변경 전)를 기준

개발계획 광역도시계획이나 도시 · 군기본계획에 들어맞도록 하여야 한다.

복합기능의 도시 330만m^2 이상

개발계획의 작성기준 국토교통부장관이 정한다.

개발계획 변경 시 토지소유자의 동의를 받아야 하는 경우

① 너비가 12m 이상인 도로를 신설 또는 폐지하는 경우
② 사업시행지구를 분할하거나 통합하는 경우
③ 기반시설을 제외한 용적률이 종전보다 100분의 5 이상 증가하는 경우
④ 수용예정인구가 100분의 10 이상 증감 + 3천명 이상인 경우

POINT 02 도시개발구역의 지정제안

제안의 주체 국가, 지자체, 조합을 제외한 시행자로 지정될 수 있는 자
→ 특별자치도지사 · 시장 · 군수 · 구청장

서류의 제출 지정을 제안하려는 지역이 둘 이상의 시 · 군 · 구에 걸치는 경우에는 면적이 가장 큰 시장 · 군수 · 구청장에게 서류를 제출하여야 한다.

제안의 동의 민간시행자 → 면적 2/3 이상

결과 통보 1개월 이내(1개월의 범위에서 연장 가능)

비용 부담 비용의 전부 또는 일부를 제안자에게 부담시킬 수 있다.

POINT 03 도시개발구역 ☆☆☆

지정권자
- 원칙: 시 · 도지사 또는 대도시 시장
- 예외: 국토교통부장관

국장이 도시개발구역을 지정할 수 있는 경우

① 국가가 도시개발사업을 시행할 필요가 있는 경우
② 중앙행정기관의 장이 요청하는 경우
③ 공공기관의 장(한국토지주택공사, 한국수자원공사, 한국농어촌공사, 한국관광공사, 한국철도공사) 또는 정부출연기관의 장(국가철도공단 등) + 30만m^2 이상 + 국가계획 + 제안하는 경우 암기TIP 토수농관철 → 역세권개발사업만 시행 O
④ 시 · 도지사 또는 대도시 시장의 협의가 성립되지 아니하는 경우
⑤ 천재지변 + 긴급하게 할 필요가 있는 경우

분할 및 결합 분할(1만m^2 이상)하거나 결합하여 도시개발구역으로 지정할 수 있다.

도시개발구역 지정규모
공업지역: 3만m^2 이상 암기TIP 공삼이
주거지역, 상업지역, 자연녹지, 생산녹지: 1만m^2 이상

지정절차 공청회 개최는 100만m^2 이상(의무), 10만m^2 미만은 일간신문 공고 X

도시개발구역 지정 · 고시의 효과 도시지역과 지구단위계획구역으로 결정 · 고시(의제), 취락지구는 의제 X

허가대상

① 건축물(가설건축물 포함)의 건축, 대수선 또는 용도변경
② 공작물의 설치 ③ 토지의 형질변경: 공유수면의 매립
④ 토석의 채취 ⑤ 토지분할
⑥ 물건을 쌓아놓는 행위: 1개월 이상
⑦ 죽목의 벌채 및 식재

허용사항

① 응급조치[국계법: 신고(1개월 이내), 도시개발법: 신고 X]
② 비닐하우스, 버섯재배사, 종묘배양장, 퇴비장 설치
③ 경작 + 형질변경
④ 관상용 죽목의 임시식재(경작지에서의 임시식재는 허가를 요한다) → 3천 그루

도시개발구역의 해제 다음 날(체계도 P.52 참고)

공사완료로 해제된 경우 종전의 용도지역으로 환원 X

기득권 보호 착수 + 신고(30일 이내)

POINT 04 도시개발조합 ☆☆☆

전부환지방식의 시행자

- **원칙** 토지소유자 또는 조합
- **예외** 지방자치단체 등(한국토지주택공사, 지방공사, 신탁업자)
  ① 지방자치단체의 장이 집행하는 사업과 병행
  ② 면적(국공유지 제외) 1/2 이상 + 총수 1/2 이상이 동의
  ③ 토지소유자나 조합이 개발계획의 수립 · 고시일부터 1년 이내에 시행자 지정을 신청하지 아니한 경우

도시개발조합

주된 사무소 소재지 변경과 공고방법 변경 → 신고

① 토지소유자 7명 이상 + 정관 작성 → 지정권자의 인가
② 조합설립의 동의: 면적(국공유지 포함) 2/3 이상 + 총수 1/2 이상
③ 조합은 30일 이내 등기함으로써 성립된다.
④ 조합원: 토지소유자(동의 여부를 불문) → 결격사유(X)
⑤ 조합원의 권리: 평등한 의결권
⑥ 조합임원의 선임: 의결권을 가진 조합원 중에서 총회에서 선임한다.
⑦ 조합의 임원은 그 조합 또는 다른 조합의 임원이나 직원을 겸할 수 없다.
⑧ 자격상실: 조합의 임원으로 선임된 자가 결격사유에 해당하면 그 다음 날부터 임원의 자격을 상실한다.
⑨ 임원의 결격사유(조합원 X): 파산선고를 받고 복권되지 아니한 자 등
⑩ 조합장 또는 이사의 자기를 위한 조합과의 계약이나 소송: 감사가 조합을 대표한다.

시행자 변경사유

① 실시계획인가를 받은 후 2년 이내에 사업을 착수하지 아니한 경우
② 행정처분으로 시행자 지정이나 실시계획인가가 취소된 경우
③ 시행자의 부도 · 파산 등으로 도시개발사업의 목적을 달성하기 어렵다고 인정되는 경우
④ 전부환지방식의 시행자: 1년(6개월의 범위에서 연장한 경우에는 연장된 기간) 이내에 실시계획의 인가를 신청하지 아니한 경우

POINT 05 대의원회, 실시계획 ☆☆

대의원회(임의적 기관) 의결권을 가진 조합원의 수가 50인 이상인 조합은 총회의 권한을 대행하기 위하여 대의원회를 둘 수 있다.

대의원회(총회의 권한 대행)

암기 TIP 개임에 환장해

① 정관의 변경은 대행 X
② 개발계획의 수립 및 변경(경미한 변경은 제외)은 대행 X
③ 환지계획의 작성(경미한 변경은 제외)은 대행 X
④ 조합 임원(조합장, 이사, 감사)의 선임은 대행 X
⑤ 조합의 합병 및 해산(청산금의 징수 · 교부를 완료하여 해산하는 경우는 제외)은 대행 X
* 실시계획 수립 및 변경은 대행 O

실시계획 작성 개발계획에 맞게 작성되어야 하고, 지구단위계획이 포함되어야 한다.

실시계획인가권자 지정권자

실시계획 인가절차
① 국장이 인가: 시 · 도지사 또는 대도시 시장의 의견청취
② 시 · 도지사가 인가: 시장(대도시 시장은 제외) · 군수 · 구청장의 의견청취

경미한 변경(인가 X)
① 면적: 100분의 10의 범위에서 감소
② 사업비: 100분의 10의 범위에서 증감

실시계획 고시의 효과 도시 · 군관리계획으로 결정 · 고시(의제). 이 경우 종전에 도시 · 군관리계획으로 결정된 사항 중 고시내용에 저촉되는 사항은 고시된 내용으로 변경된 것으로 본다.

인 · 허가 등의 의제 지정권자가 관계 행정기관의 장과 협의하면 「농어촌정비법」에 따른 농업생산시설의 허가 등을 받은 것으로 본다.

협의기간 20일 이내

기출 OX 문제

도시개발구역의 지정

01 대도시 시장은 직접 도시개발구역을 지정할 수 있다. 제30회, 제32회 ( )

02 지정권자는 도시개발사업을 환지방식으로 시행하려고 개발계획을 수립할 때에 시행자가 지방자치단체이면 토지소유자의 동의를 받을 필요가 없다. 제31회 ( )

03 해당 도시개발구역에 포함되는 주거지역이 전체 도시개발구역 지정 면적의 100분의 40인 지역을 도시개발구역으로 지정할 때에는 도시개발구역을 지정한 후에 개발계획을 수립할 수 있다. 제26회 ( )

04 산업통상자원부장관이 10만m² 규모로 도시개발구역의 지정을 요청하는 경우에는 국토교통부장관이 도시개발구역을 지정할 수 있다. 제26회 ( )

05 한국토지주택공사 사장이 20만m² 규모로 국가계획과 밀접한 관련이 있는 도시개발구역의 지정을 제안하는 경우에는 국토교통부장관이 도시개발구역을 지정할 수 있다. 제33회 ( )

06 도시개발구역의 토지면적을 산정하는 경우 국공유지는 제외한다. 제22회, 제27회, 제35회 ( )

07 1인이 둘 이상의 필지의 토지를 단독으로 소유한 경우에는 필지의 수에 관계없이 토지소유자를 1인으로 산정한다. 제35회 ( )

08 도시개발구역의 지정은 도시개발사업의 공사완료의 공고일에 해제된 것으로 본다. 제24회 ( )

09 환지방식의 도시개발사업에서 환지처분의 공고가 이루어진 경우 그 도시개발구역에 대한 용도지역 및 지구단위계획구역은 해당 도시개발구역 지정 전의 용도지역 및 지구단위계획구역으로 각각 환원되거나 폐지된 것으로 본다. 제36회 ( )

10 자연녹지지역에서 도시개발구역으로 지정할 수 있는 규모는 3만m² 이상이어야 한다. 제25회, 제29회 ( )

11 임대주택건설계획 등 세입자의 주거 및 생활안정대책에 관한 사항은 도시개발구역을 지정한 후에 개발계획의 내용으로 포함시킬 수 있다. 제26회, 제34회 ( )

12 시행자가 작성하는 실시계획에는 지구단위계획이 포함되어야 한다. 제23회, 제31회 ( )

13 지정권자인 국토교통부장관이 실시계획을 작성하는 경우 시 · 도지사 또는 대도시 시장의 의견을 미리 들어야 한다. 제31회 ( )

14 지정권자가 시행자가 아닌 경우 시행자는 작성된 실시계획에 관하여 지정권자의 인가를 받아야 한다. 제31회 ( )

15 인가를 받은 실시계획 중 사업시행면적의 100분의 20이 감소된 경우 지정권자의 변경인가를 받을 필요가 없다. 제29회 ( )

16 지정권자는 시행자가 도시개발구역 지정의 고시일부터 6개월 이내에 실시계획의 인가를 신청하지 아니하는 경우 시행자를 변경할 수 있다. 제29회 ( )

17 실시계획을 고시한 경우 그 고시된 내용 중 「국토의 계획 및 이용에 관한 법률」에 따라 도시 · 군관리계획(지구단위계획을 포함)으로 결정하여야 하는 사항은 같은 법에 따른 도시 · 군관리획이 결정되어 고시된 것으로 본다. 제23회 ( )

18 실시계획을 인가할 때 지정권자가 해당 실시계획에 대한 「하수도법」에 따른 공공하수도 공사시행의 허가에 관하여 관계 행정기관의 장과 협의한 때에는 해당 허가를 받은 것으로 본다. 제29회 ( )

정답

01 O 02 O 03 X 100분의 30 이하인 지역이다. 04 O 05 X 20만m² 규모가 아니라 30만m² 이상이어야 한다. 06 X 국공유지를 포함한다. 07 O 08 X 공사완료의 공고일 다음 날에 해제된 것으로 본다. 09 X 환지처분 공고가 이루어진 경우에는 환원되거나 폐지된 것으로 보지 않는다. 10 X 규모가 1만m² 이상이어야 한다. 11 O 12 O 13 O 14 O 15 X 사업시행면적의 100분의 20이 감소된 경우에는 변경인가를 받아야 한다. 16 X 지정권자는 도시개발구역의 전부를 환지방식으로 시행하는 시행자가 1년 이내에 실시계획의 인가를 신청하지 아니하는 경우 시행자를 변경할 수 있다. 17 O 18 O

사업시행자

01 국가는 도시개발사업의 시행자가 될 수 없다. 제29회, 제33회 ( )

02 지정권자는 시행자가 도시개발사업에 관한 실시계획의 인가를 받은 후 2년 이내에 사업을 착수하지 아니하는 경우 시행자를 변경할 수 있다. 제25회, 제29회 ( )

03 토지소유자가 도시개발구역의 지정을 제안하려는 경우에는 대상 구역 토지면적의 2분의 1 이상에 해당하는 토지소유자의 동의를 받아야 한다. 제29회 ( )

04 사업주체인 지방자치단체는 조성된 토지의 분양을 「주택법」에 따른 주택건설사업자에게 대행하게 할 수 없다. 제29회 ( )

05 조합이 작성하는 정관에는 도시개발구역의 면적이 포함되어야 한다. 제27회 ( )

06 조합의 이사는 그 조합의 조합장을 겸할 수 없다. 제27회 ( )

07 조합을 설립하려면 도시개발구역의 토지소유자 7명 이상이 정관을 작성하여 지정권자에게 조합설립의 인가를 받아야 한다. 제27회, 제35회, 제36회 ( )

08 조합의 감사는 도시개발구역의 토지소유자이어야 한다. 제22회 ( )

09 조합설립인가신청을 위한 동의자 수 산정에 있어 도시개발구역의 토지면적은 국공유지를 제외하고 산정한다. 제25회 ( )

10 조합장의 선임에 관한 사항은 대의원회가 총회의 권한을 대행할 수 있다. 제31회 ( )

11 이사의 자기를 위한 조합과의 계약에 관하여는 조합장이 조합을 대표한다. 제24회, 제34회 ( )

12 조합원으로 된 자가 금고 이상의 형의 선고를 받은 경우에는 그 사유가 발생한 다음 날부터 조합원의 자격을 상실한다. 제25회 ( )

13 조합은 도시개발사업 전부를 환지방식으로 시행하는 경우에 도시개발사업의 시행자가 될 수 있다. 제27회, 제31회 ( )

14 도시개발구역의 토지소유자가 미성년자인 경우에는 조합의 조합원이 될 수 없다. 제31회 ( )

15 조합설립의 인가를 신청하려면 해당 도시개발구역의 토지면적의 2분의 1 이상에 해당하는 토지소유자와 그 구역의 토지소유자 총수의 3분의 2 이상의 동의를 받아야 한다. 제31회 ( )

16 조합이 인가를 받은 후 주된 사무소의 소재지를 변경하려면 지정권자로부터 변경인가를 받아야 한다. 제29회, 제33회, 제35회 ( )

17 조합이 조합 설립의 인가를 받은 사항 중 공고방법을 변경하려는 경우 지정권자로부터 변경인가를 받아야 한다. 제34회, 제35회 ( )

18 의결권을 가진 조합원의 수가 50인 이상인 조합은 총회의 권한을 대행하게 하기 위하여 대의원회를 둘 수 있으며, 대의원회에 두는 대의원의 수는 의결권을 가진 조합원 총수의 100분의 10 이상으로 한다. 제34회, 제35회, 제36회 ( )

정답

01 X 국가는 도시개발사업의 시행자가 될 수 있다. 02 O 03 X 대상 구역 토지면적의 3분의 2 이상에 해당하는 토지소유자의 동의를 받아야 한다. 04 X 대행하게 할 수 있다. 05 O 06 O 07 O 08 O 09 X 국공유지를 포함하여 산정한다. 10 X 조합장의 선임에 관한 사항은 대의원회가 총회의 권한을 대행할 수 없다. 11 X 감사가 조합을 대표한다. 12 X 조합원이 아니라 조합임원에 관한 규정이다. 13 O 14 X 토지소유자가 미성년자인 경우에도 조합의 조합원이 될 수 있다. 15 X 토지면적의 3분의 2 이상에 해당하는 토지소유자의 동의와 그 구역의 토지소유자 총수의 2분의 1 이상의 동의를 받아야 한다. 16 X 주된 사무소 소재지를 변경하려면 신고를 하여야 한다. 17 X 공고방법을 변경하려면 신고하여야 한다. 18 O

08 도시개발법 2

■ 도시개발사업 시행절차(환지방식)

단계	주체	비고
개발계획 수립	(지정권자)	
→ 도시개발 구역지정	(지정권자)	
→ 시행자 지정	(공공 · 민간)	
→ 실시계획 인가 · 고시	(지정권자)	
→ 환지계획 인가	(특별자치도지사 · 시장 · 군수 · 구청장)	
→ 사업 착수	(시행자)	
→ 환지예정지 지정	(시행자)	
→ 준공검사 · 공사 완료 공고	(지정권자)	
→ 환지처분 공고	(시행자)	60일 이내 / 다음날
→ 환지 등기	(시행자)	14일 이내

1. 개발계획의 수립시기

(1) 원칙: 구역 지정 전
(2) 예외: 구역 지정 후
① 자연녹지지역
② 생산녹지지역(도시개발구역 면적의 30/100 이하)
③ 도시지역 외의 지역
④ 국토교통부장관이 지역균형발전을 위하여 지정하는 지역(자연환경보전지역은 제외)
⑤ 주거지역 · 상업지역 · 공업지역의 면적의 합계가 30/100 이하

2. 개발계획의 수립동의

(1) 환지방식: 면적 2/3 이상 + 총수 1/2 이상
(2) 시행자가 국가, 지방자치단체인 경우에는 동의(X)

3. 도시개발구역 지정 후 개발계획 포함내용

(1) 도시개발구역 밖에 기반시설을 설치하는 경우 비용부담계획
(2) 수용 또는 사용의 대상이 되는 토지의 세부목록
(3) 임대주택건설계획 등 세입자 등의 주거 및 생활안정 대책
(4) 순환개발

1. 도시개발구역의 지정권자

(1) 원칙: 시 · 도지사, 大시장
(2) 예외: 국토교통부장관
① 국가가 실시할 필요가 있는 경우
② 중앙행정기관의 장이 요청
③ 공공기관, 정부출연기관의 장이 30만m² 이상으로 국가계획과 밀접한 관련이 있는 구역의 지정을 제안한 경우
④ 시 · 도지사, 大시장 협의 성립(X)
⑤ 천재지변 등 긴급한 경우

2. 도시개발구역 지정의 효과

(1) 도시지역과 지구단위계획구역 지정 의제(취락지구는 제외)
(2) 지형도면의 고시: 사업시행기간
(3) 기득권 보호: 공사나 사업에 착수한 자는 30일 이내에 신고

3. 도시개발구역의 해제 의제

(1) 도시개발구역 지정고시 후 3년 이내에 실시계획인가를 신청하지 아니하는 경우에는 3년이 되는 날의 다음 날 → 환원(O)
(2) 공사완료공고일 다음 날(수용방식), 환지처분공고일 다음 날(환지방식) → 환원(X)

1. 시행자 지정

(1) 공공사업시행자
① 국가 · 지방자치단체
② 공공기관
③ 정부출연기관
④ 지방공사
(2) 민간사업시행자
① 토지소유자
② 조합
③ 이전법인
④ 등록사업자
⑤ 건설업자 · 부동산개발업자
⑥ 부동산투자회사

2. 시행자의 변경

(1) 실시계획인가 후 2년 이내에 사업 착수(X)
(2) 시행자 지정 · 실시계획인가 취소
(3) 부도 · 파산 등 목적 달성이 어렵다고 인정
(4) 전부환지방식으로 시행 → 도시개발구역 지정 고시일부터 1년 이내에 실시계획의 인가 신청(X)

1. 실시계획의 작성 · 인가

- 작성: 개발계획 부합, 지구단위계획 포함
- ↓ 의견청취: ① 국장 → 시 · 도지사, 大시장 ② 시 · 도지사 → 시장 · 군수 · 구청장
- ↓ 인가: 지정권자
- ↓ 고시: 지정권자
- ↓ 공람: 특별자치도지사, 시장 · 군수 · 구청장

2. 실시계획고시의 효과

(1) 도시 · 군관리계획결정 · 고시(의제): 결정된 사항 중 고시 내용에 저촉되는 사항은 고시된 내용으로 변경된 것으로 본다.
(2) 지형도면의 고시: 사업시행기간
(3) 협의 → 관련 인 · 허가 등 의제
(4) 협의기간: 20일 이내

■ 수용 또는 사용방식

1. 토지 등의 수용 · 사용

(1) 수용권자: 사업시행자 민간사업시행자(공공 X): 면적 2/3 (소유) + 총수 1/2(동의)
(2) 공 · 취 · 법(특례)
① 세부목록 고시 → 사업인정 및 고시(의제)
② 재결신청: 시행기간 종료일

2. 토지상환채권

(1) 지급보증: 민간시행자
(2) 발행규모: 1/2 초과 금지
(3) 발행계획: 지정권자 승인
(4) 발행방법: 기명식 증권
(5) 이율: 발행자가 정함
(6) 양도 가능

3. 선수금(지정권자 승인)

4. 이주대책수립(의무)

5. 원형지(조성되지 아니한 상태)

6. 조성토지의 공급방법

(1) 추첨방법: 국민주택규모 이하의 주택건설용지, 공공택지, 330m² 이하의 단독주택용지, 공장용지
(2) 공급가격
- 원칙: 감정가격
- 예외: 학교 · 폐기물처리시설 · 사회복지시설(유료는 제외)은 감정가격 이하로 할 수 있다.

■ 환지방식에 의한 사업시행

1. 환지계획

(1) 인가: 행정청이 아닌 시행자 → 특별자치도지사 · 시장 · 군수 · 구청장 인가
(2) 내용: 환지설계 · 환지(입체환지)명세 · 청산대상 토지명세 · 체비지 · 보류지
(3) 작성기준: 위치, 지목, 면적, 토질, 수리, 이용상황, 환경 고려
(4) 작성특례: 환지부지정, 증환지, 감환지, 입체환지, 공공시설용지, 체비지, 보류지

2. 환지예정지 지정(임의적 절차)

(1) 지정의 효과: 종전 토지에서 환지예정지로 사용 · 수익권 이전 → 종전 토지는 사용 · 수익할 수 없다.
(2) 체비지는 사용 · 수익 · 처분 가능 (소유권이전등기를 마친 때 소유권 취득)

3. 환지처분

(1) 준공검사 후 60일 이내 환지처분공고
(2) 공고일 다음 날 종전 토지로 본다.
(3) 청산금
① 환지처분 시 결정, 환지처분공고일 다음 날 확정
② 환지처분공고 후 징수 · 교부. 다만, 환지를 정하지 아니한 토지는 환지처분 전에 교부 가능(분할징수, 분할교부 가능)
③ 소멸시효: 5년
(4) 체비지는 시행자가, 보류지는 환지계획에서 정한 자가 공고일 다음 날에 소유권을 취득한다.
(5) 체비지는 준공검사 전 또는 공사완료 전이라도 사용할 수 있다.

빈칸완성 한번 더!

■ 도시개발사업 시행절차(환지방식)

단계	주체
☆☆ 개발계획 수립	(지정권자)
☆☆☆ ( )	(지정권자)
시행자 지정	(공공 · 민간)
실시계획 인가 · 고시	(지정권자)
☆☆☆ 환지계획 인가	(특별자치도지사 · ( ))
사업 착수	(시행자)
☆ ( )	(시행자)
준공검사 · 공사완료 공고	(지정권자)
60일 이내 ☆☆ ( )	(시행자)
다음날 / 14일 이내 환지 등기	(시행자)

1. 개발계획의 수립시기

(1) 원칙: 구역 지정 전
(2) 예외: 구역 지정 후 ☆☆
① (   )
② 생산녹지지역(도시개발구역 면적의 30/100 이하)
③ 도시지역 외의 지역
④ 국토교통부장관이 지역균형발전을 위하여 지정하는 지역(자연환경보전지역은 제외)
⑤ 주거지역 · 상업지역 · 공업지역의 면적의 합계가 (   )이하

2. 개발계획의 수립동의

(1) 환지방식: 면적 2/3 이상 + 총수 1/2 이상
(2) 시행자가 (   ) (   ) 경우에는 동의(X)

☆ 3. 도시개발구역 지정 후 개발계획 포함내용

(1) 도시개발구역 밖에 기반시설을 설치하는 경우 비용부담계획
(2) 수용 또는 사용의 대상이 되는 (   )
(3) 임대주택건설계획 등 세입자 등의 주거 및 생활안정 대책
(4) (   )

1. 도시개발구역의 지정권자

(1) 원칙: 시 · 도지사, (   )
(2) 예외: (   ) ☆☆
① 국가가 실시할 필요가 있는 경우
② (   )이 요청
③ 공공기관, 정부출연기관의 장이 (   )이상으로 국가계획과 밀접한 관련이 있는 구역의 지정을 제안한 경우
④ 시 · 도지사, 大시장 협의 성립(X)
⑤ 천재지변 등 긴급한 경우

2. 도시개발구역 지정의 효과

(1) 도시지역과 지구단위계획구역 지정 의제((   )는 제외)
(2) 지형도면의 고시: 사업시행기간
(3) 기득권 보호: 공사나 사업에 착수한 자는 30일 이내에 (   )

3. 도시개발구역의 해제 의제

(1) 도시개발구역 지정고시 후 3년 이내에 실시계획인가를 신청하지 아니하는 경우에는 3년이 되는 날의 다음 날 → 환원(O)
(2) 공사완료공고일 (   )(수용방식), 환지처분공고일 다음 날(환지방식) → (   )(X)

1. 시행자 지정

(1) 공공사업시행자
① 국가 · 지방자치단체
② 공공기관
③ 정부출연기관
④ 지방공사
(2) 민간사업시행자
① 토지소유자
② (   ) ☆☆
③ 이전법인
④ 등록사업자
⑤ 건설업자 · 부동산개발업자
⑥ 부동산투자회사

☆☆ 2. 시행자의 변경

(1) 실시계획인가 후 (   ) 이내에 사업 착수(X)
(2) 시행자 지정 · 실시계획인가 취소
(3) 부도 · 파산 등 목적 달성이 어렵다고 인정
(4) 전부 환지방식으로 시행 → 도시개발구역 지정 고시일부터 (   )이내에 실시계획의 인가 신청(X)

1. 실시계획의 작성 · 인가

작성	개발계획 부합, 지구단위계획 포함
↓ 의견청취	① 국장 → ( ) 大시장 ② 시 · 도지사 → 시장 · 군수 · 구청장
↓ 인가	지정권자
↓ 고시	지정권자
↓ 공람	특별자치도지사, 시장 · 군수 · 구청장

☆ 2. 실시계획고시의 효과

(1) (   )결정 · 고시(의제): 결정된 사항 중 고시 내용에 저촉되는 사항은 고시된 내용으로 변경된 것으로 본다.
(2) 지형도면의 고시: 사업시행기간
(3) 협의 → 관련 인 · 허가 등 (   )
(4) 협의기간: 20일 이내

■ 수용 또는 사용방식

☆☆ 1. 토지 등의 수용 · 사용

(1) 수용권자: 사업시행자 민간사업시행자(공공 X): 면적 2/3 (소유) + 총수 1/2(동의)
(2) 공 · 취 · 법(특례)
① (   ) → 사업인정 및 고시(의제)
② 재결신청: 시행기간 종료일

☆☆ 2. 토지상환채권

(1) 지급보증: 민간시행자
(2) 발행규모: (   )
(3) 발행계획: 지정권자 승인
(4) 발행방법: (   )
(5) 이율: 발행자가 정함
(6) 양도 가능

3. 선수금(지정권자 승인)

4. 이주대책수립(의무)

☆☆ 5. 원형지(조성되지 아니한 상태)

☆☆ 6. 조성토지의 공급방법

(1) 추첨방법: 국민주택규모 이하의 주택건설용지, 공공택지, (   )이하의 단독주택용지, 공장용지
(2) 공급가격
- 원칙: (   )
- 예외: 학교 · (   ) · 사회복지시설(유료는 제외)은 (   ) 이하로 할 수 있다.

■ 환지방식에 의한 사업시행

☆☆☆ 1. 환지계획

(1) 인가: 행정청이 아닌 시행자 → 특별자치도지사 · (   )인가
(2) 내용: 환지설계 · 환지(입체환지)명세 · 청산대상 토지명세 · (   ) · (   )
(3) 작성기준: 위치, 지목, 면적, 토질, 수리, 이용상황, 환경 고려
(4) 작성특례: 환지부지정, 증환지, 감환지, 입체환지, 공공시설용지, 체비지, 보류지

2. 환지예정지 지정(임의적 절차)

(1) 지정의 효과: 종전 토지에서 환지예정지로 사용 · 수익권 이전 → 종전 토지는 사용 · 수익할 수 (   )
(2) 체비지는 사용 · 수익 · (   )가능

☆☆ 3. 환지처분

소유권이전등기를 마친 때 소유권 취득

(1) 준공검사 후 60일 이내 환지처분공고
(2) 공고일 (   )종전 토지로 본다.
(3) 청산금
① 환지처분 시 결정, 환지처분공고일 (   )
② 환지처분공고 후 징수 · 교부. 다만, 환지를 정하지 아니한 토지는 환지처분 전에 교부 가능(분할징수, 분할교부 가능)
③ 소멸시효: (   )
(4) 체비지는 (   )가, 보류지는 환지계획에서 정한 자가 공고일 다음 날에 소유권을 취득한다.
(5) (   )는 준공검사 전 또는 공사완료 전이라도 사용할 수 있다.

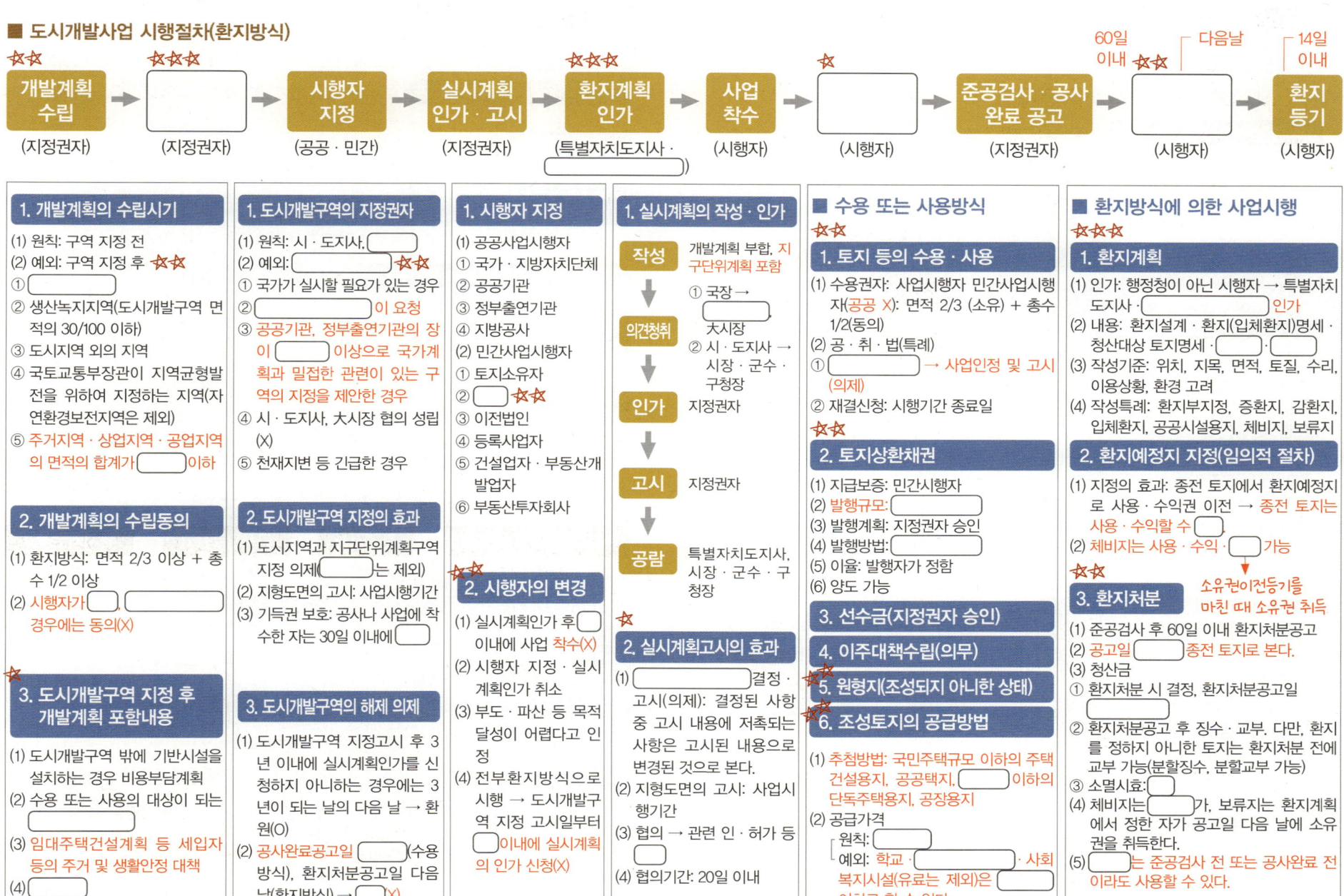

핵심 POINT

목표정답수 총 6문제 중 4문제 이상

POINT 01 수용방식 ☆☆

- 민간(공공 X)사업시행자: 면적 2/3 이상 토지(소유) + 총수 1/2 이상(동의)
- 토지의 세부목록 고시 → 사업인정 및 고시(의제)
- 토지상환채권(시행자가 발행)
  - ① 매수대금의 일부(전부 X)
  - ② 민간시행자(공공 X): 지급보증
  - ③ 발행규모: 분양토지 또는 분양건축물 면적의 1/2 초과 X
  - ④ 이율: 발행자 암기TIP 이발
  - ⑤ 기명식 증권(양도 가능), 질권목적 가능

원형지 (지정권자의 승인)	조성토지 (지정권자의 승인)

① 원형지: 도시개발사업으로 조성되지 아니한 상태의 토지를 말한다.
② 원형지 공급: 도시개발구역 면적 1/3 이내로 한정한다.
③ 원형지 매각금지: 10년의 범위 → 공사완료 공고일부터 5년 또는 공급계약일부터 10년 중 먼저 끝나는 기간 안에는 매각금지(국가, 지자체는 매각 O)
④ 원형지 공급방법
- 원칙: 수의계약
- 예외: 경쟁입찰[학교용지 또는 공장용지는 경쟁입찰의 방법(2회 이상 유찰된 경우에는 수의계약방법으로 공급할 수 있다)]
⑤ 원형지 공급가격: 감정가격 + 기반시설 설치비용(공사비) → 협의하여 정한다.
	① 공급가격
	- 원칙: 감정가격
	- 예외: 감정가격 이하, [㉠ 학교, ㉡ 폐기물처리시설, ㉢ 공공청사, ㉣ 사회복지시설(유료는 제외), ㉤ 임대주택, ㉥ 행정청이 직접 설치하는 시장, 자동차정류장, 종합의료시설] → 감정가격 이하로 정할 수 있다.
	
	② 공급방법
	- 원칙: 경쟁입찰
	- 예외
	  - 추첨방법 ㉠ 국민주택규모 이하의 주택건설용지, ㉡ 공공택지, ㉢ 330m² 이하의 단독주택용지, ㉣ 공장용지
	  - 수의계약 ㉠ 학교, 공공청사용지 등 일반에게 분양할 수 없는 공공용지를 국가, 지방자치단체에 공급하는 경우 ㉡ 토지상환채권으로 상환하는 경우

POINT 02 환지방식 ☆☆☆

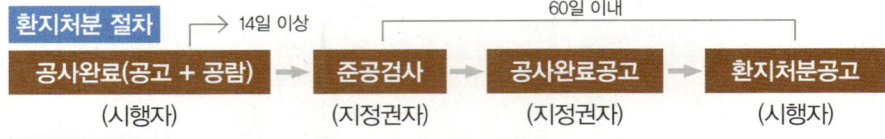

- **환지계획의 내용**: 환지설계, 환지(입체환지)명세, 청산대상 토지명세, 체비지, 보류지의 명세
- **환지방식 + 조성토지 가격평가**: 감정평가법인 등이 평가한 후 토지평가협의회 심의를 거쳐 결정한다.
- **환지계획의 기준**: 국토교통부령으로 정할 수 있다.
- **환지계획의 인가**: 특별자치도지사, 시장, 군수, 구청장
- **경미한 변경(인가 ×)**: ① 종전 토지의 합필 또는 분필 ② 지적측량결과를 반영 ③ 환지로 지정된 토지나 건축물을 금전으로 청산
- **토지소유자의 신청에 의한 환지부지정**: 임차권자의 동의를 받아야 한다.
- **체비지**: 경비 충당
- **보류지**: 규약 · 정관 · 시행규정으로 정하는 목적
- **공공시설용지**: 환지계획 작성기준을 적용하지 아니할 수 있다.
- **환지예정지**: 지정할 수 있다. → 사용 · 수익권(종전 토지 → 환지예정지로 이전)
- **체비지**: 환지예정지(처분 가능) → 처분된 체비지는 매입한 자가 소유권이전등기를 마친 때에 소유권을 취득한다.
- **환지처분 절차**: 공사완료(공고 + 공람)(시행자) → (14일 이상) 준공검사(지정권자) → 공사완료공고(지정권자) → 환지처분공고(시행자) (준공검사부터 환지처분공고까지 60일 이내)
- **권리의 이전**: 환지처분공고일 + 다음 날 → 종전의 토지로 본다.
- **체비지**: 시행자가 취득 / **보류지**: 환지계획에서 정한 자가 취득 → 환지처분공고일 + 다음 날
- **준공 전 사용**: 체비지는 준공검사 전 또는 공사완료 전이라도 사용할 수 있다.
- **종전 권리의 소멸**: 환지처분공고일이 끝나는 때 소멸(다음 날 X)
- **종전 토지에 존속**: ① 지역권, ② 행정상 · 재판상 처분으로서 종전 토지에 전속하는 것
  - ① → 행사할 이익이 없어진 지역권은 환지처분 공고일이 끝나는 때에 소멸한다.
  - ② → 영향을 미치지 아니한다.

POINT 03 청산금 및 도시개발채권 ☆☆

청산금

① 청산금 결정: 환지처분을 하는 때, 환지대상 제외토지: 청산금을 교부하는 때
② 청산금 확정: 환지처분공고일 + 다음 날
③ 분할징수 · 교부: 청산금은 이자를 붙여 분할징수하거나 분할교부할 수 있다.
④ 강제징수 ┌ 행정청인 시행자: 국세 또는 지방세 체납처분에 따라 징수(O)
└ 비행정청인 시행자: 직접 강제징수할 수는 없고 징수를 위탁(O)
⑤ 청산금 소멸시효: 5년

도시개발채권

① 발행/승인권자: 시 · 도지사가 발행 → 행정안전부장관의 승인
② 발행방법: 전자등록 발행 또는 무기명 발행(세부사항 – 시 · 도조례)
③ 상환기간: 5년부터 10년까지의 범위에서 조례로 정한다.
④ 소멸시효: 상환일로부터 원금은 5년, 이자는 2년 암기TIP 오이
⑤ 매입의무자 ㉠ 수용방식으로 시행하는 공공사업시행자와 도급계약을 체결하는 자
㉡ 토지의 형질변경허가를 받은 자
⑥ 중도상환사유 ㉠ 허가 또는 인가가 매입자의 귀책사유 없이 취소된 경우
㉡ 착오로 도시개발채권을 매입한 경우
㉢ 초과하여 도시개발채권을 매입한 경우
⑦ 매입필증 보관: 5년

채권 비교정리

토지상환채권	도시개발채권
① 시행자 발행 → 지정권자 승인 ② 매수대금 일부(전부 X) ③ 발행규모: 분양면적의 1/2 초과 X ④ 민간시행자: 지급보증 O ⑤ 발행방법: 기명식 증권(양도 O), 질권목적가능 ⑥ 이율: 발행자	① 시 · 도지사 발행 → 행정안전부장관 승인 ② 도시개발사업 또는 도시 · 군계획시설사업에 필요한 자금 조달 ③ 발행방법: 전자등록 또는 무기명 발행 ④ 상환기간: 5년부터 10년 이내 ⑤ 소멸시효: 원금 5년, 이자 2년 ⑥ 매입필증 보관기간: 5년

POINT 04 사업시행방식의 변경(수용 ⇨ 환지로 일방통행)

지정권자는 도시개발구역 지정 이후 다음의 어느 하나에 해당하는 경우에는 도시개발사업의 시행방식을 변경할 수 있다.

① 국가나 지방자치단체, 공공기관, 정부출연기관, 지방공사인 시행자가 도시개발사업의 시행방식을 수용 또는 사용방식에서 전부 환지방식으로 변경하는 경우
② 국가나 지방자치단체, 공공기관, 정부출연기관, 지방공사인 시행자가 도시개발사업의 시행방식을 혼용방식에서 전부 환지방식으로 변경하는 경우
③ 도시개발조합을 제외한 시행자가 도시개발사업의 시행방식을 수용 또는 사용방식에서 혼용방식으로 변경하는 경우

기출 OX 문제

수용방식 및 환지방식

01 도시개발사업을 시행하는 지방자치단체는 도시개발구역 지정 이후 그 시행방식을 혼용방식에서 수용 또는 사용방식으로 변경할 수 있다. 제32회 ( )

02 시행자가 아닌 지정권자는 도시개발사업에 필요한 토지 등을 수용할 수 있다. 제27회 ( )

03 도시개발사업을 시행하는 공공기관은 토지상환채권을 발행할 수 없다. 제32회 ( )

04 지방자치단체가 시행자인 경우 지급보증 없이 토지상환채권을 발행할 수 있다. 제30회, 제33회 ( )

05 원형지는 도시개발구역 전체 토지면적의 3분의 1 이내의 면적으로만 공급될 수 있다. 제23회, 제25회, 제30회 ( )

06 원형지를 공장 부지로 직접 사용하는 원형지개발자의 선정은 경쟁입찰의 방식으로 하며, 경쟁입찰이 2회 이상 유찰된 경우에는 수의계약의 방법으로 할 수 있다. 제34회 ( )

07 시행자는 학교를 설치하기 위한 조성토지를 공급하는 경우 해당 토지의 가격을 「감정평가 및 감정평가사에 관한 법률」에 따른 감정평가법인등이 감정평가한 가격 이하로 정할 수 있다. 제26회 ( )

08 시행자는 토지면적의 규모를 조정할 특별한 필요가 있으면 면적이 넓은 토지는 그 면적을 줄여서 환지를 정하거나 환지대상에서 제외할 수 있다. 제32회 ( )

09 행정청이 아닌 시행자가 인가받은 환지계획의 내용 중 종전 토지의 합필 또는 분필로 환지명세가 변경되는 경우에는 변경인가를 받아야 한다. 제31회 ( )

10 시행자는 체비지의 용도로 환지예정지가 지정된 경우에는 도시개발사업에 드는 비용을 충당하기 위하여 이를 처분할 수 있다. 제31회, 제36회 ( )

11 지방자치단체가 도시개발사업의 전부를 환지방식으로 시행하려고 할 때에는 도시개발사업의 시행규정을 작성하여야 한다. 제31회 ( )

12 토지소유자의 환지 제외 신청이 있더라도 해당 토지에 관한 임차권자 등이 동의하지 않는 경우에는 해당 토지를 환지에서 제외할 수 없다. 제25회 ( )

13 도시개발사업의 준공검사 전에는 체비지를 사용할 수 없다. 제27회 ( )

14 시행자는 규약으로 정하는 목적을 위하여 일정한 토지를 환지로 정하지 아니하고 보류지로 정할 수 있다. 제24회 ( )

15 도시개발구역의 토지에 대한 지역권은 도시개발사업의 시행으로 행사할 이익이 없어지면 환지처분이 공고된 날이 끝나는 때에 소멸한다. 제31회, 제35회, 제36회 ( )

16 체비지는 환지계획에서 정한 자가 환지처분이 공고된 날에 해당 소유권을 취득한다. 제24회 ( )

17 환지를 정하거나 그 대상에서 제외한 경우 그 과부족분은 금전으로 청산하여야 한다. 제33회 ( )

18 시·도지사는 도시개발채권을 발행하려는 경우 채권의 발행총액에 대하여 국토교통부장관의 승인을 받아야 한다. 제29회, 제32회, 제36회 ( )

19 도시개발채권의 상환은 3년부터 10년까지의 범위에서 지방자치단체의 조례로 정한다. 제29회, 제32회, 제36회 ( )

20 도시개발채권의 소멸시효는 상환일부터 기산하여 원금은 3년, 이자는 2년으로 한다. 제29회, 제36회 ( )

정답

01 X 혼용방식에서 수용 또는 사용방식으로 변경할 수 없다. 02 X 시행자가 아닌 지정권자는 수용할 수 없다. 03 X 도시개발사업을 시행하는 공공기관은 토지상환채권을 발행할 수 있다. 04 O 05 O 06 O 07 O 08 X 면적이 넓은 토지는 그 면적을 줄여서 환지를 정할 수 있으나, 환지대상에서 제외할 수는 없다. 09 X 변경인가를 받지 않아도 된다. 10 O 11 O 12 O 13 X 체비지는 준공검사 전에도 사용할 수 있다. 14 O 15 O 16 X 체비지는 시행자가 환지처분이 공고된 날의 다음 날에 해당 소유권을 취득한다. 17 O 18 X 행정안전부장관의 승인을 받아야 한다. 19 X 5년부터 10년까지의 범위에서 지방자치단체의 조례로 정한다. 20 X 원금은 5년, 이자는 2년으로 한다.

도시개발법

01 개발계획

수립시기	도시개발구역을 지정한 후에 개발계획을 수립할 수 있는 경우 ① 개발계획을 공모하는 경우 ② 자연녹지지역, 생산녹지지역(구역 면적의 30/100 이하인 경우) ③ 도시지역 외의 지역 ④ 국장 + 지역균형발전 + 지정(자연환경보전지역은 제외) ⑤ 주거지역 · 상업지역 · 공업지역의 면적의 합계가 전체 도시개발구역 면적의 **30/100** 이하인 지역
수립내용	도시개발구역 지정 후 개발계획에 포함시킬 수 있는 사항 ① 도시개발구역 밖에 기반시설을 설치하여야 하는 경우에는 그 시설의 설치에 필요한 비용의 부담계획 ② 수용(收用) 또는 사용의 대상이 되는 토지 · 건축물 또는 토지에 정착한 물건과 이에 관한 소유권 외의 권리, 광업권, 어업권, 양식업권, 물의 사용에 관한 권리(이하 '토지 등'이라 한다)가 있는 경우에는 그 세부목록 ③ 임대주택건설 등 세입자의 주거 및 생활안정대책 ④ 순환개발 등 단계적 사업추진이 필요한 경우 사업추진계획 등에 관한 사항
환지방식	① 환지방식으로 개발계획을 수립하는 경우 → 토지면적 2/3 이상에 해당하는 토지소유자와 토지소유자 총수의 1/2 이상의 동의를 받아야 한다(시행자가 국가 또는 지방자치단체는 동의 X). ② 개발계획 변경 시 동의를 받아야 하는 경우 ㉠ 너비 12m 이상인 도로를 신설 또는 폐지, ㉡ 사업시행지구를 분할 또는 통합하는 경우, ㉢ 기반시설을 제외한 용적률이 100분의 5 이상 증가하는 경우, ㉣ 수용예정인구가 종전보다 100분의 10 이상 증감(변경 이후 수용예정인구가 3천명 미만인 경우는 제외), ㉤ 사업시행방식을 변경하는 경우
복합기능	면적이 330만m^2 이상인 경우에는 복합기능(주거, 생산, 교육, 유통, 위락 등의 기능을 갖춘 도시)으로 수립

02 도시개발구역

지정권자(국장)	① 국가가 도시개발사업을 실시할 필요가 있는 경우 ② 중앙행정기관의 장(장관) → 요청 ③ 공공기관(한국토지주택공사) · 정부출연기관 장(국가철도공단) → **30**만m^2 이상으로 지정을 제안하는 경우(국가계획 관련) ④ 시 · 도지사 또는 대도시 시장의 협의가 성립되지 아니한 경우 ⑤ 천재지변 등 긴급한 경우
지정제안	① 시행자(국가 · 지자체 · 조합을 제외) → 국토교통부장관 · 특별자치도지사 · 시장 · 군수 · 구청장: 1개월(1개월 연장 가능) 이내 수용 여부 통보 ② 민간시행자 → 토지면적의 **2/3** 이상의 토지소유자(지상권자 포함)의 동의를 받아야 한다.

지정규모	① 주거지역 · 상업지역 · 자연녹지 · 생산녹지: 1만m² 이상 ② 공업지역: **3**만m² 이상 ③ 도시지역 외 지역: 30만m² 이상(초등학교 확보 + 4차선 이상의 도로 확보 시 → 10만m² 이상)
지정절차	① 둘 이상의 일간신문과 홈페이지에 공고 + 14일 이상 열람 ② 면적이 10만m² 미만인 경우에는 일간신문에 공고하지 아니하고 공보와 해당 시 · 군 또는 구의 인터넷 홈페이지에 공고할 수 있다. ③ 도시개발구역의 면적이 100만m² 이상인 경우에는 공람기간이 끝난 후 공청회를 개최하여야 한다. ④ 도시개발구역이 50만m² 이상인 경우에는 지정권자는 국토교통부장관과 협의하여야 한다.
기득권 보호	도시개발구역 지정 당시 사업에 착수한 자는 30일 이내에 신고하고 이를 계속 시행할 수 있다.
해제사유	① 도시개발구역지정 · 고시 후 3년 이내에 실시계획인가를 신청하지 아니한 경우: 3년이 되는 날의 다음 날 ② 공사완료(환지방식인 경우에는 환지처분)공고일 다음 날 → 환원(X) ③ 도시개발구역지정 후 개발계획 수립 시 ㉠ 도시개발구역지정 · 고시 후 2년 이내에 개발계획을 수립 · 고시하지 아니한 경우: 2년이 되는 날의 다음 날(330만m² 이상 – 5년) ㉡ 개발계획수립 · 고시 후 3년 이내에 실시계획인가를 신청하지 아니한 경우: 3년이 되는 날의 다음 날(330만m² 이상 – 5년)

03 시행자

전부환지방식	① 원칙: 토지소유자나 조합을 시행자로 지정한다. ② 예외: 지방자치단체 등(한국토지주택공사, 지방공사, 신탁업자)을 시행자로 지정할 수 있다. ㉠ 토지소유자 또는 조합이 개발계획수립 · 고시 후 1년 이내에 시행자 지정을 신청하지 않는 경우 ㉡ 지방자치단체가 집행하는 공공시설사업과 병행 시행 필요 ㉢ 국공유지를 제외한 토지면적의 1/2 이상 + 토지소유자 총수의 1/2 이상이 동의
시행자 변경	① 도시개발사업에 관한 실시계획의 인가를 받은 후 **2**년 이내에 사업을 착수하지 아니하는 경우 ② 행정처분으로 시행자의 지정이나 실시계획의 인가가 취소된 경우 ③ 시행자의 부도 · 파산 등의 사유로 도시개발사업의 목적을 달성하기 어렵다고 인정되는 경우 ④ 전부환지방식으로 시행하는 시행자가 도시개발구역 지정의 고시일부터 **1**년 이내(**6**개월 범위에서 연장 가능)에 실시계획의 인가를 신청하지 아니하는 경우

04 도시개발조합

설립인가 요건	① 토지소유자 **7**명 이상 + 정관작성 → 지정권자의 인가 ② 면적의 **2/3** + 총수의 **1/2** 이상의 동의를 받아야 한다.
조합설립 등기	설립인가를 받은 날부터 30일 이내에 주된 사무소의 소재지에 등기를 하면 성립한다.
대의원회	의결권을 가진 조합원의 수가 **50**인 이상인 조합은 대의원회를 둘 수 있다.

05 수용방식

토지의 수용 또는 사용	시행자는 도시개발사업에 필요한 토지 등을 수용하거나 사용할 수 있다. 다만, 민간시행자는 토지면적의 **2/3** 이상에 해당하는 토지를 소유 + 토지소유자 총수의 **1/2** 이상의 동의를 받아야 한다.
선수금	① 공공시행자: 개발계획수립 · 고시 후 면적의 10/100 이상 토지소유권(사용동의를 포함) 확보 ② 민간시행자: 토지소유권 확보 + 저당권 말소 + 공사진척률 10/100 이상 + 지정권자에게 지급보증서 제출
토지상환채권	① 토지소유자가 원하면 매수대금의 일부를 지급하기 위하여 시행자가 발행한다. ② 토지상환채권의 발행규모는 도시개발사업으로 조성되는 분양토지 또는 분양건축물 면적의 **1/2**을 초과할 수 없다.
원형지 공급	① 공급될 수 있는 원형지의 면적은 토지면적의 **1/3** 이내로 한정한다. ② 원형지개발자(국가, 지자체는 제외)는 **10**년 이내의 범위에서 대통령령으로 정하는 기간(원형지에 대한 공사완료공고일부터 **5**년 또는 원형지 공급계약일부터 **10**년 중 먼저 끝나는 기간) 안에는 원형지를 매각할 수 없다. ③ 학교부지 또는 공장부지에 해당하는 원형지개발자 선정 → 경쟁입찰방식으로 한다. 다만, 경쟁입찰방법이 2회 이상 유찰된 경우에는 수의계약방법으로 할 수 있다.
조성토지의 공급방법	① 경쟁입찰의 방법 ② 추첨방법: 국민주택규모 이하의 주택건설용지, 공공택지, **330**m² 이하의 단독주택용지 및 공장용지, 수의계약방법으로 공급하기로 하였으나 공급 신청량이 공급계획에서 계획된 면적을 초과하는 경우 ③ 수의계약: 학교용지 · 공공청사용지 등 공공용지, 토지상환채권

06 환지계획

토지부담률	평균 토지부담률은 50%를 초과할 수 없다. 다만, 지정권자가 인정하면 **60**%까지 할 수 있으며, 토지소유자 **2/3** 이상이 동의하는 경우에는 **60**%를 초과할 수 있다.

07 환지처분

시 기	시행자는 준공검사(지정권자가 시행자인 경우에는 공사완료공고일)를 받은 경우에는 60일 이내에 환지처분을 하여야 한다.
등 기	시행자는 환지처분공고 후 14일 이내에 토지와 건축물에 관한 등기를 촉탁하거나 신청하여야 한다. 환지처분이 공고된 날부터 등기가 있는 때까지는 다른 등기를 할 수 없다.
청산금 소멸시효	청산금을 받을 권리나 징수할 권리는 **5**년간 행사하지 아니하면 소멸한다.

08 도시개발채권

발행/승인권자	시 · 도지사가 발행 → 행정안전부장관의 승인
상환기간	**5**년부터 **10**년까지의 범위에서 조례로 정한다.
소멸시효	상환일로부터 원금은 **5**년, 이자는 **2**년으로 한다.
매입의무	① 수용 또는 사용방식으로 시행하는 공공사업시행자와 도급계약을 체결하는 자 ② 「국토의 계획 및 이용에 관한 법률」에 따른 토지의 형질변경의 허가를 받은 자
중도상환사유	① 도시개발채권의 매입사유가 된 허가 또는 인가가 매입자의 귀책사유 없이 취소된 경우 ② 도시개발채권의 매입의무자가 아닌 자가 착오로 도시개발채권을 매입한 경우 ③ 도시개발채권의 매입의무자가 매입하여야 할 금액을 초과하여 도시개발채권을 매입한 경우
매입필증 보관	매입필증을 제출받는 자는 매입자로부터 제출받은 매입필증을 5년간 따로 보관하여야 한다.

15%

40문제 중 6문제 출제

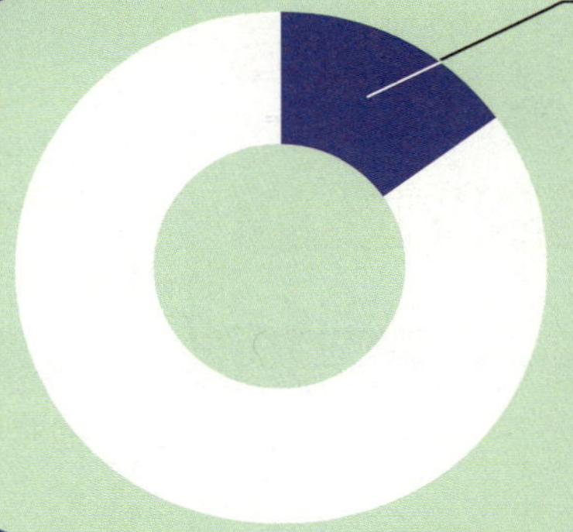

PART

03

도시 및 주거환경정비법

09 도시 및 주거환경정비법 1

- **도시 · 주거환경정비 기본방침** — 국토교통부장관, 10년 단위, 5년마다 타당성검토

- ☆☆☆ **도시 · 주거환경정비 기본계획**
  - 수립권자: 특별시장 · 광역시장 · 특별자치시장 · 특별자치도지사 · 시장 → 도지사가 수립할 필요가 없다고 인정하는 시(대도시 제외)는 수립하지 아니할 수 있다.
  - 수립단위: 10년
  - 타당성검토: 5년

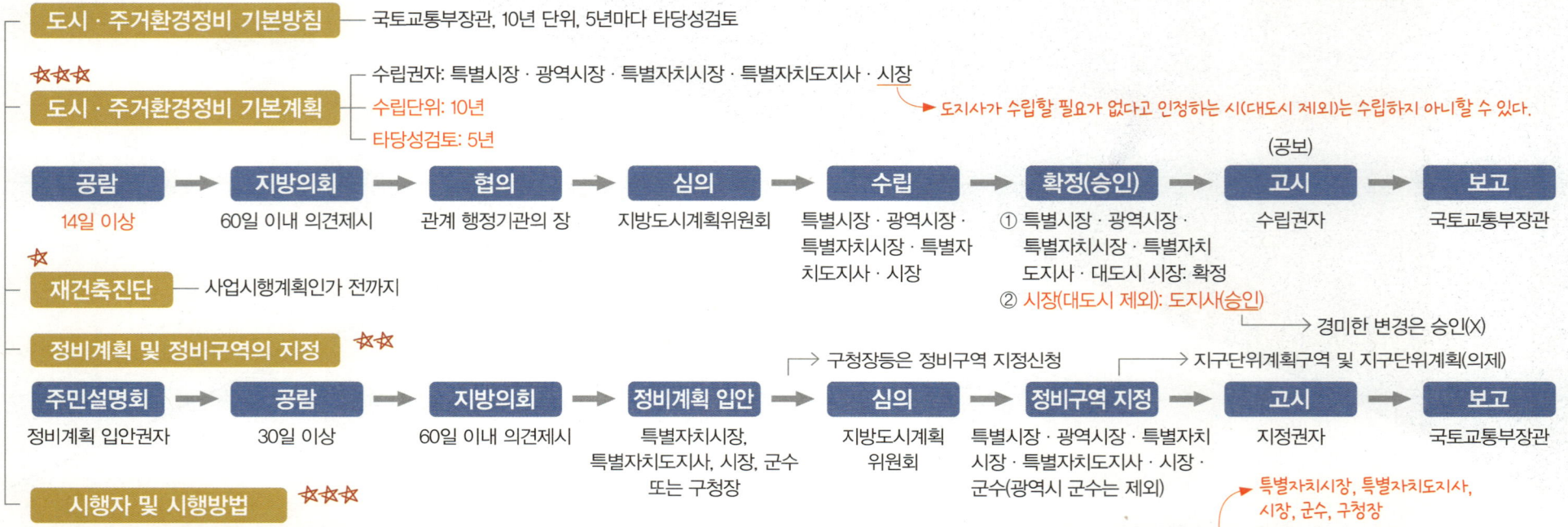

공람	→	지방의회	→	협의	→	심의	→	수립	→	확정(승인)	→	고시 (공보)	→	보고
14일 이상		60일 이내 의견제시		관계 행정기관의 장		지방도시계획위원회		특별시장 · 광역시장 · 특별자치시장 · 특별자치도지사 · 시장		① 특별시장 · 광역시장 · 특별자치시장 · 특별자치도지사 · 대도시 시장: 확정 ② 시장(대도시 제외): 도지사(승인) → 경미한 변경은 승인(X)		수립권자		국토교통부장관

- ☆ **재건축진단** — 사업시행계획인가 전까지

- **정비계획 및 정비구역의 지정** ☆☆

주민설명회	→	공람	→	지방의회	→	정비계획 입안	→	심의	→	정비구역 지정	→	고시	→	보고
정비계획 입안권자		30일 이상		60일 이내 의견제시		특별자치시장, 특별자치도지사, 시장, 군수 또는 구청장 (→ 구청장등은 정비구역 지정신청)		지방도시계획 위원회		특별시장 · 광역시장 · 특별자치시장 · 특별자치도지사 · 시장 · 군수(광역시 군수는 제외) (→ 지구단위계획구역 및 지구단위계획(의제))		지정권자		국토교통부장관

- **시행자 및 시행방법** ☆☆☆

정비사업의 종류	사업대상지역	토지등소유자	사업시행방법	사업시행자
주거환경 개선사업	도시저소득 주민이 집단거주하는 지역으로서 정비기반시설이 극히 열악하고 노후 · 불량건축물이 과도하게 밀집한 지역의 주거환경을 개선하거나 단독주택 및 다세대주택이 밀집한 지역에서 정비기반시설과 공동이용시설 확충을 통하여 주거환경을 보전 · 정비 · 개량하기 위한 사업	정비구역에 위치한 토지 또는 건축물 소유자 또는 그 지상권자	① 토지등소유자가 스스로 주택을 보전 · 정비하거나 개량하는 방법(현지개량방법) ② 수용방법 ③ 환지방법 ④ 관리처분계획으로 공급하는 방법	① 현지개량방법: 시장 · 군수등이 직접 시행하되, 토지등소유자 과반수의 동의를 받아 토지주택공사등(지방공사)이 시행 (시장 · 군수등 → 특별자치시장, 특별자치도지사, 시장, 군수, 구청장) ② 수용방법: 정비예정구역의 토지 또는 건축물 소유자 또는 지상권자의 2/3 이상의 동의와 세입자 세대수 과반수의 동의를 각각 받아 시장 · 군수등 또는 토지주택공사등 또는 공익법인이 시행 (세입자 세대수가 1/2 이하인 경우는 동의 X)
재개발사업	정비기반시설이 열악하고 노후 · 불량건축물이 밀집한 지역에서 주거환경을 개선하거나 상업지역 · 공업지역 등에서 도시기능의 회복 및 상권활성화 등을 위하여 도시환경을 개선하기 위한 사업	정비구역에 위치한 토지 또는 건축물 소유자 또는 그 지상권자	① 정비구역에서 인가받은 관리처분계획에 따라 건축물을 건설하여 공급하는 방법 ② 환지방법	① 조합(단독 또는 공동시행) 시장·군수등, 토지주택공사등, 건설업자, 등록사업자, 신탁업자, 한국부동산원 ② 토지등소유자(토지등소유자가 20인 미만인 경우 단독 또는 공동시행)
재건축사업	정비기반시설은 양호하나 노후 · 불량건축물에 해당하는 공동주택이 밀집한 지역에서 주거환경을 개선하기 위한 사업	정비구역에 위치한 건축물 및 그 부속토지의 소유자(지상권자 X)	관리처분계획으로 건축물을 건설하여 공급하는 방법 (주택, 부대, 복리시설을 제외한 건축물 → 공동주택 외 건축물 → 준주거지역 및 상업지역에서만 건설할 수 있고, 전체 연면적의 30/100 이하이어야 한다.)	조합(단독 또는 공동시행) 시장·군수등, 토지주택공사등, 건설업자, 등록사업자

빈칸완성 한번 더!

도시 · 주거환경정비 기본방침 — 국토교통부장관, 10년 단위, 5년마다 타당성검토

☆☆☆ **도시 · 주거환경정비 기본계획**
- 수립권자: 특별시장 · 광역시장 · 특별자치시장 · 특별자치도지사 · 시장 → 도지사가 수립할 필요가 없다고 인정하는 시(대도시 제외)는 수립하지 아니할 수 있다.
- 수립단위: ( )
- 타당성검토: ( )

공람 → 지방의회 → 협의 → 심의 → 수립 → 확정(승인) → 고시(공보) → ( )

- 공람: 14일 이상
- 지방의회: 60일 이내 의견제시
- 협의: 관계 행정기관의 장
- 심의: 지방도시계획위원회
- 수립: 특별시장 · 광역시장 · 특별자치시장 · 특별자치도지사 · 시장
- 확정(승인): ① 특별시장 · 광역시장 · 특별자치시장 · 특별자치도지사 · 대도시 시장: 확정 ② 시장(제외): ( )(승인) → 경미한 변경은 승인(X)
- 고시(공보): 수립권자
- ( ): 국토교통부장관

☆ **재건축진단** — 사업시행계획인가 전까지

정비계획 및 정비구역의 지정 ☆☆

주민설명회 → 공람 → 지방의회 → 정비계획 입안 → 심의 → 정비구역 지정 → 고시 → ( )

- 주민설명회: 정비계획 입안권자
- 공람: 30일 이상
- 지방의회: 60일 이내 의견제시
- 정비계획 입안: 특별자치시장, 특별자치도지사, 시장, 군수 또는 구청장 → 구청장등은 정비구역 지정신청
- 심의: 지방도시계획위원회
- 정비구역 지정: 특별시장 · 광역시장 · 특별자치시장 · 특별자치도지사 · 시장 · 군수(광역시 군수는 제외) → 지구단위계획구역 및 지구단위계획(의제)
- 고시: 지정권자
- ( ): 국토교통부장관

시행자 및 시행방법 ☆☆☆

정비사업의 종류	사업대상지역	토지등소유자	사업시행방법	사업시행자
주거환경 개선사업	도시( )이 집단거주하는 지역으로서 정비기반시설이 극히 열악하고 노후 · 불량건축물이 과도하게 밀집한 지역의 주거환경을 개선하거나 단독주택 및 다세대주택이 밀집한 지역에서 정비기반시설과 공동이용시설 확충을 통하여 주거환경을 ( )하기 위한 사업	정비구역에 위치한 토지 또는 건축물 소유자 또는 그 ( )	① 토지등소유자가 스스로 주택을 보전 · 정비하거나 개량하는 방법(현지개량방법) ② ( ) ③ 환지방법 ④ 관리처분계획으로 공급하는 방법	① 현지개량방법: 시장 · 군수등이 직접 시행하되, 토지등소유자 과반수의 동의를 받아 토지주택공사등(→ 지방공사)이 시행 (→ 특별자치시장, 특별자치도지사, 시장, 군수, 구청장) ② 수용방법: 정비예정구역의 토지 또는 건축물 소유자 또는 지상권자의 ( )의 동의와 세입자 세대수 ( )의 동의를 각각 받아 시장 · 군수등 또는 토지주택공사등 또는 공익법인이 시행 (세입자 세대수가 1/2 이하인 경우는 동의 X)
재개발사업	정비기반시설이 ( )하고 노후 · 불량건축물이 밀집한 지역에서 주거환경을 개선하거나 ( ) ( ) 등에서 도시기능의 회복 및 상권활성화 등을 위하여 도시환경을 개선하기 위한 사업	정비구역에 위치한 토지 또는 건축물 소유자 또는 그 ( )	① 정비구역에서 인가받은 관리처분계획에 따라 건축물을 건설하여 공급하는 방법 ② 환지방법	① ( )(단독 또는 공동시행) 시장 · 군수등, 토지주택공사등, 건설업자, 등록사업자, 신탁업자, 한국부동산원 ② 토지등소유자(토지등소유자가 ( ) 미만인 경우 단독 또는 공동시행)
재건축사업	정비기반시설은 ( )하나 노후 · 불량건축물에 해당하는 공동주택이 밀집한 지역에서 주거환경을 개선하기 위한 사업	정비구역에 위치한 건축물 및 그 부속토지의 소유자 ( )	( )으로 ( )을 건설하여 공급하는 방법 (주택, 부대, 복리시설을 제외한 건축물 → 공동주택 외 건축물: 준주거지역 및 상업지역에서만 건설할 수 있고, 전체 연면적의 30/100 이하이어야 한다.)	( )(단독 또는 공동시행) 시장 · 군수등, 토지주택공사등, 건설업자, 등록사업자

핵심 POINT

목표정답수 총 6문제 중 3~4문제 이상

POINT 01 용어의 정의, 정비구역 ☆☆☆

- **공공재개발사업**
  - ① 시장 · 군수등, 토지주택공사등이 시행자나 대행자일 것
  - ② 전체 세대수 또는 전체 연면적 중 토지등소유자 대상 분양분을 제외한 나머지 주택의 세대수 또는 연면적의 100분의 20 이상 100분의 50 이하의 범위에서 조례로 정하는 비율 이상을 지분형 주택, 공공임대주택 또는 공공지원민간임대주택으로 건설 · 공급할 것
- **공공재건축사업**
  - ① 시장 · 군수등, 토지주택공사등이 시행자나 대행자일 것
  - ② 공공재건축사업을 추진하는 단지의 종전 세대수의 100분의 160에 해당하는 세대 이상을 건설 · 공급할 것
- **토지등소유자**
  - ① 주거환경개선사업, 재개발사업 → 3명
    - ㉠ 토지소유자, ㉡ 건축물 소유자, ㉢ 지상권자
  - ② 재건축사업: 건축물 + 부속토지의 소유자(지상권자 X) → 1명
- **노후 · 불량건축물**: 건축물이 훼손되거나 일부가 멸실되어 붕괴 등 안전사고의 우려가 있는 건축물
- **정비기반시설**: 도로, 상하수도, 구거(도랑), 공원, 공용주차장, 공동구, 광장, 지역난방시설
- **공동이용시설**: 놀이터, 마을회관, 공동작업장, 탁아소 등 노유자시설 (암기 TIP 놀·마·공·탁)
- **토지주택공사등**: 한국토지주택공사 또는 지방공사
- **허가대상**
  - ① 건축물(가설건축물 포함)의 건축, 용도변경(대수선 X)
  - ② 공작물의 설치
  - ③ 토지의 형질변경 : 공유수면의 매립
  - ④ 토석의 채취
  - ⑤ 토지분할
  - ⑥ 물건을 쌓아놓는 행위: 1개월 이상
  - ⑦ 죽목의 벌채 및 식재
- **허용사항**: ① 응급조치를 위한 행위, ② 안전조치를 위한 행위, ③ 비닐하우스 · 버섯재배사 · 종묘배양장 · 퇴비장의 설치, ④ 경작 + 토지의 형질변경, ⑤ 관상용 죽목의 임시식재(경작지에서의 임시식재는 허가를 요한다)
- **기득권 보호**: 착수 + 신고(30일 이내)
- **정비구역의 의무적 해제**

정비구역 지정 —(2년 ×)→ 추진위원회 —(2년 ×)→ 조합 —(3년 ×)→ 사업시행계획인가

정비구역 지정 → 사업시행계획인가: 5년 X (토지등소유자 + 재개발)

POINT 02 기본계획 ☆☆☆

- **수립권자**: 특별시장 · 광역시장 · 특별자치시장 · 특별자치도지사 · 시장은 기본계획을 10년 단위로 수립하여야 한다. 다만, 도지사가 대도시가 아닌 시로서 기본계획을 수립할 필요가 없다고 인정하는 시에 대하여는 기본계획을 수립하지 아니할 수 있다. (→ 5명(군수 x))
- **타당성검토**: 5년
- **수립절차**: 공람(14일 이상) + 지방의회 의견청취(60일 이내 의견 제시) + 협의 + 심의 → 경미한 변경은 생략할 수 있다.
  - 공람: 정비계획(30일), 정비구역 해제(30일), 관리처분계획(30일)
- **기본계획의 승인**: 대도시 시장이 아닌 시장은 도지사의 승인을 받아야 한다. (경미한 변경은 승인 X)
  - ① 정비기반시설을 확대하거나 10% 미만의 범위에서 축소하는 경우
  - ② 정비사업의 계획기간을 단축하는 경우
  - ③ 공동이용시설의 설치계획을 변경하는 경우
  - ④ 사회복지시설 및 주민문화시설의 설치계획의 변경인 경우
  - ⑤ 단계별 정비사업 추진계획의 변경인 경우
  - ⑥ 정비예정구역 면적과 건폐율 및 용적률의 20% 미만의 변경인 경우
  - ⑦ 정비사업의 시행을 위한 재원조달에 관한 사항을 변경하는 경우
- **생략사유**: 기본계획 수립권자는 기본계획에 생활권별 주거지의 정비 · 보전 · 관리의 방향을 포함하는 경우에는 정비예정구역의 개략적인 범위 및 단계별 정비사업 추진계획을 생략할 수 있다.

POINT 03 대의원회 ☆☆

- 조합원의 수가 100명 이상인 조합은 대의원회를 두어야 한다.
- 조합장이 아닌 임원(이사, 감사)은 대의원이 될 수 없다.
- **대의원회는 다음의 사항을 대행할 수 없다.**
  - ① 정관의 변경
  - ② 자금의 차입과 그 방법 · 이자율 및 상환방법
  - ③ 예산으로 정한 사항 외에 조합원의 부담이 될 계약
  - ④ 정비사업전문관리업자의 선정 및 변경
  - ⑤ 조합임원과 대의원의 선임 및 해임
    - → 임기 중 궐위된 자(조합장은 제외)를 보궐선임하는 경우에는 대행 O
  - ⑥ 조합의 합병 및 해산(사업완료로 인한 해산인 경우는 제외)
  - ⑦ 정비사업비의 변경에 관한 사항

POINT 04 정비사업조합 ☆☆☆

- **추진위원회 구성요건**: ① 위원장 포함 5명 이상의 위원 + ② 토지등소유자 과반수 동의 + ③ 시장 · 군수등의 승인
- 조합의 조합원은 토지등소유자로 하고, 재건축사업은 재건축사업에 동의한 자에 한한다.
- **토지의 소유권이 수인의 공유**: 1인을 조합원으로 본다.
- **조합설립인가 동의요건(재개발사업)**: 토지등소유자 4분의 3 이상 + 토지면적 2분의 1 이상
- 조합설립의 인가를 받은 날부터 30일 이내에 등기함으로써 성립한다.
- **조합임원**: 조합장, 이사(3명 이상, 토지등소유자의 수가 100명을 초과하면 5명 이상), 감사(1명 이상 3명 이하) → 겸직 금지
- **조합임원의 결격사유**: 미성년자, 파산선고를 받은 자로서 복권되지 아니한 자 등
- **조합임원의 자격요건**:
  - ① 선임일 직전 3년 동안 정비구역에서 1년 이상 거주할 것
  - ② 정비구역에 위치한 건축물 또는 토지를 5년 이상 소유할 것
  - ◈ 조합장은 선임일로부터 관리처분계획인가를 받을 때까지 해당 정비구역에 거주하여야 한다.
- **조합임원의 임기**: 3년 이하 + 연임할 수 있다.
- **조합장 또는 이사가 자기를 위하여 조합과 계약이나 소송을 할 때**: 감사가 조합을 대표한다.
- 조합임원이 퇴임되어도 퇴임 전에 관여한 행위는 효력을 잃지 않는다.
- 정비사업비가 100분의 10(생산자물가상승률분, 손실보상금액은 제외) 이상 늘어나는 경우에는 조합원 3분의 2 이상의 찬성으로 의결하여야 한다.
- 시공자선정을 의결하는 총회의 경우에는 조합원 과반수가 직접 출석하여야 하고, 창립총회, 시공자선정 취소를 위한 총회, 사업시행계획서와 관리처분계획의 수립 및 변경, 정비사업비의 사용 및 변경을 의결하는 총회의 경우에는 조합원의 100분의 20 이상이 직접 출석하여야 한다.
- **정관의 변경(조합원 3분의 2 이상의 찬성)**

① 조합원의 자격	② 조합원의 제명 · 탈퇴 및 교체
③ 정비구역의 위치 및 면적	④ 조합의 비용부담 및 조합의 회계
⑤ 정비사업비의 부담 시기 및 절차	⑥ 시공자 · 설계자의 선정 및 계약서에 포함될 사항

비교정리 · 조합임원의 해임

조합임원은 조합원 10분의 1 이상의 요구로 소집된 총회에서 조합원 과반수의 출석과 출석 조합원 과반수의 동의를 받아 해임할 수 있다.

POINT 05 재건축사업 ☆

- **재건축사업의 시행방법**: 인가받은 관리처분계획에 따라 건축물을 건설하여 공급하는 방법
  - **주택, 부대, 복리시설을 제외한 건축물** (→ 공동주택 외 건축물): 준주거지역 및 상업지역에서만 건설할 수 있고, 전체 건축물 연면적의 100분의 30 이하이어야 한다.
- **주택단지에서 시행하는 재건축사업**: 동별 과반수의 동의와 전체 구분소유자의 100분의 70 이상 및 토지면적 100분의 70 이상의 동의
- **주택단지가 아닌 지역이 포함된 재건축사업**: 토지 또는 건축물 소유자의 4분의 3 이상 + 토지면적 3분의 2 이상 동의
- **재건축진단**: 시장 · 군수 등이 주택단지(연접한 단지를 포함)의 건축물을 대상으로 한다.
- **재건축진단의 요청**: 토지등소유자 10분의 1 이상의 동의
- **재건축진단 비용**: 재건축진단 실시를 요청하는 자에게 부담시킬 수 있다.
- **재건축진단 제외**:
  - ① 주택이 붕괴되어 신속히 재건축을 추진할 필요가 있다고 시장 · 군수 등이 인정하는 것
  - ② 사용금지가 필요하다고 시장 · 군수 등이 인정하는 것
  - ③ 진입도로 등 기반시설 설치를 위하여 불가피하게 정비구역에 포함된 것으로 시장 · 군수 등이 인정하는 것
  - ④ 안전등급이 D(미흡) 또는 E(불량)인 건축물
- **사업시행계획인가 여부 결정**: 시장 · 군수 등은 재건축진단 결과와 도시계획 및 지역여건 등을 종합적으로 검토하여 사업시행계획인가 여부를 결정하여야 한다.
- **결과보고서 제출**: 시장 · 군수 등(특별자치시장 및 특별자치도지사 제외) → 특별시장 · 광역시장 · 도지사에게 제출하여야 한다.
- **적정성 검토에 대한 의뢰**: 시 · 도지사는 필요한 경우 「국토안전관리원법」에 따른 국토안전관리원 또는 한국건설기술연구원에 재건축진단 결과의 적정성 여부에 대한 검토를 의뢰할 수 있다.

POINT 06 주민대표회의 ☆

(위원장과 부위원장 각 1명과 1명 이상 3명 이하의 감사를 둔다.)

① 위원장 포함 5명 이상 25명 이하로 구성
② 토지등소유자 과반수 동의 + 시장 · 군수등(승인)
③ 주민대표회의 또는 세입자(상가세입자를 포함)는 시행자가 시행규정을 정하는 때 의견을 제시할 수 있다.

기출 OX 문제

기본계획의 수립 및 정비구역의 지정

01 주거환경개선사업이라 함은 정비기반시설은 양호하나 노후 · 불량건축물이 밀집한 지역에서 주거환경을 개선하기 위하여 시행하는 사업을 말한다. 제23회, 제32회 (   )

02 공동으로 사용하는 구판장은 정비기반시설에 해당하지 않는다. 제34회 (   )

03 유치원은 공동이용시설에 해당한다. 제29회 (   )

04 재개발사업의 정비구역 안에 소재한 토지의 지상권자는 토지등소유자에 해당한다. 제23회 (   )

05 재건축사업의 정비구역에 위치한 건축물 부속토지의 지상권자는 토지등소유자에 해당하지 않는다. 제35회 (   )

06 국토교통부장관은 기본계획에 대하여 5년마다 타당성을 검토하여 그 결과를 기본계획에 반영하여야 한다. 제29회, 제36회 (   )

07 기본계획의 수립권자는 기본계획을 수립하려는 경우 14일 이상 주민에게 공람하여 의견을 들어야 한다. 제29회, 제30회 (   )

08 도지사가 대도시가 아닌 시로서 기본계획을 수립할 필요가 없다고 인정하는 시에 대하여는 기본계획을 수립하지 아니할 수 있다. 제26회, 제29회 (   )

09 대도시의 시장이 아닌 시장은 기본계획의 내용 중 정비사업의 계획기간을 단축하는 경우 도지사의 변경승인을 받지 아니할 수 있다. 제29회, 제36회 (   )

10 기본계획에 생활권별 기반시설 설치계획이 포함된 경우에는 기본계획에 포함되어야 할 사항 중 주거지 관리계획이 생략될 수 있다. 제27회 (   )

11 기본계획에는 사회복지시설 및 주민문화시설 등의 설치계획이 포함되어야 한다. 제29회 (   )

12 정비구역 지정권자는 정비구역 진입로 설치를 위하여 필요한 경우에는 진입로 지역과 그 인접지역을 포함하여 정비구역을 지정할 수 있다. 제30회 (   )

13 정비구역에서는 「주택법」에 따른 지역주택조합의 조합원을 모집해서는 아니 된다. 제30회, 제36회 (   )

14 정비구역에서 이동이 용이하지 아니한 물건을 1개월 이상 쌓아놓는 행위는 시장 · 군수등의 허가를 받아야 한다. 제20회, 제25회, 제30회 (   )

15 정비구역 지정권자는 토지등소유자가 시행하는 재개발사업으로서 토지등소유자가 정비구역으로 지정 · 고시된 날부터 4년이 되는 날까지 사업시행계획인가를 신청하지 아니하는 경우에는 정비구역 등을 해제하여야 한다. 제24회 (   )

16 주거환경개선사업은 사업시행자가 환지로 공급하는 방법으로 사업을 시행할 수 있다. 제29회, 제34회 (   )

17 해당 정비구역의 국 · 공유지 면적이 전체 토지면적의 2분의 1 이상으로서 토지등소유자의 과반수가 시장 · 군수등을 시행자로 지정하는 것에 동의한 때에는 시장 · 군수등이 직접 재개발사업을 시행할 수 있다. 제26회 (   )

18 재개발조합이 조합설립인가를 받은 날부터 3년 이내에 사업시행계획인가를 신청하지 아니한 때에는 시장 · 군수등이 직접 정비사업을 시행할 수 있다. 제35회 (   )

정답

01 X 재건축사업에 관한 내용이다. 02 O 03 X 유치원은 공동이용시설에 해당하지 않는다. 04 O 05 O 06 X 국토교통부장관이 아니라 기본계획 수립권자인 특별시장 · 광역시장 · 특별자치시장 · 특별자치도지사 또는 시장이 5년마다 타당성을 검토하여야 한다. 07 O 08 O 09 O 10 X 정비예정구역의 개략적인 범위와 단계별 정비사업 추진계획은 생략될 수 있지만, 주거지 관리계획은 생략될 수 없다. 11 O 12 O 13 O 14 O 15 X 5년이 되는 날까지 사업시행계획인가를 신청하지 아니하는 경우에 정비구역 등을 해제하여야 한다. 16 O 17 O 18 O

정비사업조합 등

01 토지등소유자가 30인 미만인 경우 토지등소유자는 조합을 설립하지 아니하고 재개발사업을 시행할 수 있다. 제35회 ( )

02 조합의 정관에는 정비구역의 위치 및 면적이 포함되어야 한다. 제30회 ( )

03 조합설립인가 후 시장 · 군수등이 토지주택공사등을 사업시행자로 지정 · 고시한 때에는 그 고시일에 조합설립인가가 취소된 것으로 본다. 제30회 ( )

04 조합이 재개발임대주택의 인수를 요청하는 경우 국토교통부장관이 우선하여 인수하여야 한다. 제25회, 제31회 ( )

05 조합원의 자격에 관한 사항에 대하여 정관을 변경하고자 하는 경우 총회에서 조합원 3분의 2 이상의 찬성으로 한다. 제25회, 제36회 ( )

06 조합임원이 결격사유에 해당하게 되어 당연 퇴임한 경우 그가 퇴임 전에 관여한 행위는 그 효력을 잃는다. 제34회 ( )

07 조합의 이사는 대의원회에서 해임될 수 있다. 제25회, 제32회 ( )

08 조합원의 수가 50명 이상인 조합은 대의원회를 두어야 한다. 제25회 ( )

09 조합장이 아닌 조합임원은 대의원이 될 수 없다. 제34회 ( )

10 정비사업전문관리업자의 선정 및 변경에 관한 사항은 대의원회에서 총회의 권한을 대행할 수 없다. 제32회 ( )

11 관리처분계획의 수립 및 변경을 의결하는 총회의 경우에는 조합원의 100분의 10 이상이 직접 출석하여야 한다. 제24회 ( )

12 재개발사업의 추진위원회가 조합을 설립하려면 토지등소유자의 4분의 3 이상 및 토지면적의 2분의 1 이상의 토지소유자의 동의를 받아야 한다. 제31회, 제35회 ( )

13 재건축사업의 추진위원회가 조합을 설립하려는 경우 주택단지가 아닌 지역이 정비구역에 포함된 때에는 주택단지가 아닌 지역의 토지 또는 건축물 소유자의 4분의 3 이상 및 토지면적의 3분의 2 이상의 토지소유자의 동의를 받아야 한다. 제31회 ( )

14 토지등소유자의 수가 100명을 초과하는 경우 조합에 두는 이사의 수는 5명 이상으로 한다. 제33회 ( )

15 조합장이 자기를 위하여 조합과 소송을 할 때에는 이사가 조합을 대표한다. 제30회 ( )

16 재건축사업을 하는 정비구역에서 공동주택 외 건축물을 건설하여 공급하는 경우에는 「국토의 계획 및 이용에 관한 법률」에 따른 준주거지역 및 상업지역 이외의 지역에서 공동주택 외 건축물을 건설할 수 있다. 제30회, 제35회 ( )

17 조합의 이사는 조합의 대의원을 겸할 수 있다. 제25회, 제33회 ( )

18 주민대표회의는 토지등소유자의 과반수의 동의를 받아 구성하며, 위원장과 부위원장 각 1명과 1명 이상 3명 이하의 감사를 둔다. 제31회, 제32회, 제36회 ( )

정답

01 X 20인 미만인 경우에 토지등소유자는 조합을 설립하지 아니하고 재개발사업을 시행할 수 있다. 02 O 03 X 그 고시일의 다음 날에 조합설립인가가 취소된 것으로 본다. 04 X 시 · 도지사 또는 시장 · 군수, 구청장이 우선하여 인수하여야 한다. 05 O 06 X 효력을 잃지 아니한다. 07 X 조합의 이사는 대의원회에서 해임될 수 없다. 08 X 조합원의 수가 100명 이상인 조합은 대의원회를 두어야 한다. 09 O 10 O 11 X 조합원의 100분의 20 이상이 직접 출석하여야 한다. 12 O 13 O 14 O 15 X 감사가 조합을 대표한다. 16 X 준주거지역 및 상업지역에서만 공동주택 외 건축물을 건설할 수 있다. 17 X 조합의 이사는 대의원을 겸할 수 없다. 18 O

10 도시 및 주거환경정비법 2

☆
사업시행계획 작성
(사업시행자)

→ ☆ 중지·폐지→인가
사업시행계획인가·고시
시장·군수등(14일 이상 공람)

90일 이내
→ **분양통지 및 공고**
(시행자 → 토지등소유자)

→ **분양신청**
(토지등소유자 → 시행자)

→ ☆☆☆
관리처분계획 수립
사업시행자(30일 이상 공람)

→ **관리처분계획인가·고시**
시장·군수등(30일 이내 통보)

→ ☆ **사업시행(철거)**
(사업시행자)

→ ☆ **준공인가**
(시행자 → 시장·군수등)

토지분할 + 통지
→ ☆ **소유권이전고시**
(사업시행자)

→ **이전등기**
(사업시행자)

---

1. 사업시행계획인가

시행자 → 시장·군수등(인가): 60일 이내에 인가 여부를 통보

2. 교육감 등과의 협의 ☆

정비구역으로부터 200m 이내에 교육시설이 설치되어 있는 때에 협의

3. 사업시행계획서의 동의 ☆

(1) 재개발사업을 토지등소유자가 시행하려는 경우: 토지등소유자 3/4 이상 및 토지면적 1/2 이상 동의
(2) 지정개발자: 토지등소유자 과반수 및 토지면적 1/2 이상의 동의

4. 내용(분양 X) ☆

(1) 정비기반시설 및 공동이용시설 설치계획
(2) 주민이주대책, 세입자의 주거대책 등

5. 정비사업비의 예치 ☆

재개발사업 + 시행자가 지정개발자 → 정비사업비의 20/100의 범위에서 예치하게 할 수 있다.

6. 경미한 변경(신고)

(1) 대지면적을 10%의 범위 안에서 변경하는 때
(2) 건축물이 아닌 부대시설·복리시설의 설치 규모를 확대하는 때(위치가 변경되는 경우는 제외)

---

1. 분양통지 및 공고 ☆

사업시행자는 사업시행계획인가·고시일로부터 90일 이내에 분양신청기간 등을 토지등소유자에게 통지하고 일간신문에 공고하여야 한다. 다만, 분양대상자별 종전토지 또는 건축물의 명세 및 분담금의 추산액은 공고(X)

2. 분양신청기간

통지한 날부터 30일 이상 60일 이내(20일의 범위에서 한 차례만 연장 가능)

3. 분양신청

대지 또는 건축물의 분양을 받고자 하는 토지등소유자: 시행자에게 분양신청을 하여야 한다.

4. 손실보상

사업시행자는 관리처분계획인가·고시된 다음 날부터 90일 이내에 다음에서 정한 자와 토지, 건축물 또는 그 밖의 권리의 손실보상에 관한 협의를 하여야 한다.
→ 협의가 성립되지 아니하면 60일 이내에 수용재결을 신청하거나 매도청구소송을 제기하여야 한다.
(1) 분양신청을 하지 아니한 자
(2) 종료 이전에 분양신청을 철회한 자
(3) 분양신청을 할 수 없는 자
(4) 분양대상에서 제외된 자

---

1. 관리처분계획의 작성 ☆☆

사업시행자는 분양신청기간이 종료한 때에는 분양신청의 현황을 기초로 관리처분계획을 수립(중지·폐지)하여 시장·군수등의 인가를 받아야 한다.

2. 시장·군수등의 인가

시장·군수등은 시행자의 관리처분계획인가 신청이 있은 날로부터 30일 이내에 인가 여부를 결정하여 시행자에게 통보하여야 한다. 다만, 타당성검증을 요청하는 경우에는 60일 이내에 통지하여야 한다.

3. 사용·수익의 정지 ☆☆

종전 토지 또는 건축물의 소유자·지상권자·전세권자·임차권자 등 권리자는 이전의 고시가 있는 날까지 종전 토지 또는 건축물을 사용하거나 수익할 수 없다. 다만, ① 사업시행자의 동의를 받은 경우와 ② 손실보상이 완료되지 아니한 경우에는 사용하거나 수익할 수 있다.

4. 건축물의 철거

(1) 원칙: 관리처분계획인가를 받은 후 기존의 건축물을 철거하여야 한다.
(2) 예외: 폐공가의 밀집으로 범죄 발생의 우려가 있는 경우에는 건축물 소유자의 동의 및 시장·군수등의 허가를 받아 해당 건축물을 철거할 수 있다.

---

1. 지상권 등의 권리이전

대지 또는 건축물을 분양받을 자에게 소유권을 이전한 경우 종전에 설정된 지상권, 전세권, 저당권, 임차권 등은 소유권을 이전받은 대지 또는 건축물에 설정된 것으로 본다.

2. 청산금 ☆

사업시행자는 소유권이전고시가 있은 후에 청산금을 분양받은 자로부터 징수하거나 분양받은 자에게 지급하여야 한다.
(1) 청산금의 산정기준: 규모·위치·용도·이용상황·정비사업비 등을 고려하여 평가하여야 한다.
(2) 분할징수 및 지급 가능
(3) 분할징수·지급시기: 관리처분계획인가~이전고시일까지 일정기간별로 분할징수하거나 분할지급할 수 있다.
(4) 청산금의 징수
① 시장·군수등인 시행자: 지방세 체납처분의 예에 따라 징수 가능
② 시장·군수등이 아닌 시행자: 시장·군수등에게 징수위탁(수수료 4/100 지급)
(5) 소멸시효: 이전고시일 다음 날부터 5년간 행사하지 아니하면 소멸한다.

3. 물상대위 ☆

저당권을 설정한 권리자는 시행자가 토지 또는 건축물의 소유자에게 청산금을 지급하기 전에 압류절차를 거쳐 저당권을 행사할 수 있다.

---

1. 소유권이전등기

사업시행자는 이전고시가 있은 때에는 지체 없이 촉탁 또는 신청
→ 이전고시가 있은 날부터 등기가 있을 때까지는 저당권 등의 다른 등기를 하지 못한다.

2. 조합해산

조합장은 소유권이전고시가 있은 날부터 1년 이내에 조합해산을 위한 총회를 소집하여야 한다.

빈칸완성 한번 더!

☆ **사업시행계획 작성** (사업시행자) → ☆ (　)·폐지→인가 **사업시행계획인가·고시** 시장·군수등(　　공람) → 90일 이내 **분양통지 및 공고** (시행자 → 토지등소유자) → (　　　) (토지등소유자 → 시행자) → ☆☆☆ **관리처분계획 수립** 사업시행자(　　공람)

→ **관리처분계획인가·고시** 시장·군수등(30일 이내 통보) → ☆ **사업시행(　)** (사업시행자) → ☆ (　　　) (시행자 → 시장·군수등) → 토지분할 + 통지 ☆ **소유권이전고시** (사업시행자) → (　　　) (사업시행자)

1. 사업시행계획인가

시행자 → 시장·군수등(인가): 60일 이내에 인가 여부를 통보

2. 교육감 등과의 협의 ☆

정비구역으로부터 (　)이내에 교육시설이 설치되어 있는 때에 협의

3. 사업시행계획서의 동의 ☆

(1) 재개발사업을 토지등소유자가 시행하려는 경우: 토지등소유자 3/4 이상 및 토지면적 1/2 이상 동의

(2) 지정개발자: 토지등소유자 과반수 및 토지면적 (　)이상의 동의

4. 내용(분양 X) ☆

(1) 정비기반시설 및 (　　　)설치계획

(2) 주민이주대책, 세입자의 주거대책 등

5. 정비사업비의 예치 ☆

재개발사업 + 시행자가 지정개발자 → 정비사업비의 (　)의 범위에서 예치하게 할 수 있다.

6. 경미한 변경(신고)

(1) 대지면적을 (　)의 범위 안에서 변경하는 때

(2) 건축물이 아닌 부대시설·복리시설의 설치 규모를 확대하는 때((　)가 변경되는 경우는 제외)

1. 분양통지 및 공고 ☆

사업시행자는 사업시행계획인가·고시일로부터 (　)이내에 분양신청기간 등을 토지등소유자에게 통지하고 일간신문에 공고하여야 한다. 다만, 분양대상자별 종전토지 또는 건축물의 명세 및 분담금의 추산액은 공고(×)

2. 분양신청기간

(　)날부터 30일 이상 60일 이내(20일의 범위에서 한 차례만 연장 가능)

3. 분양신청

대지 또는 건축물의 분양을 받고자 하는 토지등소유자: 시행자에게 분양신청을 하여야 한다.

4. 손실보상

사업시행자는 관리처분계획인가·고시된 다음 날부터 (　)이내에 다음에서 정한 자와 토지, 건축물 또는 그 밖의 권리의 손실보상에 관한 협의를 하여야 한다.
→ 협의가 성립되지 아니하면 60일 이내에 수용재결을 신청하거나 매도청구소송을 제기하여야 한다.

(1) 분양신청을 하지 아니한 자

(2) 종료 이전에 분양신청을 철회한 자

(3) 분양신청을 할 수 없는 자

(4) 분양대상에서 제외된 자

1. 관리처분계획의 작성 ☆☆

사업시행자는 분양신청기간이 종료한 때에는 분양신청의 현황을 기초로 관리처분계획을 수립((　)·폐지)하여 시장·군수등의 인가를 받아야 한다.

2. 시장·군수등의 인가

시장·군수등은 시행자의 관리처분계획인가 신청이 있은 날로부터 (　)이내에 인가 여부를 결정하여 시행자에게 통보하여야 한다. 다만, 타당성검증을 요청하는 경우에는 60일 이내에 통지하여야 한다.

3. 사용·수익의 정지 ☆☆

종전 토지 또는 건축물의 소유자·지상권자·전세권자·임차권자 등 권리자는 이전의 고시가 있는 날까지 종전 토지 또는 건축물을 사용하거나 수익할 수 (　). 다만, ① 사업시행자의 동의를 받은 경우와 ② 손실보상이 완료되지 아니한 경우에는 사용하거나 수익할 수 (　).

4. 건축물의 철거

(1) 원칙: 관리처분계획인가를 받은 후 기존의 건축물을 철거하여야 한다.

(2) 예외: 폐공가의 밀집으로 범죄 발생의 우려가 있는 경우에는 건축물 소유자의 동의 및 시장·군수등의 허가를 받아 해당 건축물을 철거할 수 있다.

1. 지상권 등의 권리이전

대지 또는 건축물을 분양받을 자에게 소유권을 이전한 경우 종전에 설정된 지상권, 전세권, 저당권, 임차권 등은 소유권을 이전받은 대지 또는 건축물에 (　　　).

2. 청산금 ☆

사업시행자는 소유권이전고시가 있은 후에 청산금을 분양받은 자로부터 징수하거나 분양받은 자에게 지급하여야 한다.

(1) 청산금의 산정기준: 규모·위치·용도·이용상황·정비사업비 등을 고려하여 평가하여야 한다.

(2) 분할징수 및 지급 (　)

(3) 분할징수·지급시기: (　　　)~이전고시일까지 일정기간별로 분할징수하거나 분할지급할 수 있다.

(4) 청산금의 징수

① 시장·군수등인 시행자: 지방세 체납처분의 예에 따라 징수 가능

② 시장·군수등이 아닌 시행자: 시장·군수등에게 (　　)(수수료 4/100 지급)

(5) 소멸시효: 이전고시일 (　　　)5년간 행사하지 아니하면 소멸한다.

3. 물상대위 ☆

저당권을 설정한 권리자는 시행자가 토지 또는 건축물의 소유자에게 (　)을 지급하기 전에 압류절차를 거쳐 저당권을 행사할 수 (　).

1. 소유권이전등기

사업시행자는 이전고시가 있은 때에는 지체 없이 촉탁 또는 신청 → 이전고시가 있은 날부터 등기가 있을 때까지는 저당권 등의 다른 등기를 하지 못한다.

2. 조합해산

조합장은 소유권이전고시가 있은 날부터 1년 이내에 조합해산을 위한 총회를 소집하여야 한다.

핵심 POINT

목표정답수 총 6문제 중 3~4문제 이상

POINT 01 사업시행계획 ☆

사업시행계획의 내용
① 정비기반시설 및 공동이용시설 설치계획
② 주민이주대책
③ 세입자의 주거 및 이주대책
④ 범죄예방대책
⑤ 폐기물 처리계획
⑥ 임대주택의 건설계획(재건축사업은 제외)
⑦ 국민주택규모주택의 건설계획(주거환경개선사업은 제외)

공람기간 기본계획(공람 14일 이상) → 정비계획(공람 30일 이상) → 정비구역 → 사업시행계획(공람 14일 이상) → 관리처분계획(공람 30일 이상)

중지, 폐지 사업시행계획, 관리처분계획의 중지 · 폐지 → 인가를 받아야 한다.

통보기간 시장 · 군수등은 60일 이내에 인가 여부를 사업시행자에게 통보하여야 한다.

지정개발자가 시행자 토지등소유자 과반수 동의 + 토지면적 2분의 1 이상의 동의

교육감과 협의 정비구역으로부터 200m 이내에 교육시설이 설치되어 있는 때

정비사업비의 예치 재개발사업 + 지정개발자(토지등소유자가 시행하는 경우로 한정) + 100분의 20 이내

경미한 사항의 변경 → 신고 O
① 대지면적을 10% 범위 안에서 변경
② 위치가 변경되지 않는 범위에서 부대 · 복리시설의 설치규모 확대
③ 내장재료 또는 외장재료를 변경하는 때
④ 시행자의 명칭 또는 사무소 소재지를 변경하는 때
⑤ 정비구역 또는 정비계획의 변경에 따라 사업시행계획서를 변경하는 때
⑥ 조합설립변경 인가에 따라 사업시행계획서를 변경하는 때

임시거주시설 설치의무 주거환경개선사업, 재개발사업

주거환경개선사업 국민주택채권의 매입에 관한 규정을 적용하지 아니한다.

POINT 02 관리처분계획(1) ☆☆☆

환지부지정 너무 좁은 토지 또는 건축물을 취득한 자나 정비구역 지정 후 분할된 토지 또는 집합건물의 구분소유권을 취득한 자 → 현금으로 청산할 수 있다.

위해 방지 건축물의 일부와 건축물이 있는 대지의 공유지분을 교부할 수 있다. → 입체환지

분양설계 분양신청기간 만료일을 기준으로 수립한다.

주택의 공급
① 1주택 공급: 공유
② 2주택: 종전 가격의 범위 또는 종전 주택의 주거전용면적의 범위
③ 3주택 이하: 과밀억제권역 + 재건축사업 → 투기과열지구 or 조정대상지역 제외
④ 소유한 주택 수만큼 공급
ㄱ 과밀억제권역에 위치하지 아니한 지역 + 재건축사업
ㄴ 근로자 숙소, 기숙사 용도
ㄷ 국가, 지자체 및 토지주택공사 등

사용 · 수익의 정지 관리처분계획인가 고시가 있은 때에는 + 종전의 토지 또는 건축물을 사용하거나 수익할 수 없다. 다만, ① 사업시행자의 동의를 받은 경우, ② 손실보상이 완료되지 아니한 경우는 사용 또는 수익할 수 있다.

건축물의 철거 폐공가 밀집으로 범죄 발생의 우려가 있는 경우에는 기존 건축물 소유자의 동의 및 시장 · 군수등의 허가를 받아 해당 건축물을 철거할 수 있다.

임대주택 인수의무 국토교통부장관, 시 · 도지사, 시장 · 군수 · 구청장 또는 토지주택공사 등은 조합이 요청하는 경우 재개발사업의 시행으로 건설된 임대주택을 인수하여야 한다. → 이 경우 시 · 도지사, 시장 · 군수 · 구청장이 우선하여 인수하여야 한다.

토지임대부 분양주택 면적이 90m² 미만의 토지를 소유한 자 또는 40m² 미만의 주거를 위하여 사용하는 건축물을 소유한 자의 요청이 있는 경우에는 임대주택의 일부를 토지임대부 분양주택으로 전환하여 공급하여야 한다.

지분형 주택
① 지분형 주택의 규모는 주거전용면적 60m² 이하인 주택으로 한정한다.
② 지분형 주택의 공동소유기간은 소유권을 취득한 날부터 10년의 범위에서 시행자가 정한다.

관리처분기준 주거환경개선사업 및 재개발사업의 경우 지상권자에 대한 분양을 제외한다.

토지등소유자 산정방법
① 1필지의 토지나 건축물을 공유하는 때 → 1명으로 산정한다.
② 토지에 지상권이 설정되어 있는 경우 → 1명으로 산정한다.
③ 1인이 다수 필지의 토지나 건축물을 소유하고 있는 경우 → 1명으로 산정한다.

POINT 03 관리처분계획(2), 청산금 ☆☆☆

경미한 변경 시장 · 군수등에게 신고

① 계산착오 · 오기 · 누락 등 단순정정으로서 불이익을 받는 자가 없는 경우
② 사업시행자의 변동에 따른 권리 · 의무의 변동이 있는 경우로서 분양설계의 변경을 수반하지 아니하는 경우
③ 주택분양에 관한 권리를 포기하는 토지등소유자에게 임대주택의 공급에 따라 관리처분계획을 변경하는 경우
④ 매도청구의 판결에 따라 관리처분계획을 변경하는 경우
⑤ 정관 및 사업시행계획인가의 변경에 따라 관리처분계획을 변경하는 경우

시장 · 군수등이 아닌 시행자 시장 · 군수등에게 준공인가를 받아야 한다. 다만, 토지주택공사는 준공인가 처리결과를 통보한 때에는 준공인가를 받지 않아도 된다. → 지방공사는 준공인가를 받아야 한다.

준공인가에 따른 정비구역 해제

① 정비구역 지정은 준공인가의 고시가 있은 날(관리처분계획을 수립하는 경우에는 이전고시가 있은 때)의 다음 날에 해제된 것으로 본다.)
② 정비구역의 해제는 조합의 존속에 영향을 주지 아니한다.

소유권이전고시절차

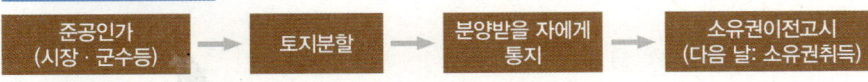

준공인가 (시장 · 군수등) → 토지분할 → 분양받을 자에게 통지 → 소유권이전고시 (다음 날: 소유권취득)

이전등기

① 사업시행자는 소유권이전고시가 있은 때에는 지체 없이 대지 및 건축물에 관한 등기를 지방법원지원 또는 등기소에 촉탁 또는 신청하여야 한다.
② 정비사업에 관하여 소유권이전고시가 있은 날부터 소유권이전등기가 있을 때까지는 저당권 등의 다른 등기를 하지 못한다.

청산금의 분할징수 관리처분계획인가 ~ 소유권이전고시일까지 분할징수 및 분할지급할 수 있다.

시장 · 군수등이 아닌 시행자 시장 · 군수등에게 징수위탁(수수료 4/100)

청산금의 소멸시효 소유권이전고시일 다음 날부터 5년(도정법)

비교정리 · 청산금의 소멸시효: 5년(도개법)

청산금의 물상대위 저당권을 설정한 권리자는 청산금이 지급되기 전에 압류절차를 거쳐 저당권을 행사할 수 있다.

POINT 04 재개발사업 · 재건축사업의 공공시행자 ☆☆

시장·군수등 → 토지주택공사등

시행사유

① 정비사업시행 예정일부터 2년 이내에 사업시행계획인가를 신청하지 아니한 때(재건축사업은 제외)
② 추진위원회가 승인을 받은 날부터 3년 이내에 조합설립인가를 신청하지 아니하거나 조합이 조합설립인가일부터 3년 이내에 사업시행계획인가를 신청하지 아니한 때
③ 국공유지면적 2분의 1 이상 + 토지등소유자 과반수가 동의한 때
④ 토지면적 2분의 1 이상 + 토지등소유자 3분의 2 이상이 요청하는 때

지정효과 시장 · 군수등이 직접 시행하거나 토지주택공사등을 시행자로 지정 · 고시한 때에는 고시일 다음 날 조합설립인가가 취소된 것으로 본다.

POINT 05 조합의 해산

- 조합장은 소유권이전고시가 있은 날부터 1년 이내에 조합해산을 위한 총회를 소집하여야 한다.
- 조합장이 1년 이내에 총회를 소집하지 아니한 경우, 조합원 5분의 1 이상의 요구로 소집된 총회에서 조합원 과반수의 출석과 출석조합원 과반수의 동의를 받아 해산을 의결할 수 있다.
- 시장 · 군수등은 조합이 정당한 사유 없이 해산을 의결하지 아니하는 경우에는 조합설립인가를 취소할 수 있다.

POINT 06 비용의 부담 ☆

기초조사비, 정비기반시설 및 임시거주시설의 사업비, 세입자 보상비, 주민이주비의 80% 이내

원칙 정비사업비는 특별한 규정이 있는 경우를 제외하고는 사업시행자가 부담한다.

보조 및 융자

① 국가 또는 지방자치단체는 시장 · 군수등이 아닌 시행자가 시행하는 정비사업에 드는 비용의 일부를 보조(기초조사비, 정비기반시설 및 임시거주시설의 사업비, 조합운영경비의 50% 이내) 또는 융자하거나 융자를 알선할 수 있다.
② 국가 또는 지방자치단체는 토지임대부 분양주택을 공급받는 자에게는 해당 공급비용의 전부 또는 일부를 보조하거나 융자할 수 있다.

국 · 공유재산의 처분

① 정비구역의 국유 · 공유재산은 정비사업 외의 목적으로 매각되거나 양도될 수 없다.
② 정비구역의 국유 · 공유재산은 시행자 또는 점유자 및 사용자에게 다른 사람에 우선하여 수의계약으로 매각할 수 있다. 이 경우 국유 · 공유자는 사업시행계획인가의 고시가 있은 날을 기준으로 평가한다.

기출 OX 문제

사업시행계획 및 관리처분계획

01 사업시행자가 사업시행계획인가를 받은 후 대지면적을 10%의 범위 안에서 변경하는 경우 시장 · 군수등에게 신고하여야 한다. 제25회 ( )

02 사업시행계획서에는 정비기반시설 및 공동이용시설의 설치계획이 포함되어야 한다. 제31회 ( )

03 시장 · 군수는 정비구역에서 면적이 90m² 미만의 토지를 소유한 자로서 건축물을 소유하지 아니한 자의 요청이 있는 경우에는 인수한 임대주택의 일부를 「주택법」에 따른 토지임대부분양주택으로 전환하여 공급하여야 한다. 제32회, 제34회 ( )

04 재개발사업의 관리처분은 정비구역 안의 지상권자에 대한 분양을 포함하여야 한다. 제27회 ( )

05 주거환경개선사업의 사업시행자는 관리처분계획에 따라 공동이용시설을 새로 설치하여야 한다. 제27회 ( )

06 관리처분계획 인가 · 고시가 있은 때에는 종전의 토지의 임차권자는 사업시행자의 동의를 받더라도 소유권의 이전고시가 있은 날까지 종전의 토지를 사용할 수 없다. 제27회 ( )

07 정비사업의 시행으로 조성된 대지 및 건축물은 관리처분계획에 따라 처분 또는 관리하여야 한다. 제31회 ( )

08 사업시행자는 정비사업의 시행으로 건설된 건축물을 관리처분계획에 따라 토지등소유자에게 공급하여야 한다. 제31회 ( )

09 조합이 재개발임대주택의 인수를 요청하는 경우 국토교통부장관이 우선하여 인수하여야 한다. 제31회 ( )

10 관리처분계획에 따라 소유권을 이전하는 경우 건축물을 분양받을 자는 이전고시가 있은날의 다음 날에 그 건축물의 소유권을 취득한다. 제29회 ( )

11 사업시행자인 지방공사가 정비사업 공사를 완료한 때에는 시장 · 군수등의 준공인가를 받아야 한다. 제29회 ( )

12 정비사업의 효율적인 추진을 위하여 필요한 경우에는 해당 정비사업에 관한 공사가 전부완료되기 전이라도 완공된 부분은 준공인가를 받아 대지 또는 건축물별로 분양받을 자에게 소유권을 이전할 수 있다. 제31회 ( )

13 준공인가에 따라 정비구역의 지정이 해제되면 조합도 해산된 것으로 본다. 제31회 ( )

14 정비사업에 관하여 소유권의 이전고시가 있은 날부터는 대지 및 건축물에 관한 등기가 없더라도 저당권 등의 다른 등기를 할 수 있다. 제31회 ( )

15 청산금을 지급받을 권리는 소유권이전고시일 다음 날부터 3년간 이를 행사하지 아니하면 소멸한다. 제21회, 제32회 ( )

정답

01 O　02 O　03 O　04 X 지상권자에 대한 분양은 제외한다.　05 X 사업시행자는 사업시행계획서에 따라 공동이용시설을 설치하여야 한다.　06 X 종전의 토지를 사용할 수 있다.　07 O　08 O　09 X 시 · 도지사 또는 시장, 군수, 구청장이 우선하여 인수하여야 한다.　10 O　11 O　12 O　13 X 정비구역의 해제는 조합의 존속에 영향을 주지 않는다. 14 X 저당권 등의 다른 등기를 할 수 없다.　15 X 5년간 이를 행사하지 아니하면 소멸한다.

도시 및 주거환경정비법

01 정비기본방침

수립권자	국토교통부장관이 10년 단위로 수립 + 5년마다 타당성검토

02 정비기본계획

수립권자 등	특별시장 · 광역시장 · 특별자치시장 · 특별자치도지사 · 시장이 **10**년 단위로 수립 + **5**년마다 타당성검토, **14**일 이상 공람
경미한 변경	① 정비기반시설의 규모를 확대하거나 10% 미만 범위에서 축소하는 경우 ② 정비예정구역의 면적을 20% 미만 범위에서 변경하는 경우 ③ 건폐율 및 용적률을 각 20% 미만의 범위에서 변경하는 경우

03 정비계획

절 차	주민설명회 → 공람(30일 이상) → 지방의회 의견(60일 내) → 정비구역 지정(신청)

04 정비구역의 지정

기득권 보호	지정 당시 공사나 사업에 착수한 자는 정비구역 지정 · 고시 후 30일 이내에 신고하고 공사나 사업을 계속 시행할 수 있다.
소급제한	국토교통부장관, 시 · 도지사, 시장 · 군수 또는 구청장은 정비기본계획을 공람 중인 정비예정구역 또는 정비계획의 수립 중인 지역에 대하여 3년(1회에 한하여 1년 연장 가능) 이내의 기간을 정하여 건축물의 건축과 토지분할을 제한할 수 있다.

05 정비구역의 해제

해제의무	① 정비구역 지정 예정일부터 3년이 되는 날까지 특별자치시장, 특별자치도지사, 시장 또는 군수가 정비구역을 지정하지 아니하거나 구청장등이 정비구역의 지정을 신청하지 아니한 경우 ② 재개발사업 · 재건축사업의 경우(조합이 시행하는 경우) ㉠ 정비구역지정 · 고시 → 2년이 되는 날까지 추진위원회의 승인을 신청하지 아니한 경우 ㉡ 추진위원회가 추진위원회 승인일부터 2년이 되는 날까지 조합설립인가를 신청하지 아니한 경우 ㉢ 조합이 조합설립인가를 받은 날부터 3년이 되는 날까지 사업시행계획인가를 신청하지 아니한 경우 ㉣ 토지등소유자가 정비구역으로 지정 · 고시된 날로부터 3년이 되는 날까지 조합설립인가를 신청하지 아니한 경우(추진위원회를 구성하지 아니하는 경우로 한정한다) ③ 토지등소유자가 시행하는 재개발사업: 정비구역으로 지정 · 고시 후 5년이 되는 날까지 사업시행계획인가를 신청하지 아니한 경우

06 시행자

주거환경개선사업	① 현지개량방법: 시장 · 군수등이 직접 시행하되, 토지등소유자의 과반수 동의를 받아 토지주택공사등을 시행자로 지정하여 사업을 시행하게 할 수 있다. ② 수용방법: 토지 또는 건축물 소유자 또는 지상권자의 2/3 이상의 동의와 세입자 세대수의 과반수의 동의를 받아 시장 · 군수등이 직접 시행하거나 토지주택공사등을 지정하여 시행할 수 있다. 다만, 세입자 세대수가 토지등소유자의 **1/2** 이하인 경우에는 세입자의 동의절차를 거치지 아니할 수 있다.

07 시공자 선정

조 합	조합설립인가 후 조합 총회에서 경쟁입찰 또는 수의계약(2회 이상 경쟁입찰이 유찰된 경우에 한함)의 방법으로 건설업자 또는 등록사업자를 시공자로 선정하여야 한다. 다만, 조합원이 **100**명 이하인 정비사업은 조합 총회에서 정관으로 정하는 바에 따라 선정할 수 있다.

08 정비사업조합

추진위원회	① 위원장을 포함한 **5**명 이상의 위원으로 구성 + ② 토지등소유자 과반수의 동의 + ③ 시장 · 군수등의 승인
조합설립 동의	① 재개발사업: 토지등소유자 **3/4** 이상 + 토지면적 **1/2** 이상의 동의 ② 재건축사업 ㉠ 주택단지에서 시행하는 경우 → 동별 구분소유자 과반수 동의와 전체 구분소유자 **70%** + 토지면적 **70%** 이상의 동의 ㉡ 주택단지가 아닌 지역 → 토지 또는 건축물 소유자의 **3/4** 이상 + 토지면적 **2/3** 이상의 동의
설립등기	조합은 조합설립인가를 받은 날부터 30일 이내에 주된 사무소의 소재지에서 등기하는 때에 성립한다.
임원의 해임 등	① 조합임원은 조합원 **1/10** 이상의 요구로 소집된 총회에서 조합원 과반수의 출석과 출석 조합원 과반수의 동의를 받아 해임할 수 있다. ② 총회를 소집하려는 자는 총회 개최 7일 전까지 회의 목적 · 안건 · 일시 및 장소 등을 조합원에게 통지하여야 한다.
대의원회	① 조합원의 수가 **100**명 이상인 조합은 대의원회를 두어야 한다. ② 대의원의 3분의 1 이상의 회의의 목적사항을 제시하여 청구하는 때 조합장은 14일 이내에 대의원회를 소집하여야 한다. ③ 대의원회의 소집은 집회 7일 전까지 회의의 목적 · 안건 · 일시 및 장소를 기재한 서면을 대의원에게 통지하는 방법에 의한다.
정관의 변경	① 조합원의 자격, ② 조합원의 제명 · 탈퇴 및 교체, ③ 조합의 비용부담 및 회계, ④ 시공자 및 설계자의 선정, ⑤ 정비구역의 위치 및 면적, ⑥ 정비사업비의 부담시기 및 절차 → 조합원 **2/3** 이상의 찬성
출석요건	① 시공자 선정을 의결하는 경우 → 조합원 과반수가 직접 출석하여야 하고, ② 창립총회, 시공자 선정 취소를 위한 총회, 사업시행계획서의 작성 및 변경, 관리처분계획의 수립 및 변경, 정비사업비의 사용 및 변경을 의결하는 경우 → 조합원 100분의 20 이상이 직접 출석하여야 한다.
조합해산	① 조합장은 소유권이전고시가 있은 날부터 1년 이내에 조합해산을 위한 총회를 소집하여야 한다. ② 조합장이 1년 이내에 총회를 소집하지 아니한 경우 조합원 5분의 1 이상의 요구로 소집된 총회에서 조합원 과반수의 출석과 출석 조합원 과반수의 동의를 받아 해산을 의결할 수 있다.

조합임원 및 조합관리인	① 조합임원의 임기는 3년 이하의 범위에서 정관으로 정하되, 연임할 수 있다. ② 시장 · 군수등은 조합원 1/3 이상이 요청하면 공개모집을 통하여 전문조합관리인을 선정할 수 있다. ③ 전문조합관리인의 임기는 3년으로 한다.

09 재건축진단

요 청	건축물 및 부속토지의 소유자 **1/10** 이상의 동의를 받아 재건축진단의 실시를 요청하는 경우(**30**일 이내 실시 여부를 결정 · 통보)

10 사업시행계획

인가절차	① 시장 · 군수등은 특별한 사유가 없으면 **60**일 이내에 인가 여부를 결정하여 사업시행자에게 통보하여야 한다. ② 토지등소유자가 재개발사업을 시행하려는 경우에는 사업시행계획인가를 신청하기 전에 사업시행계획서에 대하여 토지등소유자의 3/4 이상 및 토지 면적 1/2 이상의 토지소유자의 동의를 받아야 한다. ③ 지정개발자가 정비사업을 시행하려는 경우에는 사업시행계획인가를 신청하기 전에 토지등소유자 과반수 동의 및 토지면적 **1/2** 이상의 동의를 받아야 한다. ④ 시장 · 군수등은 재개발사업의 사업시행계획인가를 하는 경우 해당 정비사업의 시행자가 지정개발자(지정개발자가 토지등소유자인 경우로 한정)인때에는 정비사업비의 **20/100**의 범위에서 시 · 도 조례로 정하는 금액을 예치하게 할 수 있다. ⑤ 정비구역으로부터 **200**m 이내에 교육시설이 설치되어 있는 경우에는 교육감 또는 교육장과 협의하여야 한다. ⑥ 시장 · 군수등은 사업시행계획서를 작성하거나 인가하려는 경우에는 **14**일 이상 일반인이 공람하게 하여야 한다. ⑦ 대지면적의 10% 범위 안에서 변경 → 신고하여야 한다.

11 분양신청

분양통지 및 공고	사업시행계획인가의 고시가 있은 날부터 90일(1회에 한하여 30일의 범위에서 연장O) 이내에 토지등소유자에게 통지하고 일간신문에 공고하여야 한다.
분양신청기간	통지한 날부터 30일 이상 60일 이내로 하여야 한다(20일의 범위에서 한 차례만 연장 가능).
손실보상 협의	① 관리처분계획의 인가 · 고시일의 다음 날부터 90일 이내에 토지 · 건축물 또는 그 밖의 권리의 손실보상에 관한 협의를 하여야 한다. ② 협의가 성립되지 아니하면 그 기간의 만료일 다음 날부터 60일 이내에 수용재결을 신청하거나 매도청구 소송을 제기하여야 한다.

12 관리처분계획

절 차	사업시행자가 수립 → 시장 · 군수등의 인가(30일 이내에 결정 · 통지), 다만, 타당성 검증을 요청하는 경우에는 60일 이내 결정 · 통지하여야 한다. (조합원 1/5 이상이 15일 이내에 요청한 경우)
공급기준	① 소유한 주택 수만큼 공급 가능한 경우 ㉠ 과밀억제권역에 위치하지 아니한 지역 + 재건축사업(투기과열지구 또는 조정대상지역은 제외) ㉡ 근로자 숙소, 기숙사 용도의 주택을 소유하고 있는 토지등소유자, ㉢ 국가, 지방자치단체 및 토지주택공사등 ② 과밀억제권역 + 재건축사업(투기과열지구 또는 조정대상지역은 제외) = 소유한 주택 수의 범위에서 **3**주택까지 공급 가능 ③ 종전 토지 · 건축물의 사업시행계획인가 고시일 기준으로 한 가격 또는 종전 주택의 주거전용면적의 범위에서 2주택 공급 가능 → 이 중 1주택은 60m^2 이하로 하며, 소유권이전고시일 다음 날부터 3년간 전매(상속은 제외)가 제한된다. ④ 경미한 변경(신고) ㉠ 계산착오 · 오기 · 누락 등에 따른 조서의 단순정정으로서 불이익을 받는 자가 없는 경우 ㉡ 사업시행자의 변동에 따른 권리 · 의무의 변동이 있는 경우로서 분양설계의 변경을 수반하지 아니하는 경우 ㉢ 정관 및 사업시행계획인가의 변경에 따라 관리처분계획을 변경하는 경우 ㉣ 매도청구의 판결에 따라 관리처분계획을 변경하는 경우 ㉤ 주택분양에 관한 권리를 포기하는 토지등소유자에게 임대주택의 공급에 따라 관리처분계획을 변경하는 때 ⑤ 관리처분계획에 따른 처분 ㉠ 지분형 주택의 규모는 주거전용면적 **60**m^2 이하인 주택으로 한정한다. ㉡ 지분형 주택의 공동소유기간은 소유권을 취득한 날부터 **10**년의 범위에서 사업시행자가 정하는 기간으로 한다. ㉢ 국토교통부장관, 시 · 도지사, 시장, 군수, 구청장 또는 토지주택공사등은 면적이 **90**m^2 미만인 토지를 소유한 자로서 건축물을 소유하지 아니한 자 또는 바닥면적이 **40**m^2 미만의 사실상 주거를 위하여 사용하는 건축물을 소유한 자로서 토지를 소유하지 아니한 자의 요청이 있는 경우에는 인수한 임대주택의 일부를 토지임대부 분양주택으로 전환하여 공급하여야 한다.

13 청산금

징수 및 소멸시효	① 징수 위탁: 시장 · 군수등이 아닌 시행자는 시장 · 군수등에게 청산금의 징수를 위탁할 수 있다. 이 경우 사업시행자는 징수한 금액의 **4/100**에 해당하는 금액을 시장 · 군수등에게 교부하여야 한다. ② 소멸시효: 소유권이전고시일 다음 날부터 **5**년간 행사하지 아니하면 소멸한다.

14 재개발사업 · 재건축사업의 공공시행자

① 정비사업시행 예정일부터 2년 이내에 사업시행계획인가를 신청하지 아니하는 때(재건축사업은 제외)
② 추진위원회가 구성승인을 받은 날부터 3년 이내에 조합설립인가를 신청하지 아니하는 때
③ 조합이 조합설립인가를 받은 날부터 3년 이내에 사업시행계획인가를 신청하지 아니하는 때
④ 해당 정비구역의 국 · 공유지 면적이 전체 토지 면적의 1/2 이상으로서 토지등소유자 과반수가 동의한 때
⑤ 토지 면적 1/2 이상의 토지소유자와 토지등소유자 2/3 이상이 요청하는 때

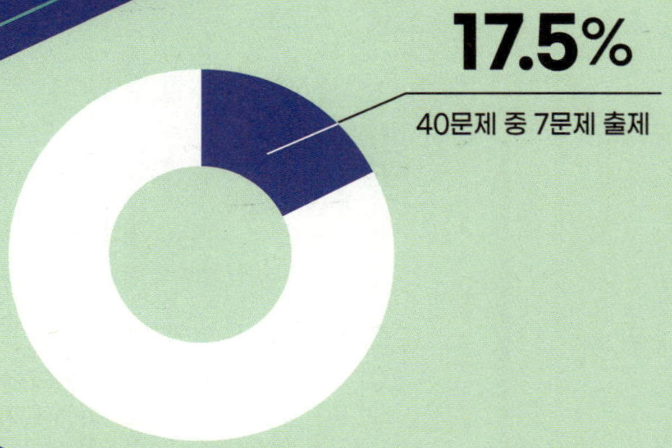

PART

04

건축법

11 건축법 1

건축주

1. 사전결정신청(할 수 있다)

(1) 허가대상 건축물
(2) 동시신청 가능, 협의(기후에너지환경부장관)
(3) 결정의 통지(공고 X): 결정일부터 7일 이내 결정서 송부

2. 사전결정통지의 효과 ☆☆

(1) 개발행위 · 산지 · 농지 · 하천(의제)
(2) 통지받은 날로부터 2년 이내에 허가를 신청하지 않으면 효력상실

3. 건축허가 및 착공제한 ☆☆☆

(1) 국장: 국토관리, 주무부장관이 요청
(2) 특별시장 · 광역시장 · 도지사: 지역계획, 도시 · 군계획
(3) 제한기간: 2년 이내(연장: 1회 한하여 1년 이내)

4. 허가 취소(의무): 2년 이내 착수(X)

건축허가 — 건축신고 — 협의

5. 허가권자 ☆☆

(1) 원칙: 특별자치시장 · 특별자치도지사 · 시장 · 군수 · 구청장
(2) 예외: 특별시장 · 광역시장[21층 이상 또는 연면적 합계가 10만m² 이상인 건축물(공장, 창고는 제외)]

6. 도지사의 사전승인(시장 · 군수) ☆

① 21층 이상 ② 연면적 합계 10만m² 이상		연면적 30% 이상 증축을 포함(공장, 창고는 제외)
③ 도지사가 지정 · 공고한 구역		
자연환경 · 수질보호	3층 이상 또는 연면적 합계 1천m² 이상	위락시설, 숙박시설, 공동주택, 일반음식점, 일반업무시설
주거환경 · 교육환경보호	규모 제한(X)	위락시설, 숙박시설

7. 국가나 지방자치단체 → 협의를 하면 허가나 신고(의제)

설계 → 착공신고 → 착수 → 안전관리예치금 → 사용승인

안전관리예치금
- 예치대상: 1천m² 이상
- 예치금액: 공사비의 1% 이내

사용승인: 건축주 → 허가권자

건축사 설계대상(허가 · 신고 · 리모델링)

1. 바닥면적 합계가 85m² 미만의 증축 · 개축 · 재축은 제외
2. 연면적 200m² 미만 + 층수 3층 미만인 건축물의 대수선은 제외

신고대상(착수기간: 1년, 연장: 1년) ☆☆

1. 바닥면적의 합계가 85m² 이내의 증축 · 개축 · 재축. 다만, 3층 이상 건축물인 경우에는 건축물 연면적의 1/10 이내인 경우로 한정한다.
2. 대수선 중 내력벽, 기둥, 보, 지붕틀, 방화벽(구획), 주계단, 피난계단 및 특별피난계단을 수선하는 행위
3. 대수선(연면적 200m² 미만이고 3층 미만인 건축물)
4. 연면적 합계 100m² 이하인 건축물의 건축, 높이 3m 이하의 증축, 2층 이하 + 연면적 합계가 500m² 이하인 공장

1. 용어정의 ☆☆☆

(1) 주요구조부: 내력벽, 기둥, 바닥, 보, 지붕틀, 주계단 (사이기둥, 작은 보, 최하층 바닥, 차양, 옥외계단 X)
(2) 지하층: 건축물의 바닥이 지표면 아래에 있는 층으로서 바닥에서 지표면까지의 평균 높이가 해당 층 높이의 1/2 이상인 것을 말한다.
(3) 고층건축물: 30층 이상 또는 높이가 120m 이상인 건축물
(4) 초고층건축물: 50층 이상 또는 높이가 200m 이상인 건축물
(5) 도로: 보행과 자동차 통행이 가능한 너비 4m 이상인 도로 및 예정도로
(6) 다중이용건축물: 바닥면적의 합계가 5천m² 이상인 문, 종, 판, 여, 종, 관 또는 16층 이상인 건축물
(7) 준다중이용건축물: 바닥면적의 합계가 1천m² 이상인 문화 및 집회시설(동물원 및 식물원은 제외), 종교시설, 판매시설, 여객용 시설, 종합병원, 관광숙박시설 등

2. 건축물의 건축과 대수선 ☆☆☆

(1) 건축물의 건축
① 신축: 건축물이 없는 대지에 새로 건축물을 축조하는 것
② 증축: 건축물이 있는 대지에서 건축면적, 연면적, 층수, 높이를 늘리는 것
③ 개축: 해체 + 종전과 같은 규모의 범위에서 다시 축조하는 것
④ 재축: 멸실 + 연면적 합계, 층수, 동수 및 높이를 종전 규모 이하로 다시 축조하는 것
⑤ 이전: 주요구조부를 해체하지 아니하고 같은 대지의 다른 위치로 옮기는 것
(2) 건축물의 대수선
① 내력벽을 증설, 해체하거나 벽면적 30m² 이상 수선, 변경
② 기둥, 보, 지붕틀을 증설, 해체하거나 3개 이상 수선, 변경
③ 방화벽 또는 방화구획을 위한 바닥이나 벽을 증설, 해체, 수선, 변경
④ 주계단, 피난계단, 특별피난계단을 증설, 해체, 수선, 변경
⑤ 다가구주택 또는 다세대주택의 가구 간 또는 세대 간 경계벽을 증설, 해체, 수선, 변경
⑥ 외벽에 사용하는 마감재료를 증설, 해체하거나 벽면적 30m² 이상 수선, 변경

3. 건축물의 안전영향평가

(1) 안전영향평가 대상(건축허가 전에 실시)
① 초고층건축물
② 10만m² 이상 + 16층 이상인 건축물
(2) 확정: 안전영향평가의 결과는 건축위원회의 심의를 거쳐 확정한다.
(3) 제출기간: 안전영향평가기관은 30일 이내에 안전영향평가 결과를 허가권자에게 제출(20일 이내의 범위에서 연장o)
(4) 평가의제: 다른 법률에 따라 구조안전과 인접대지의 안전에 미치는 영향 등을 평가받은 경우에는 안전영향평가의 해당 항목을 평가 받은 것으로 본다.

빈칸완성 한번 더!

건축주

1. 사전결정신청(   )

(1) 허가대상 건축물
(2) 동시신청 가능, 협의(기후에너지환경부장관)
(3) 결정의 통지(공고 X): 결정일부터 7일 이내 결정서 송부

2. 사전결정통지의 효과 ☆☆

(1) 개발행위 · 산지 · 농지 · 하천(의제)
(2) 통지받은 날로부터 (   ) 이내에 허가를 신청하지 않으면 효력상실

3. 건축허가 및 착공제한 ☆☆☆

(1) (   ): 국토관리, 주무부장관이 요청
(2) 특별시장 · 광역시장 · 도지사: 지역계획, 도시 · 군계획
(3) 제한기간: (   ) 이내(연장: 1회 한하여 (   ) (   ))

4. 허가 취소(의무): 2년 이내 착수(X)

건축허가 — 건축신고 — 협의

5. 허가권자 ☆☆

(1) 원칙: 특별자치시장 · 특별자치도지사 · 시장 · 군수 · 구청장
(2) 예외: 특별시장 · 광역시장[21층 이상 또는 연면적 합계가 10만m² 이상인 건축물 (는 제외)]

6. 도지사의 사전승인(시장 · 군수) ☆

① ( ) ② 연면적 합계 10만m² 이상		연면적 30% 이상 증축을 포함 (는 제외)
③ 도지사가 지정 · 공고한 구역		
( )	3층 이상 또는 연면적 합계 ( )	위락시설, 숙박시설, 공동주택, 일반음식점, ( )
주거환경 · 교육환경보호	규모 제한(X)	위락시설, 숙박시설

7. 국가나 지방자치단체 → (   )를 하면 허가나 신고(의제)

설계 → 착공신고 → 착수 → 안전관리예치금 → 사용승인

안전관리예치금
- 예치대상: 1천m² 이상
- 예치금액: 공사비의 1% 이내

사용승인: 건축주 → 허가권자

건축사 설계대상(허가 · 신고 · 리모델링)

1. 바닥면적 합계가 85m² 미만의 증축 · 개축 · 재축은 제외
2. 연면적 200m² 미만 + 층수 3층 미만인 건축물의 대수선은 제외

신고대상(착수기간: 1년, 연장: 1년) ☆☆

1. 바닥면적의 합계가 (   ) 이내의 증축 · 개축 · 재축. 다만, 3층 이상 건축물인 경우에는 건축물 연면적의 1/10 이내인 경우로 한정한다.
2. 대수선 중 내력벽, 기둥, 보, 지붕틀, 방화벽(구획), 주계단, 피난계단 및 특별피난계단을 (   )하는 행위
3. 대수선(연면적 (   ) 미만이고 (   ) 미만인 건축물)
4. 연면적 합계 (   ) 이하인 건축물의 건축, 높이 3m 이하의 증축, 2층 이하 + 연면적 합계가 (   ) 이하인 공장

1. 용어정의 ☆☆☆

(1) 주요구조부: (   ), 기둥, 바닥, 보, 지붕틀, (   ) (사이기둥, 작은 보, 최하층 바닥, 차양, 옥외계단 X)
(2) 지하층: 건축물의 바닥이 지표면 아래에 있는 층으로서 바닥에서 지표면까지의 평균 높이가 해당 층 높이의 (   )(   )인 것을 말한다.
(3) 고층건축물: (   ) 이상 또는 높이가 (   ) 이상인 건축물
(4) 초고층건축물: (   ) 이상 또는 높이가 (   ) 이상인 건축물
(5) 도로: 보행과 자동차 통행이 가능한 너비 4m 이상인 도로 및 (   )
(6) (   ): 바닥면적의 합계가 5천m² 이상인 문, 종, 판, 여, 종, 관 또는 16층 이상인 건축물
(7) (   ): 바닥면적의 합계가 1천m² 이상인 문화 및 집회시설(동물원 및 식물원은 제외), 종교시설, 판매시설, 여객용 시설, 종합병원, 관광숙박시설 등

2. 건축물의 건축과 대수선 ☆☆☆

(1) 건축물의 건축
① 신축: 건축물이 없는 대지에 새로 건축물을 축조하는 것
② (   ): 건축물이 있는 대지에서 건축면적, 연면적, 층수, 높이를 늘리는 것
③ 개축: 해체 + 종전과 같은 규모의 범위에서 다시 축조하는 것
④ (   ): 멸실 + 연면적 합계, 층수, 동수 및 높이를 종전 규모 이하로 다시 축조하는 것
⑤ 이전: 주요구조부를 해체하지 아니하고 (   )의 다른 위치로 옮기는 것

(2) 건축물의 대수선
① 내력벽을 증설, 해체하거나 벽면적 30m² 이상 수선, 변경
② 기둥, 보, (   )을 증설, 해체하거나 3개 이상 수선, 변경
③ 방화벽 또는 방화구획을 위한 바닥이나 벽을 증설, 해체, 수선, 변경
④ 주계단, 피난계단, 특별피난계단을 증설, 해체, 수선, 변경
⑤ (   ) 또는 다세대주택의 가구 간 또는 세대 간 경계벽을 증설, 해체, 수선, 변경
⑥ 외벽에 사용하는 마감재료를 증설, 해체하거나 벽면적 30m² 이상 수선, 변경

3. 건축물의 안전영향평가

(1) 안전영향평가 대상(건축허가 전에 실시)
① 초고층건축물
② (   )m² 이상 + (   ) 이상인 건축물
(2) 확정: 안전영향평가의 결과는 건축위원회의 심의를 거쳐 확정한다.
(3) 제출기간: 안전영향평가기관은 (   )일 이내에 안전영향평가 결과를 허가권자에게 제출(20일 이내의 범위에서 연장o)
(4) 평가의제: 다른 법률에 따라 구조안전과 인접대지의 안전에 미치는 영향 등을 평가받은 경우에는 안전영향평가의 해당 항목을 평가 받은 것으로 본다.

핵심 POINT

목표정답수 총 7문제 중 5문제 이상

POINT 01 용어의 정의 ☆☆☆

- **건축물**
  - ① 토지에 정착하는 공작물 중 지붕과 기둥 또는 벽이 있는 것과 이에 딸린 시설물
  - ② 지하나 고가의 공작물에 설치하는 사무소 · 공연장 · 점포 · 차고 · 창고
- **주요구조부** 내력벽, 기둥, 바닥, 보, 지붕틀, 주계단 암기TIP 내 기준에는 바보지!
- **지하층** 바닥 ~ 지표면까지 평균 높이가 해당 층 높이의 1/2 이상인 것
- **다중이용건축물**
  - ① [㉠ 문화 및 집회시설(동물원 · 식물원 제외), ㉡ 종교시설, ㉢ 판매시설, ㉣ 여객용 시설, ㉤ 종합병원, ㉥ 관광숙박시설] + 바닥면적의 합계가 5천m^2 이상인 건축물 암기TIP 여관에서 종종 문판다.
  - ② 16층 이상인 건축물
- **준다중이용건축물**
  - ① 바닥면적의 합계가 1천m^2 이상인 건축물 + [㉠ 문화 및 집회시설(동물원 · 식물원 제외), ㉡ 종교시설, ㉢ 판매시설, ㉣ 여객용 시설, ㉤ 종합병원, ㉥ 관광숙박시설, ㉦ 교육연구시설, ㉧ 노유자시설, ㉨ 운동시설, ㉩ 위락시설, ㉪ 관광휴게시설, ㉫ 장례시설]
  - ② 동물원, 식물원, 업무시설, 수련시설, 제1종 · 제2종 근린생활시설 → 제외 암기TIP 업수근氏 동·식물원 제외
- **특수구조건축물**
  - ① 한쪽 끝은 고정되고 다른 끝은 지지(支持)되지 아니한 구조로 된 보, 차양 등이 외벽(외벽이 없는 경우에는 외곽기둥을 말한다)의 중심선으로부터 3m 이상 돌출된 건축물
  - ② 기둥과 기둥 사이의 거리(기둥의 중심선 사이의 거리를 말한다)가 20m 이상인 건축물

POINT 02 신고대상 공작물 ☆☆

① 높이 2m 초과: 옹벽, 담장
② 높이 4m 초과: 장식탑 · 기념탑 · 첨탑 · 광고탑 · 광고판
③ 높이 6m 초과: 굴뚝, 철탑
④ 높이 8m 초과: 고가수조
(골프연습장 등의 운동시설을 위한 철탑과 주거지역·상업지역에 설치하는 통신용 철탑)

비교정리 높이 8m 이하: 기계식 주차장 + 외벽이 없는 것

⑤ 바닥면적 30m^2 초과: 지하대피호
⑥ 높이 5m 초과: 태양에너지를 이용한 발전설비

POINT 03 「건축법」 적용대상 ☆☆☆

「건축법」을 적용하지 않는 건축물

① 지정문화유산 · 임시지정문화유산, 천연기념물 등이나 임시지정천연기념물, 임시지정명승, 임시지정시 · 도자연유산, 임시자연유산자료
② 운전보안시설
③ 철도 선로의 위나 아래를 가로지르는 보행시설
④ 플랫폼
⑤ 급수 · 급탄 및 급유시설
(②~⑤ → 철도 선로 부지에 있는 시설)
⑥ 고속도로 통행료 징수시설
⑦ 컨테이너를 이용한 간이창고(공장의 용도로만 사용 + 이동이 쉬운 것)
⑧ 하천구역 내의 수문조작실

전면적 적용대상지역

도시지역, 비도시지역의 지구단위계획구역, 동 또는 읍

전면적 적용대상 지역 외의 지역에서 적용하지 않는 규정

① 대지와 도로의 관계	② 도로의 지정 · 폐지 · 변경
③ 건축선의 지정	④ 건축선에 따른 건축제한
⑤ 방화지구	⑥ 분할제한

전면적 적용대상지역 외의 지역에서 적용하는 규정

건폐율, 용적률, 건축물의 높이제한은 적용한다.

POINT 04 용도별 건축물의 종류 ☆

- **단독주택** 단독주택, 다중주택(3개층 이하 + 660m² 이하), 다가구주택(3개층 이하, 660m² 이하 + 19세대 이하), 공관
- **공동주택** 아파트(5개층 이상), 연립주택(4개층 이하 + 660m² 초과), 다세대주택(4개층 이하 + 660m² 이하), 기숙사
- **제1종 근린생활시설** 의원, 치과의원, 한의원, 침술원, 접골원, 조산원, 안마원, 산후조리원, 마을회관, 마을공동작업소, 마을공동구판장, 공중화장실, 탁구장 · 체육도장(500m² 미만), 동물병원 · 동물미용실(300m² 미만)
- **제2종 근린생활시설** 서점(1,000m² 이상), 총포판매소, 일반음식점, 장의사, 동물병원 · 동물미용실(300m² 이상), 독서실, 기원, 다중생활시설(500m² 미만), 단란주점(바닥면적의 합계가 150m² 미만), 안마시술소, 노래연습장, 테니스장 · 볼링장 · 당구장 · 골프연습장(500m² 미만)
- **문화 및 집회시설** 공연장(바닥면적의 합계가 500m² 이상인 것), 집회장(예식장, 회의장 등), 관람장(경마장, 경륜장 등), 전시장(박물관, 미술관 등), 동 · 식물원
- **운수시설** 여객자동차터미널, 철도시설, 공항시설, 항만시설, 버티포트
- **의료시설** 종합병원, 병원, 치과병원, 한방병원, 정신병원 및 요양병원, 전염병원
- **교육연구시설** 유치원, 도서관
- **노유자시설** 아동 관련 시설(어린이집, 아동복지시설), 노인복지시설
- **수련시설** 유스호스텔, 청소년야영장
- **운동시설** 체육관으로서 관람석이 없거나 관람석의 바닥면적이 1,000m² 미만인 것
- **업무시설** 오피스텔
- **숙박시설** 일반숙박시설 및 생활숙박시설, 관광숙박시설(관광호텔, 휴양 콘도미니엄), 다중생활시설(바닥면적의 합계가 500m² 이상)
- **위락시설** 단란주점(바닥면적의 합계가 150m² 이상), 무도장, 무도학원, 카지노영업소
- **창고시설** 하역장, 물류터미널, 집배송시설
- **위험물 저장 및 처리시설** 주유소, 석유판매소, 액화가스취급소 · 판매소, 도료류 판매소
- **자동차 관련 시설** 주차장, 세차장, 폐차장, 검사장, 매매장, 정비공장, 운전학원, 정비학원
- **동물 및 식물 관련 시설** 도축장, 도계장, 작물재배사, 종묘배양시설, 화초 및 분재 등의 온실
- **자원순환 관련 시설** 하수 등 처리시설, 고물상, 폐기물재활용시설
- **방송통신시설** 방송국, 전신전화국, 촬영소, 데이터센터
- **묘지 관련 시설** 화장시설, 봉안당, 동물화장시설
- **관광휴게시설** 야외음악당, 야외극장, 어린이회관, 관망탑, 휴게소
- **장례시설** 장례식장(의료시설의 부수시설에 해당하는 것은 제외), 동물전용의 장례식장

POINT 05 건축허가 및 건축신고 ☆☆☆

- **사전결정신청**
  - ① 사전결정신청: 허가대상 건축물을 건축하려는 자는 허가권자에게 사전결정을 신청할 수 있다.
  - ② 동시신청: 건축위원회의 심의 + 교통영향평가서의 검토를 동시에 신청할 수 있다.
  - ③ 협의: 소규모 환경영향평가대상인 경우 기후에너지환경부장관과 협의하여야 한다.
  - ④ 통지(공고 X)의 효과: 개발행위허가, 산지전용허가, 농지전용허가, 하천점용허가를 받은 것으로 본다. 다만, 보전산지인 경우에는 도시지역만 해당한다. (→ 7일 이내 송부)
  - ⑤ 건축허가 신청기간: 2년 이내에 건축허가를 신청하지 않으면 효력 상실
- **허가권자**
  - ① 원칙: 특별자치시장, 특별자치도지사, 시장, 군수, 구청장
  - ② 예외: 특별시장, 광역시장[층수가 21층 이상인 건축물 또는 연면적의 합계 10만m² 이상 건축물(공장, 창고는 제외)]
- **도지사의 사전승인** → 50일 이내에 승인 여부를 통보
  - ① 층수가 21층 이상인 건축물 ② 연면적 합계 10만m² 이상인 건축물(공장, 창고는 제외)
  - ③ 자연환경, 수질보호 + 3층 이상 또는 연면적 합계 1,000m² 이상 + 위락시설, 숙박시설, 공동주택, 일반음식점, 일반업무시설 암기TIP 위숙이 공일일
  - ④ 주거환경, 교육환경 + 위락시설, 숙박시설
- **건축허가** 2년 이내에 착수 X(1년의 범위에서 연장 O) → 허가를 취소하여야 한다.
- **건축허가의 제한**
  - ① 제한권자
    - ㉠ 국장 → ⓐ 국토관리
    - ⓑ 주무부장관이 요청하는 경우(국방, 국가유산의 보존, 환경보전, 국민 경제)
    - ㉡ 특별시장 · 광역시장 · 도지사 → 지역계획이나 도시 · 군계획
  - ② 사후보고: 특별시장 · 광역시장 · 도지사가 건축허가나 착공을 제한 → 국장에게 즉시 보고 → 보고를 받은 국장은 해제를 명할 수 있다.
  - ③ 제한절차: 주민의견청취 + 건축위원회 심의
  - ④ 제한기간: 2년 이내. 1회에 한하여 1년의 범위에서 연장할 수 있다.
  - ⑤ 공고: 국장, 특별시장, 광역시장, 도지사(통보) → 허가권자(공고)
- **건축신고대상** ① 바닥면적 합계가 85m² 이내의 증축 · 개축 · 재축, ② 대수선(연면적 200m² 미만 + 3층 미만), ③ 연면적 합계가 100m² 이하인 건축물의 건축, ④ 높이 3m 이하의 증축, ⑤ 연면적의 합계가 500m² 이하 + 2층 이하인 공장의 건축, ⑥ [내력벽, 기둥, 보, 지붕틀, 방화벽, 주계단 · 피난계단 · 특별피난계단] + 수선하는 대수선
- **건축신고** 1년 이내에 착수 X(1년의 범위에서 연장 O) → 신고의 효력이 없어진다.

기출 OX 문제

용어정의

01 주요구조부란 내력벽, 기둥, 최하층 바닥, 작은 보, 지붕틀 및 주계단을 말한다. 제24회, 제27회 ( )

02 지하층은 건축물의 바닥이 지표면 아래에 있는 층으로서 바닥에서 지표면까지 평균 높이가 해당 층 높이의 3분의 1 이상인 것을 말한다. 제23회 ( )

03 '고층건축물'에 해당하려면 건축물의 층수가 30층 이상이고 높이가 120m 이상이어야 한다. 제31회 ( )

04 초고층 건축물이란 층수가 50층 이상이거나 높이가 200m 이상인 건축물을 말한다. 제36회 ( )

05 관광휴게시설로 사용하는 바닥면적의 합계가 5천m^2 이상인 건축물은 다중이용건축물에 해당한다. 제29회 ( )

06 한쪽 끝은 고정되고 다른 끝은 지지되지 아니한 구조로 된 차양이 외벽(외벽이 없는 경우에는 외곽 기둥을 말함)의 중심선으로부터 3m 이상 돌출된 건축물은 특수구조건축물에 해당한다. 제32회 ( )

07 건축물을 이전하는 것은 '건축'에 해당한다. 제31회 ( )

08 재축은 기존 건축물의 전부 또는 일부를 해체하고 그 대지에 종전과 같은 규모의 범위에서 건축물을 다시 축조하는 것을 말한다. 제23회 ( )

09 건축물이 천재지변으로 멸실된 경우 그 대지에 종전 규모보다 연면적의 합계를 늘려 건축물을 다시 축조하는 것은 '재축'에 해당한다. 제31회 ( )

10 건축물의 주요구조부를 해체하지 아니하고 같은 대지에서 옆으로 5m 옮기는 것은 '이전'에 해당한다. 제25회 ( )

11 기존 건축물이 있는 대지에서 건축물의 내력벽을 증설하여 건축면적을 늘리는 것은 '대수선'에 해당한다. 제31회 ( )

12 내력벽을 수선하더라도 수선되는 벽면적의 합계가 30m^2 미만인 경우에는 대수선에 포함되지 않는다. 제28회, 제35회 ( )

13 보를 두 개 변경하는 것은 대수선에 해당하지 않는다. 제35회 ( )

14 건축물의 내력벽을 해체하여 같은 대지의 다른 위치로 옮기는 것은 '이전'에 해당한다. 제31회 ( )

15 고속도로 통행료 징수시설을 건축하는 경우에는 「건축법」상 대지의 분할제한 규정이 적용되지 않는다. 제22회, 제26회, 제28회 ( )

16 철도의 선로 부지에 있는 운전보안시설은 「건축법」의 적용을 받지 않는 건축물이다. 제30회, 제36회 ( )

17 높이 4m의 장식탑을 축조하려는 경우에는 특별자치시장 · 특별자치도지사 또는 시장 · 군수 · 구청장에게 신고하여야 하는 공작물에 해당한다. 제30회 ( )

정답

01 X 최하층 바닥과 작은 보는 주요구조부에 해당하지 않는다. 02 X 해당 층 높이의 2분의 1 이상이어야 한다. 03 X 고층건축물이란 층수가 30층 이상이거나 높이가 120m 이상인 건축물을 말한다. 04 O 05 X 관광휴게시설로 사용하는 바닥면적의 합계가 5천m^2 이상인 건축물은 다중이용건축물에 해당하지 않는다. 06 O 07 O 08 X 개축에 해당한다. 09 X 신축에 해당한다. 10 O 11 X 증축에 해당한다. 12 O 13 O 14 X 내력벽을 해체하지 아니하고 다른 위치로 옮기는 것이 이전에 해당한다. 15 O 16 O 17 X 장식탑은 높이 4m를 초과하는 경우에 신고대상이다.

건축물의 건축 등

01 사전결정을 할 수 있는 자는 건축허가권자이다. 제28회, 제36회 (　)

02 사전결정신청자는 사전결정을 통지받은 날부터 2년 이내에 착공신고를 하여야 하며, 이 기간에 착공신고를 하지 아니하면 사전결정의 효력이 상실된다. 제28회, 제36회 (　)

03 사전결정통지를 받은 경우에는 「농지법」 제34조에 따른 농지전용허가를 받은 것으로 본다. 제30회, 제33회 (　)

04 분양을 목적으로 하는 공동주택의 건축주가 그 대지를 사용할 수 있는 권원을 확보한 경우에는 해당 대지의 소유권을 확보하지 않아도 된다. 제28회 (　)

05 자연환경이나 수질을 보호하기 위하여 도지사가 지정 · 공고한 구역에 시장 · 군수가 3층 이상인 공장의 건축을 허가하기 위해서는 도지사의 사전승인을 받아야 한다. 제36회 (　)

06 국방부장관이 국방을 위하여 특히 필요하다고 인정하여 요청하면 국토교통부장관은 허가권자의 건축허가를 제한할 수 있다. 제26회 (　)

07 교육감이 교육환경의 개선을 위하여 특히 필요하다고 인정하여 요청하면 국토교통부장관은 허가를 받은 건축물의 착공을 제한할 수 있다. 제26회 (　)

08 건축허가를 제한하는 경우 제한기간은 2년 이내로 하며, 그 기간은 연장할 수 없다. 제21회, 제22회, 제26회, 제32회, 제35회 (　)

09 특별시장은 지역계획에 특히 필요하다고 인정하면 관할 구청장의 건축허가를 제한할 수 있다. 제26회, 제35회 (　)

10 도지사가 관할 군수의 건축허가를 제한한 경우, 국토교통부장관은 제한내용이 지나치다고 인정하면 해제를 명할 수 있다. 제26회, 제35회 (　)

11 건축신고를 한 자가 신고일부터 1년 이내에 공사에 착수하지 아니하면 그 신고의 효력은 없어진다. 제22회, 제25회, 제32회 (　)

12 연면적의 합계가 200m²인 건축물의 높이를 2m 증축할 경우 건축신고를 하면 건축허가를 받은 것으로 본다. 제25회 (　)

13 연면적 180m²인 2층 건축물의 대수선은 건축신고를 하면 건축허가를 받은 것으로 본다. 제29회, 제32회 (　)

14 연면적 270m²인 3층 건축물의 방화벽 수선은 건축신고를 하면 건축허가를 받은 것으로 본다. 제29회 (　)

15 바닥면적 100m²인 단층 건축물의 신축은 건축신고를 하면 건축허가를 받은 것으로 본다. 제29회 (　)

16 연면적 150m²인 3층 건축물의 피난계단을 증설하는 행위는 건축신고를 하면 건축허가를 받은 것으로 본다. 제29회 (　)

17 건축주가 건축허가를 받은 이후에 공사시공자를 변경하는 경우에는 허가권자에게 신고하여야 한다. 제31회, 제32회 (　)

정답

01 O　02 X 2년 이내에 건축허가를 신청하여야 한다.　03 O　04 X 분양을 목적으로 하는 공동주택의 경우에는 대지의 소유권을 확보하여야 한다.　05 X 공장은 도지사의 사전승인대상에서 제외된다.
06 O　07 X 교육감은 요청할 수 없다.　08 X 1회에 한하여 1년의 범위에서 연장할 수 있다.　09 O　10 O　11 O　12 O　13 O　14 O　15 O　16 X 신고대상이 아니라 허가대상에 해당한다.　17 O

12 건축법 2

1. 건축물의 용도변경 ☆☆☆ 특별자치시장, 특별자치도지사, 시장, 군수, 구청장(특별시장 X, 광역시장 X)

시설군	세부용도	허가	신고	사용승인	건축사설계
(1) 자동차 관련 시설군	자동차 관련 시설	↑	↓	허가 또는 신고대상 중에서 100m² 이상인 용도변경 (500m² 미만 대수선 X	허가대상 중에서 500m² 이상인 용도변경
(2) 산업 등의 시설군	공장, 창고시설, 위험물저장 및 처리시설, 장례시설, 자원순환 관련 시설, 운수시설, 묘지 관련 시설				
(3) 전기통신시설군	방송통신시설, 발전시설				
(4) 문화 및 집회시설군	종교시설, 관광휴게시설, 위락시설, 문화 및 집회시설				
(5) 영업시설군	운동시설, 숙박시설, 판매시설, 다중생활시설				
(6) 교육 및 복지시설군	노유자시설, 교육연구시설, 수련시설, 야영장시설, 의료시설				
(7) 근린생활시설군	제1종 · 제2종 근린생활시설(다중생활시설은 제외)				
(8) 주거업무시설군	단독주택, 공동주택, 업무시설, 교정시설, 국방 · 군사시설				
(9) 그 밖의 시설군	동물 및 식물 관련 시설	같은 시설군 안에서 용도변경 → 건축물대장 기재내용 변경신청(같은 호는 제외)			

2. 대지와 도로 ☆☆

대지의 조경	대지와 도로의 관계
(1) 원칙: 면적이 200m² 이상인 대지에 건축을 하는 건축주는 조경의무가 있다. (2) 예외: 조경의무(X) ① 녹지지역 안의 건축물 ② 공장 ③ 축사 ④ 도시 · 군계획시설＋가설건축물 ⑤ 연면적 합계가 1,500m² 미만인 물류시설(주거지역, 상업지역은 조경의무가 있다) ⑥ 관리지역, 농림지역, 자연환경보전지역 안의 건축물(지구단위계획구역으로 지정된 지역은 조경의무가 있다)	(1) 건축물의 대지는 2m 이상이 도로에 접하여야 한다. (2) 연면적의 합계가 2,000m²(공장은 3,000m²) 이상인 건축물은 너비 6m 이상의 도로에 4m 이상 접하여야 한다. (3) 건축물과 담장은 건축선의 수직면을 넘어서는 아니 된다. 다만, 지표 아래 부분은 수직면을 넘을 수 있다. (4) 도로면으로부터 높이 4.5m 이하에 있는 출입구, 창문은 열고 닫을 때 건축선의 수직면을 넘지 아니하는 구조로 하여야 한다.

3. 공개공지 등(소규모 휴식시설) ☆☆☆

설치대상지역	설치규모	용도
• 일반주거지역 • 준주거지역 • 상업지역 • 준공업지역	바닥면적의 합계가 5,000m² 이상	• 문화 및 집회시설 • 판매시설(농수산물유통시설은 제외) • 업무시설 • 숙박시설 • 종교시설 • 운수시설(여객용 시설만 해당)

(1) 확보면적: 대지면적의 10/100 이하의 범위에서 건축조례로 정한다. 이 경우 조경면적과 매장유산의 현지 보존 조치 면적을 공개공지 등의 면적으로 할 수 있다.

(2) 설치기준: 공개공지는 필로티의 구조로 설치할 수 있다.

① 모든 사람들이 환경친화적으로 편리하게 이용할 수 있도록 긴 의자 또는 조경시설 등 건축조례로 정하는 시설을 설치해야 한다.
② 공개공지 등에 물건을 쌓아놓거나 출입을 차단하는 시설을 설치하는 등 공개공지 등의 활용을 저해하는 행위를 하여서는 아니 된다.

(3) 법 적용의 완화

① 공개공지 등을 설치한 경우에는 건폐율, 용적률과 건축물의 높이제한을 대통령령으로 정하는 바에 따라 완화하여 적용할 수 있다(법률).
② 대지면적에 대한 공개공지 등의 면적 비율에 따라 용적률과 건축물의 높이제한을 다음의 범위에서 완화하여 적용한다(대통령령).

㉠ 용적률은 해당 지역에 적용하는 용적률의 1.2배 이하
㉡ 건축물의 높이제한은 해당 건축물에 적용하는 높이기준의 1.2배 이하

4. 면적 및 높이 등의 산정방법 ☆☆

(1) 대지면적: 대지의 수평투영면적
(2) 건축면적: 건축물의 외벽의 중심선으로 둘러싸인 부분의 수평투영면적
(3) 바닥면적: 벽, 기둥, 그 밖에 이와 비슷한 구획의 중심선으로 둘러싸인 부분의 수평투영면적

① 벽, 기둥의 구획이 없는 건축물은 그 지붕 끝부분으로부터 수평거리 1m를 후퇴한 선으로 둘러싸인 수평투영면적
② 건축물의 노대 등의 바닥은 난간 등의 설치 여부에 관계없이 노대 등의 면적에서 노대 등이 접한 가장 긴 외벽에 접한 길이에 1.5m를 곱한 값을 뺀 면적을 바닥면적에 산입한다.
③ 필로티나 그 밖에 이와 비슷한 구조의 부분은 그 부분이 공중의 통행이나 차량의 통행 또는 주차에 전용되는 경우와 공동주택의 경우에는 바닥면적에 산입하지 아니한다.
④ 승강기탑, 계단탑, 장식탑, 다락[층고가 1.5m(경사진 형태의 지붕인 경우에 1.8m) 이하인 것], 굴뚝은 바닥면적에 산입하지 아니한다.
⑤ 공동주택으로서 지상층에 설치한 기계실, 전기실, 어린이놀이터 및 조경시설 및 생활폐기물 보관시설의 면적은 바닥면적에 산입하지 아니한다.

(4) 연면적: 하나의 건축물 각 층의 바닥면적의 합계 → ① 지하층, ② 지상층의 부속용도의 주차용 면적, ③ 피난안전구역, ④ 대피공간 면적 → 용적률 산정 시 연면적에서 제외한다.

(5) 층수 산정방법

① 승강기탑, 계단탑, 망루, 장식탑, 옥탑, 그 밖에 이와 비슷한 건축물의 옥상부분으로서 그 수평투영면적의 합계가 해당 건축물 건축면적의 1/8 이하인 것과 지하층은 층수에서 산입하지 아니한다.
② 층의 구분이 명확하지 아니한 건축물은 그 건축물의 높이 4m마다 하나의 층으로 산정한다.
③ 건축물이 부분에 따라 그 층수가 다른 경우에는 그중 가장 많은 층수를 그 건축물의 층수로 본다.

빈칸완성 한번 더!

1. 건축물의 용도변경 ☆☆☆ 특별자치시장, 특별자치도지사, 시장, 군수, 구청장(X, (X)

시설군	세부용도	( )	신고	사용승인	건축사설계
(1) 자동차 관련 시설군	자동차 관련 시설	↑	↓	허가 또는 신고대상 중에서 100m² 이상인 용도변경 (500m² 미만 대수선 X)	허가대상 중에서 500m² 이상인 용도변경
(2) ( )	공장, 창고시설, 위험물저장 및 처리시설, 장례시설, 자원순환 관련 시( )설, 묘지 관련 시설				
(3) 전기통신시설군	방송통신시설, ( )				
(4) 문화 및 집회시설군	종교시설, 관광휴게시설, ( ), 문화 및 집회시설				
(5) ( )	운동시설, ( ), 판매시설, ( )				
(6) 교육 및 복지시설군	노유자시설, ( ), 수련시설, 야영장시설, 의료시설				
(7) 근린생활시설군	제1종 · 제2종 근린생활시설(( )은 제외)				
(8) ( )	단독주택, 공동주택, 업무시설, ( ), ( )				
(9) 그 밖의 시설군	동물 및 식물 관련 시설	같은 시설군 안에서 용도변경 → 건축물대장 기재내용 변경신청(같은 호는 제외)			

2. 대지와 도로 ☆☆

대지의 조경	대지와 도로의 관계
(1) 원칙: 면적이 200m² 이상인 대지에 건축을 하는 건축주는 조경의무가 있다. (2) 예외: 조경의무(X) ① ( ) 안의 건축물 ② 공장 ③ 축사 ④ 도시 · 군계획시설 + ( ) ⑤ 연면적 합계가 1,500m² 미만인 물류시설(( ), 상업지역은 조경의무가 있다) ⑥ 관리지역, 농림지역, 자연환경보전지역 안의 건축물(지구단위계획구역으로 지정된 지역은 조경의무가 있다)	(1) 건축물의 대지는 ( ) 이상이 도로에 접하여야 한다. (2) 연면적의 합계가 2,000m²(공장은 ( )) 이상인 건축물은 너비 6m 이상의 도로에 4m 이상 접하여야 한다. (3) 건축물과 담장은 건축선의 수직면을 넘어서는 아니 된다. 다만, ( ) 부분은 수직면을 넘을 수 있다. (4) 도로면으로부터 높이 ( ) 이하에 있는 출입구, 창문은 열고 닫을 때 건축선의 수직면을 넘지 아니하는 구조로 하여야 한다.

3. 공개공지 등(소규모 휴식시설) ☆☆☆

설치대상지역	설치규모	용도
• 일반주거지역 • 준주거지역 • ( ) • ( )	바닥면적의 합계가 ( ) 이상	• 문화 및 집회시설 • 판매시설(( )은 제외) • 업무시설 • 숙박시설 • 종교시설 • 운수시설(여객용 시설만 해당)

(1) 확보면적: 대지면적의 (   ) 이하의 범위에서 건축조례로 정한다. 이 경우 조경면적과 매장유산의 현지 보존 조치 면적을 공개공지 등의 면적으로 할 수 있다.

(2) 설치기준: 공개공지는 필로티의 구조로 설치할 수 있다.

> ① 모든 사람들이 환경친화적으로 편리하게 이용할 수 있도록 긴 의자 또는 조경시설 등 건축조례로 정하는 시설을 설치해야 한다.
> ② 공개공지 등에 물건을 쌓아놓거나 출입을 차단하는 시설을 설치하는 등 공개공지 등의 활용을 저해하는 행위를 하여서는 아니 된다.

(3) 법 적용의 완화

① 공개공지 등을 설치한 경우에는 건폐율, 용적률과 건축물의 높이제한을 대통령령으로 정하는 바에 따라 완화하여 적용할 수 있다(법률).

② 대지면적에 대한 공개공지 등의 면적 비율에 따라 용적률과 건축물의 높이제한을 다음의 범위에서 완화하여 적용한다(대통령령).

> ㉠ 용적률은 해당 지역에 적용하는 용적률의 (   ) 이하
> ㉡ 건축물의 높이제한은 해당 건축물에 적용하는 높이기준의 (   ) 이하

4. 면적 및 높이 등의 산정방법 ☆☆

(1) 대지면적: 대지의 수평투영면적

(2) 건축면적: 건축물의 (   )의 중심선으로 둘러싸인 부분의 수평투영면적

(3) 바닥면적: 벽, 기둥, 그 밖에 이와 비슷한 (   )으로 둘러싸인 부분의 수평투영면적

> ① 벽, 기둥의 구획이 없는 건축물은 그 지붕 끝부분으로부터 수평거리 (   )를 후퇴한 선으로 둘러싸인 수평투영면적
> ② 건축물의 노대 등의 바닥은 난간 등의 설치 여부에 관계없이 노대 등의 면적에서 노대 등이 접한 가장 긴 외벽에 접한 길이에 (   )를 곱한 값을 뺀 면적을 바닥면적에 산입한다.
> ③ (   ) 그 밖에 이와 비슷한 구조의 부분은 그 부분이 공중의 통행이나 차량의 통행 또는 (   )에 (   )되는 경우와 공동주택의 경우에는 바닥면적에 산입하지 (   ).
> ④ 승강기탑, 계단탑, 장식탑, (   )[층고가 1.5m(경사진 형태의 지붕인 경우에 (   )) 이하인 것], 굴뚝은 바닥면적에 산입하지 아니한다.
> ⑤ 공동주택으로서 (   )에 설치한 기계실, 전기실, 어린이놀이터 및 조경시설 및 생활폐기물 보관시설의 면적은 바닥면적에 산입하지 (   ).

(4) 연면적: 하나의 건축물 각 층의 바닥면적의 합계 → ① (   ), ② 지상층의 부속용도의 주차용 면적, ③ (   ), ④ 대피공간 면적 → 용적률 산정 시 연면적에서 (   )한다.

(5) 층수 산정방법

> ① 승강기탑, 계단탑, 망루, 장식탑, 옥탑, 그 밖에 이와 비슷한 건축물의 옥상부분으로서 그 수평투영면적의 합계가 해당 건축물 건축면적의 (   )인 것과 (   )은 층수에서 산입하지 (   ).
> ② 층의 구분이 명확하지 아니한 건축물은 그 건축물의 높이 (   )마다 하나의 층으로 산정한다.
> ③ 건축물이 부분에 따라 그 층수가 다른 경우에는 그중 (   )를 그 건축물의 층수로 본다.

핵심 POINT

목표정답수 총 7문제 중 5문제 이상

POINT 01 대지와 도로 ☆☆

옹벽의 설치

① 성토 또는 절토하는 부분의 경사도가 1 : 1.5 이상으로서 높이가 1m 이상인 부분에는 옹벽을 설치할 것
② 옹벽의 외벽면에는 지지 또는 배수를 위한 시설 외의 구조물이 밖으로 튀어나오지 않게할 것

공개공지 설치대상

암기 TIP 일준이, 상준이

일반주거지역, 준주거지역, 상업지역, 준공업지역 + 5천m² 이상 + [문화 및 집회시설, 종교시설, 판매시설(농수산물유통시설은 제외), 운수시설(여객용 시설), 업무시설, 숙박시설] → 위락시설 X, 종합병원 X

암기 TIP 문을 판매하는 업종은 허리를 숙여야 한다.

공개공지 확보면적 대지면적의 100분의 10 이하 + 건축조례

공개공지 설치 시 완화규정 용적률(1.2배 이하), 건축물의 높이제한(1.2배 이하)

공개공지 등의 활용 공개공지 등에는 연간 60일 이내의 기간 동안 건축조례로 정하는 바에 따라 주민들을 위한 문화행사를 열거나 판촉활동을 할 수 있다.

도로의 지정 · 폐지 및 변경

- 도로의 지정: 이해관계인의 동의 O
  - 예외
    - 이해관계인이 해외 거주
    - 주민이 사실상 통로로 이용
    - → 이해관계인의 동의 X, 건축위원회 심의 O
- 도로의 폐지 및 변경: 이해관계인의 동의 O → 예외규정 X

접도의무 건축물의 대지(자동차만의 통행도로 제외)는 도로에 2m 이상을 접하여야 한다.

- 예외
  ① 건축물의 출입에 지장이 없다고 인정되는 경우
  ② 광장, 공원, 유원지 등 허가권자가 인정한 공지가 있는 경우
  ③ 「농지법」에 따른 농막을 건축하는 경우

강화적용 연면적 합계가 2,000m²(공장은 3,000m²) 이상인 건축물(축사, 작물재배사는 제외)의 대지는 너비 6m 이상의 도로에 4m 이상 접하여야 한다.

막다른 도로

막다른 도로의 길이	도로의 너비
10m 미만	2m 이상
10m 이상 35m 미만	3m 이상
35m 이상	6m(도시지역이 아닌 읍 · 면지역은 4m) 이상

POINT 02 건축물의 구조안전 ☆

구조안전 확인서류 제출대상 건축물(건축주 → 허가권자) → 내진능력공개대상

① 층수가 2층(목구조 건축물은 3층) 이상인 건축물
② 연면적 200m²(목구조 건축물은 500m²) 이상인 건축물
③ 높이가 13m 이상인 건축물
④ 처마 높이가 9m 이상인 건축물
⑤ 기둥 + 기둥 사이의 거리가 10m 이상인 건축물
⑥ 단독주택 및 공동주택(규모 불문)

건축구조기술사의 협력대상

① 6층 이상인 건축물
② 특수구조 건축물
③ 다중이용 건축물
④ 준다중이용 건축물
⑤ 3층 이상의 필로티 형식의 건축물

난간설치 옥상광장 또는 2층 이상인 층에 있는 노대 등의 주위에는 높이 1.2m 이상의 난간을 설치하여야 한다.

옥상광장 5층 이상인 문화 및 집회시설(전시장 및 동물원 · 식물원 제외), 종교시설, 판매시설, 주점영업, 장례시설의 용도로 쓰는 경우에는 피난용도로 쓸 수 있는 광장을 옥상에 설치하여야 한다.

헬리포트 11층 이상 + 11층 이상인 층의 바닥면적의 합계가 1만m² 이상인 건축물

피난안전구역 초고층건축물(층수가 50층 이상이거나 높이가 200m 이상인 건축물)에는 피난층 또는 피난안전구역을 지상층으로부터 최대 30개 층마다 1개소 이상 설치하여야 한다.

2개소 이상의 직통계단 설치의무

피난층 외의 층이 다음에 해당하는 경우 피난층 또는 지상으로 통하는 직통계단을 2개소 이상 설치하여야 한다.

	적용 용도	설치대상 기준
①	업무시설 중 오피스텔	거실의 바닥면적의 합계가 300m² 이상
②	지하층	거실의 바닥면적의 합계가 200m² 이상

옥외피난계단 3층 이상인 층으로서 공연장(300m² 이상)과 집회장(1,000m² 이상)의 용도로 쓰는 층에는 직통계단 외에 그 층으로부터 지상으로 통하는 옥외피난계단을 따로 설치하여야 한다.

개방공간 설치 바닥면적의 합계가 3,000m² 이상인 공연장 · 집회장 · 관람장 및 전시장을 지하에 설치하는 경우에는 피난층으로 대피할 수 있도록 천장이 개방된 외부공간을 설치하여야 한다.

POINT 03 경계벽 등의 설치 ☆

소음 방지를 위한 경계벽 설치대상 건축물

① 단독주택 중 다가구주택의 각 가구 간 또는 공동주택(기숙사는 제외한다)의 각 세대 간 경계벽
② 공동주택 중 기숙사의 침실, 의료시설의 병실, 교육연구시설 중 학교의 교실 또는 숙박시설의 객실 간 경계벽
③ 제1종 근린생활시설 중 산후조리원의 다음 어느 하나에 해당하는 경계벽
㉠ 임산부실 간 경계벽
㉡ 신생아실 간 경계벽
㉢ 임산부실과 신생아실 간 경계벽
④ 제2종 근린생활시설 중 다중생활시설의 호실 간 경계벽
⑤ 노유자시설 중 노인복지주택의 각 세대 간 경계벽
⑥ 노유자시설 중 노인요양시설의 호실 간 경계벽

소음 방지를 위한 층간바닥(화장실의 바닥은 제외한다) 설치대상 건축물

① 단독주택 중 다가구주택
② 공동주택(「주택법」에 따른 주택건설사업계획 승인대상은 제외한다)
③ 업무시설 중 오피스텔
④ 제2종 근린생활시설 중 다중생활시설
⑤ 숙박시설 중 다중생활시설

POINT 04 범죄예방기준

① 다가구주택(O), 아파트(O), 연립주택 및 다세대주택(O)
② 기숙사(X), 동 · 식물원(X), 연구소 및 도서관(X)

POINT 05 지역 및 지구 안의 건축물 ☆☆

건축물이 방화지구에 걸치는 경우

건축물 전부에 대하여 방화지구 안의 건축물에 대한 「건축법」의 규정을 적용한다. 단, 방화벽으로 구획된 경우 그 밖의 구역에 있는 부분에 대하여는 그러하지 아니하다.

대지가 녹지지역에 걸치는 경우 각각 적용한다.

건폐율 대지면적에 대한 건축면적의 비율(「건축법」으로 강화 O, 완화 O)

용적률 대지면적에 대한 연면적의 비율(「건축법」으로 강화 O, 완화 O)

대지의 분할제한

주거지역(60m²), 상업지역 · 공업지역(150m²), 녹지지역(200m²), 관리지역 · 농림지역 · 자연환경보전지역(60m²)

가로구역에서의 높이제한

① 같은 가로구역에서 허가권자가 심의를 거쳐 건축물의 높이를 다르게 정할 수 있다.
② 특별시장과 광역시장은 가로구역별 건축물의 높이를 특별시나 광역시의 조례로 정할 수 있다.

일조 등의 확보를 위한 높이제한

① 전용주거지역 · 일반주거지역: 정북방향(원칙)
- ㉠ 높이 10m 이하 → 1.5m 이상
- ㉡ 높이 10m 초과 → 건축물 높이의 2분의 1 이상

② 적용의 제외
- ㉠ 공동주택: 일반상업지역과 중심상업지역
- ㉡ 2층 이하로서 높이가 8m 이하인 건축물

(㉠, ㉡) 높이제한규정 적용 X

핵심 POINT

목표정답수 총 7문제 중 5문제 이상

POINT 06 면적산정방법 ☆☆☆

건축면적 외벽의 중심선으로 둘러싸인 부분의 수평투영면적

① 지하주차장의 경사로 → 건축면적에 산입 X
② 건축물의 지상층에 일반인이나 차량이 통행할 수 있는 보행통로나 차량통로 → 건축면적에 산입 X
③ 생활폐기물 보관시설 → 건축면적에 산입 X
④ 공연장 · 관람장 · 전시장 등 1천m² 이상 + 높이 8m 이상으로 개방하여 보행통로나 공지 등으로 활용 → 건폐율 산정시 개방부분의 상부는 건축면적에서 제외할 수 있다.

바닥면적 구획의 중심선으로 둘러싸인 부분의 수평투영면적

① 벽 · 기둥의 구획이 없는 건축물의 경우: 지붕 끝으로부터 1m 후퇴한 선으로 둘러싸인 부분을 바닥면적에 산입한다. 예) 주유소 지붕
② 건축물의 노대: [노대 등의 면적 – (가장 긴 외벽 × 1.5m)]
③ 1층 필로티: 주차에 전용하는 경우와 공중의 통행, 차량의 통행, 공동주택의 경우에는 바닥면적에 산입 X
④ 옥상부분: ㉠ 승강기탑, ㉡ 계단탑, ㉢ 장식탑, ㉣ 층고가 1.5m 이하인 다락(경사진 지붕형태의 경우에는 1.8m)은 바닥면적에 산입 X
⑤ 공동주택으로서 지상층에 설치한 ㉠ 기계실, ㉡ 전기실, ㉢ 어린이놀이터, ㉣ 조경시설, ㉤ 생활폐기물 보관시설은 바닥면적에 산입 X
⑥ 리모델링: 외벽에 부가하여 마감재를 설치하는 부분은 바닥면적에 산입 X

용적률 산정 시 연면적에서 제외되는 것

① 지하층	② 지상층의 주차용 면적(부속용도인 경우에 한함)
③ 피난안전구역의 면적	④ 대피공간의 면적

건축물의 높이 지표면으로부터 건축물 상단까지의 높이(1층 전체에 필로티가 설치되어 있는 경우에는 건축물의 높이제한을 적용할 때 필로티 층고를 제외한 높이)로 한다.

추가 ·
건축물의 옥상에 설치하는 승강기탑 · 계단탑 · 옥탑 등으로서 수평투영면적의 합계가 8분의 1 이하인 경우 → 그 부분의 높이가 12m를 넘는 경우에는 12m를 넘는 부분만 높이에 산입한다.

층고 방의 바닥구조체 윗면으로부터 위층 바닥구조체 윗면까지의 높이로 한다.

지하층 지하층은 층수에 산입하지 않는다.

층의 구분이 명확하지 아니한 건축물 4m마다 하나의 층으로 산정한다.

건축물의 부분에 따라 층수가 다른 경우 가장 많은 층수를 건축물의 층수로 본다.

POINT 07 특별건축구역, 건축협정 ☆☆

특별건축구역

① 지정권자: 국토교통부장관, 시 · 도지사
② 지정대상: 국토교통부장관이 지정할 수 있는 경우 → 국가가 국제행사 등을 개최하는 도시 또는 지역의 사업구역 등

비교정리 · → 개발제한구역, 자연공원, 접도구역, 보전산지는 지정할 수 없다.

③ 지정의 효과: 특별건축구역을 지정한 경우에는 도시 · 군관리계획의 결정(용도지역 · 지구 · 구역은 제외)이 있는 것으로 본다.
④ 적용의 배제: ㉠ 대지의 조경, ㉡ 건폐율, ㉢ 용적률, ㉣ 대지 안의 공지, ㉤ 건축물의 높이제한, ㉥ 일조 등의 확보를 위한 높이제한
⑤ 통합적용: ㉠ 건축물에 대한 미술작품의 설치, ㉡ 부설주차장의 설치, ㉢ 공원의 설치
⑥ 해제: 5년 이내에 착공이 이루어지지 아니하는 경우 해제할 수 있다.

건축협정

① 건축협정의 체결: 토지 또는 건축물소유자, 지상권자 등의 전원의 합의로 건축물의 건축 · 대수선 또는 리모델링에 관한 건축협정을 체결할 수 있다.
② 건축협정 체결대상 지역
- ㉠ 지구단위계획구역
- ㉡ 주거환경개선사업을 시행하기 위한 정비구역
- ㉢ 「도시재정비 촉진을 위한 특별법」에 따른 존치지역
- ㉣ 도시재생 활성화지역

③ 건축협정운영회의 설립: 협정체결자 과반수의 동의를 받아 대표자를 선임하고, 건축협정인가권자에게 신고하여야 한다.
④ 건축협정의 인가: 건축협정체결대상 토지가 둘 이상의 특별자치시 또는 시 · 군 · 구에 걸치는 경우 토지면적의 과반이 속하는 인가권자에게 인가를 신청할 수 있다.
⑤ 건축협정의 폐지: 협정체결자 또는 건축협정운영회의 대표자는 건축협정을 폐지하려는 경우에는 과반수의 동의를 받아 인가권자의 인가를 받아야 한다.
⑥ 건축협정의 승계: 건축협정이 공고된 후 건축협정구역에 있는 토지나 건축물 등에 관한 권리를 협정체결자인 소유자 등으로부터 이전받거나 설정받은 자는 협정체결자의 지위를 승계한다.
⑦ 통합적용대상: ㉠ 대지의 조경, ㉡ 대지와 도로의 관계, ㉢ 지하층의 설치, ㉣ 건폐율, ㉤ 부설주차장의 설치, ㉥ 개인하수처리시설의 설치

암기 TIP 건조한 부대찌개

POINT 08 결합건축 ☆

〈결합건축 개념도〉

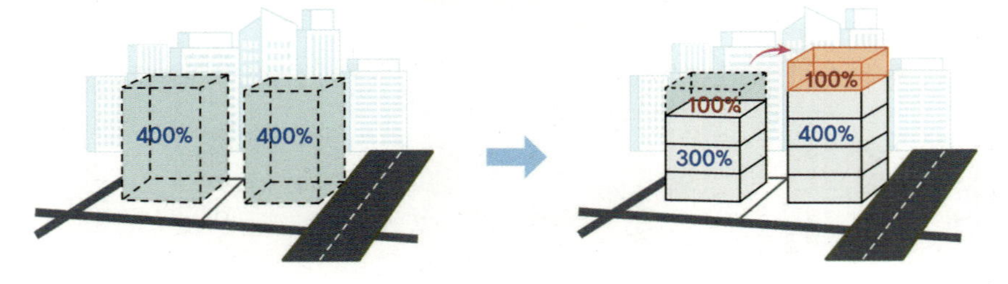

결합건축 대상지역 다음의 어느 하나에 해당하는 지역에서 대지 간의 최단거리가 100m 이내의 범위에서 2개의 대지의 건축주가 서로 합의한 경우 2개의 대지를 대상으로 결합건축을 할 수 있다.

① 상업지역
② 역세권개발구역
③ 주거환경개선사업의 시행을 위한 구역
④ 건축협정구역, 특별건축구역, 리모델링활성화구역
⑤ 도시재생활성화구역, 건축자산진흥구역

결합건축협정서 명시사항

① 용도지역
② 자연인인 경우 성명, 주소 및 생년월일
③ 법인, 외국인인 경우 등록번호
④ 대지별 용적률
⑤ 건축계획서

허가권자는 「국토의 계획 및 이용에 관한 법률」에 따른 도시 · 군계획사업에 편입된 대지가 있는 경우 결합건축을 포함한 건축허가를 아니할 수 있다.

협정체결 유지기간 최소 30년으로 한다. 다만, 용적률 기준을 종전대로 환원하여 신축 · 개축 · 재축하는 경우에는 그러하지 아니하다.

결합건축협정서 폐지 전원의 동의 + 허가권자에게 신고하여야 한다.

둘 이상의 대지에 걸치는 경우 토지면적의 과반이 속하는 허가권자에게 허가를 신청할 수 있다.

POINT 09 이행강제금 ☆

부과금액

① 건폐율 초과, ② 용적률 초과, ③ 무허가,
④ 무신고 → 1m²의 시가표준액의 100분의 50 × 위반면적 × 대통령령으로 정하는 비율

부과비율

① 무허가: 100분의 100 ② 용적률 초과: 100분의 90
③ 건폐율 초과: 100분의 80 ④ 무신고: 100분의 70

감액대상 연면적 60m² 이하의 주거용 건축물의 경우에는 부과금액의 2분의 1의 범위에서 조례로 정하는 금액을 부과한다.

가중부과 허가권자는 영리목적을 위한 위반이나 상습적 위반의 경우에는 부과금액의 100분의 100의 범위에서 해당 조례로 정하는 바에 따라 가중하여야 한다.

부과횟수 1년에 2회 이내에서 조례로 정하는 횟수만큼 반복하여 부과 · 징수할 수 있다.

부과의 특례 축사 등 농업용 · 어업용 시설로서 500m²(수도권 외의 지역에서는 1,000m²) 이하인 경우에는 5분의 1을 감경할 수 있다.

POINT 10 건축분쟁전문위원회(분쟁위원회)

조정 및 재정대상

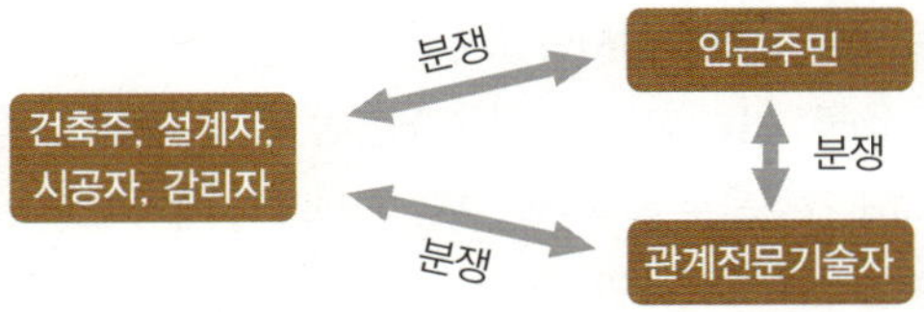

의결 재적위원 과반수 출석 + 출석위원 과반수 찬성으로 의결한다.

구성원의 수 위원장과 부위원장 각 1명을 포함한 15명 이내의 위원으로 구성한다.
→ 국토교통부장관이 위촉

임기 공무원이 아닌 위원의 임기는 3년으로 하되, 연임할 수 있다.

결격사유 피성년후견인, 피한정후견인 또는 파산선고를 받고 복권되지 아니한 자는 분쟁위원회의 위원이 될 수 없다.

조정신청(당사자 중 1명 이상이 신청)
조정은 3명의 위원으로 구성되는 조정위원회에서 하고, 60일 이내에 절차를 마쳐야 한다.

재정신청(당사자 합의로 신청)
재정은 5명의 위원으로 구성되는 재정위원회에서 하고, 120일 이내에 절차를 마쳐야 한다.

기출 OX 문제

대지와 도로 및 면적산정방법

01 제1종 근린생활시설을 의료시설로 변경하는 경우에는 허가를 받아야 한다. 제24회 (   )

02 도시 · 군계획시설에서 건축하는 가설건축물의 경우에는 대지에 대한 조경의무가 있다. 제23회 (   )

03 녹지지역에 건축하는 창고에 대해서는 조경 등의 조치를 하여야 한다. 제25회, 제35회 (   )

04 주거지역에 건축하는 연면적의 합계가 1,500m² 미만인 물류시설은 조경 등의 조치를 하여야 한다. 제35회 (   )

05 연면적의 합계가 2,000m²인 공장의 대지는 너비 6m 이상의 도로에 4m 이상 접하여야 한다. 제25회, 제27회 (   )

06 일반공업지역에 있는 바닥면적의 합계가 5,000m² 이상인 종합병원은 공개공지 또는 공개공간을 설치하여야 하는 건축물에 해당한다. 제26회 (   )

07 공개공지 등의 면적은 대지면적의 100분의 10 이하의 범위에서 건축조례로 정한다. 제24회 (   )

08 처마높이가 9m 이상인 건축물은 건축주가 착공신고 시 구조안전 확인서류를 제출하여야 하는 건축물에 해당한다. 제29회, 제34회, 제35회 (   )

09 의료시설의 병실 간에는 건축물의 가구 · 세대 등 간 소음 방지를 위한 경계벽을 설치하여야 한다. 제26회 (   )

10 제2종 근린생활시설 중 다중생활시설은 범죄예방기준에 따라 건축하여야 하는 건축물에 해당한다. 제29회 (   )

11 지하층에 설치한 기계실, 전기실의 면적은 용적률을 산정할 때 연면적에 산입한다. 제31회, 제33회 (   )

12 층의 구분이 명확하지 않은 건축물은 건축물의 높이 4m마다 하나의 층으로 보고 층수를 산정한다. 제21회, 제33회 (   )

13 벽 · 기둥의 구획이 없는 건축물은 그 지붕 끝부분으로부터 수평거리 1m를 후퇴한 선으로 둘러싸인 수평투영면적을 바닥면적으로 한다. 제29회 (   )

14 필로티 부분은 공동주택의 경우에는 바닥면적에 산입한다. 제29회 (   )

15 공동주택으로서 지상층에 설치한 조경시설의 면적은 바닥면적에 산입하지 아니한다. 제33회 (   )

16 「건축법」상 건축물의 높이제한 규정을 적용할 때, 건축물의 1층 전체에 필로티가 설치되어 있는 경우 건축물의 높이는 필로티의 층고를 제외하고 산정한다. 제31회 (   )

17 일반상업지역에 건축하는 공동주택으로서 하나의 대지에 두 동(棟) 이상을 건축하는 경우에는 채광의 확보를 위한 높이제한이 적용된다. 제25회 (   )

18 전용주거지역과 일반주거지역 안에서 건축하는 건축물에 대하여는 일조의 확보를 위한 높이제한이 적용된다. 제25회 (   )

19 「도로법」에 따른 접도구역은 특별건축구역으로 지정할 수 없다. 제32회 (   )

20 건축물의 소유자 등은 과반수의 동의로 건축물의 리모델링에 관한 건축협정을 체결할 수 있다. 제27회 (   )

정답

01 O 02 X 조경의무가 없다. 03 X 녹지지역에 건축하는 건축물은 조경의무가 없다. 04 O 05 X 연면적의 합계가 3,000m² 이상이어야 한다. 06 X 일반공업지역에 있는 종합병원은 공개공지 또는 공개공간의 설치대상 건축물에 해당하지 않는다. 07 O 08 O 09 O 10 O 11 X 연면적에서 제외한다. 12 O 13 O 14 X 필로티 부분은 공동주택의 경우에는 바닥면적에 산입하지 않는다. 15 O 16 O 17 X 일반상업지역에 건축하는 공동주택의 경우에는 채광의 확보를 위한 높이제한이 적용되지 않는다. 18 O 19 O 20 X 건축물 소유자 전원의 합의로 건축협정을 체결할 수 있다.

건축법

01 총 칙

용 어	기본용어	① 지하층: 바닥에서 지표면까지의 평균 높이가 해당 층 높이의 **1/2** 이상 ② 고층건축물: **30**층 이상 또는 **120**m 이상 ③ 초고층건축물: **50**층 이상 또는 **200**m 이상
	다중이용건축물	① 바닥면적의 합계가 **5,000**m² 이상인 문화 및 집회시설(동물원 · 식물원은 제외), 종교시설, 판매시설, 여객용 시설, 종합병원, 관광숙박시설 ② **16**층 이상인 건축물
	준다중이용건축물	① 바닥면적의 합계가 1,000m² 이상인 문화 및 집회시설(동물원 · 식물원은 제외), 종교시설, 판매시설, 여객용 시설, 종합병원, 관광숙박시설, 교육연구시설, 노유자시설, 운동시설, 위락시설, 관광휴게시설, 장례시설 ② 동물원 · 식물원, 업무시설, 수련시설, 제1종 · 제2종 근린생활시설은 제외
	특수구조건축물	① 한쪽 끝은 고정되고 다른 끝은 지지(支持)되지 아니한 구조로 된 보, 차양 등이 외벽의 중심선으로부터 **3**m 이상 돌출된 건축물 ② 기둥과 기둥 사이의 거리가 **20**m 이상인 건축물
적용범위	신고대상 공작물	① 옹벽 · 담장: **2**m 초과 ② 장식탑 · 기념탑 · 첨탑 · 광고탑 · 광고판: **4**m 초과 ③ 태양에너지 발전설비: 5m 초과 ④ 철탑 · 굴뚝: **6**m 초과 ⑤ 고가수조: **8**m 초과 ⑥ 기계식 주차장: 8m 이하 ⑦ 지하대피호: 바닥면적 **30**m² 초과
	대수선 (수선 · 변경)	① 내력벽: **30**m² 이상 수선하거나 변경하는 것 ② 기둥 · 보 · 지붕틀: 각각 **3**개 이상 수선하거나 변경하는 것 ③ 건축물의 외벽 + 마감재료: 30m² 이상 수선하거나 변경하는 것
	단독주택	① 단독주택 ② 다중주택(3개 층 이하 + 660m² 이하) ③ 다가구주택(3개 층 이하 + 660m² 이하 + 19세대 이하) ④ 공관

	공동주택	① 아파트(5개 층 이상) ② 연립주택(4개 층 이하 + 660m^2 초과) ③ 다세대주택(4개 층 이하 + 660m^2 이하) ④ 기숙사
	제1종 근린생활시설	① 일용품을 판매하는 소매점 · 공공업무시설(파출소 등): 1,000m^2 미만 ② 의원, 치과의원, 한의원, 안마원, 조산원, 산후조리원 ③ 탁구장 · 체육도장: 500m^2 미만 ④ 마을회관, 마을공동작업소, 마을공동구판장, 공중화장실 ⑤ 동물병원 · 동물미용실: 300m^2 미만 ⑥ 금융업소, 부동산중개사무소: 30m^2 미만 ⑦ 휴게음식점 · 제과점: 300m^2 미만
	제2종 근린생활시설	① 서점(1,000m^2 이상), 총포판매소, 사진관, 표구점 ② 종교집회장: 500m^2 미만 ③ 일반음식점, 장의사 ④ 동물병원, 동물미용실: **300**m^2 이상 ⑤ 독서실, 기원 ⑥ 테니스장, 골프연습장: 500m^2 미만 ⑦ 금융업소, 부동산중개사무소, 결혼상담소: 500m^2 미만 ⑧ 다중생활시설: **500**m^2 미만 ⑨ 단란주점: **150**m^2 미만 ⑩ 안마시술소 및 노래연습장
	용도변경	① 허가, 신고대상 + 100m^2 이상 = 사용승인에 관한 규정을 준용한다. 다만, 500m^2 미만 + 대수선을 수반하지 않는 경우는 사용승인을 받지 않아도 된다. ② 허가대상 + 500m^2 이상 = 건축사에 의한 설계대상에 관한 규정을 준용한다.

02 건축물의 건축

건축허가	사전결정	① 사전결정통지를 받은 날부터 **2**년 이내에 건축허가를 신청하여야 한다. ② 협의기간: 15일
	특별시장 · 광역시장	층수가 21층 이상 또는 연면적의 합계가 10만m^2 이상인 건축물(공장 · 창고는 제외)
	도지사의 사전승인	① 층수가 21층 이상 또는 연면적의 합계가 10만m^2 이상인 건축물(공장 · 창고는 제외) ② 자연환경 또는 수질보호(**3**층 이상 또는 연면적 합계가 **1,000**m^2 이상 + 위락시설 · 숙박시설 · 공동주택 · 일반업무시설 · 일반음식점)
	건축신고대상	① 바닥면적의 합계가 85m^2 이내의 증축 · 개축 · 재축 ② 대수선(연면적 **200**m^2 미만 + **3**층 미만) ③ 연면적의 합계가 **100**m^2 이하인 건축물의 건축 ④ 건축물의 높이 **3**m 이하의 증축 ⑤ 공업지역 · 산업단지 · 지구단위계획구역(비도시지역) 안에 건축하는 **500**m^2 이하 + **2**층 이하인 공장 ⑥ 농업이나 수산업을 경영하기 위하여 읍 · 면지역에 건축하는 창고(200m^2 이하) 및 축사(400m^2 이하) ⑦ 대수선 중 내력벽, 기둥, 보, 지붕틀, 방화벽(구획), 주계단, 피난계단 및 특별피난계단을 수선하는 행위

	가설건축물	① 허가대상: 층수가 3층 이하 · 존치기간 3년 이내 – 특별자치시장 · 특별자치도지사 또는 시장 · 군수 · 구청장: 30일 전 존치기간 만료일 통지 → 만료일 14일 전 연장신청 ② 신고대상: 존치기간 3년 이내 – 특별자치시장 · 특별자치도지사 또는 시장 · 군수 · 구청장: 30일 전 존치기간 만료일 통지 → 만료일 7일 전 연장신고
	건축허가취소	① 허가를 받은 후 2년(공장은 3년) 이내에 착수하지 아니한 경우 → 허가를 취소하여야 한다. ② 착공기간 이내에 공사에 착수하였으나 공사완료가 불가능한 경우 → 허가를 취소하여야 한다. ③ 착공신고 전에 경매 또는 공매 등으로 건축주가 대지의 소유권을 상실한 때부터 6개월이 지난 이후 공사의 착수가 불가능하다고 판단된 경우 → 허가를 취소하여야 한다.
	건축허가 및 착공의 제한	① 국토교통부장관 → 국토관리 또는 주무부장관이 요청(국방, 국가유산 보존, 환경보전 또는 국민경제) ② 특별시장 · 광역시장 · 도지사 → 지역계획이나 도시 · 군계획 → 국토교통부장관에게 즉시 보고하여야 하며, 보고를 받은 국토교통부장관은 제한의 내용이 지나치다고 인정되면 해제를 명할 수 있다. ③ 제한기간: **2**년 이내로 한다. 다만, **1**회에 한하여 **1**년 이내에서 연장할 수 있다.
	안전영향평가대상	① 초고층건축물 ② 연면적 10만m^2 이상 + 16층 이상인 건축물
	안전관리예치금	① 연면적 **1,000**m^2 이상인 건축물 + 공사비의 **1%** 이내에서 예치하게 할 수 있다. ② 허가권자는 공사중단기간이 2년을 경과한 경우에는 예치금을 사용하여 안전관리 개선을 위한 조치를 할 수 있다.
사용승인	사용승인서 교부	신청을 받은 날부터 7일 이내에 검사를 실시하고 합격된 건축물에 대하여 사용승인서를 내주어야 한다.
	임시사용승인기간	2년 이내로 한다. 대형건축물 등 공사기간이 긴 건축물에 대하여는 연장할 수 있다.

03 대지와 도로

대 지	옹 벽	경사도가 1:1.5 이상 + 높이가 1m 이상인 경우에는 옹벽 설치의무(높이가 2m 이상은 콘크리트 구조)
	대지의 조경(면제)	① 녹지지역에 건축하는 건축물 ② 공장(5천m^2 미만 대지, 연면적 1,500m^2 미만 산업단지) ③ 축사 ④ 가설건축물 ⑤ 연면적 1,500m^2 미만인 물류시설(주거지역 또는 상업지역에 건축하는 것은 제외)
	대지의 분할제한	① 주거: **60**m^2 미만 ② 상업: **150**m^2 미만 ③ 공업: **150**m^2 미만 ④ 녹지: **200**m^2 미만 ⑤ 기타(관리지역 · 농림지역 · 자연환경보전지역): **60**m^2 미만

공개공지	대상 건축물	① 대상지역: 일반주거지역, 준주거지역, 상업지역, 준공업지역 ② 바닥면적의 합계가 5,000m^2 이상 ③ 문화 및 집회시설, 종교시설, 판매시설(농수산물유통시설은 제외), 운수시설(여객용 시설만 해당), 숙박시설, 업무시설
	설치면적	① 대지면적의 **100**분의 **10** 이하의 범위에서 건축조례로 정한다. ② 연간 60일 이내의 기간 동안 조례로 정하는 바에 따라 문화행사를 열거나 판촉활동을 할 수 있다.
	완화적용	① 용적률 **1.2**배 이하에서 완화하여 적용한다. ② 건축물의 높이제한: **1.2**배 이하에서 완화하여 적용한다.
도 로	도로의 종류	① 통행도로: 보행과 자동차 통행이 가능한 너비 4m 이상 ② 자동차 통행이 불가능한 도로: 너비 3m 이상 ③ 막다른 도로 ㉠ 10m 미만: 2m 이상 ㉡ 10m 이상 ~ 35m 미만: 3m 이상 ㉢ 35m 이상: 6m 이상(도시지역이 아닌 읍 · 면: 4m 이상)
대지와 도로의 관계	접도의무	① 건축물이 있는 대지는 **2**m 이상이 도로에 접하여야 한다. ② 연면적 합계가 2,000m^2(공장인 경우에는 **3,000**m^2) 이상인 건축물(축사, 작물재배사는 제외) → 너비 **6**m 이상인 도로에 **4**m 이상 접하여야 한다.
	건축선	① 소요너비에 미달하는 도로에서의 건축선 ㉠ 도로 중심선에서 소요너비 1/2을 후퇴한 선(도로 양쪽에 대지가 있는 경우) ㉡ 하천, 철도, 경사지 등이 있는 쪽의 도로경계선 → 소요너비만큼 후퇴한 선(도로의 반대쪽에 경사지, 하천, 철도, 선로 부지 등이 있는 경우) ② 모퉁이 건축선: 4m 이상 ~ 8m 미만인 도로 + 120° 미만인 도로 → 2m, 3m, 4m 후퇴 ③ 지정건축선: 특별자치시장 · 특별자치도지사 · 시장 · 군수 · 구청장이 도시지역에서 **4**m 이하의 범위에서 따로 지정할 수 있다. ④ 건축선에 따른 건축제한: 도로면으로부터 높이 **4.5**m 이하의 출입구, 창문은 건축선의 수직면을 넘지 아니하는 구조로 하여야 한다.

04 구조 및 설비

구 조	구조안전 확인 서류의 제출대상 (내진능력 공개대상)	① 층수가 2층(목구조 건축물의 경우에는 **3**층) 이상인 건축물 ② 연면적 200m²(목구조 건축물의 경우에는 **500**m²) 이상인 건축물(창고, 축사, 작물재배사는 제외) ③ 높이가 **13**m 이상인 건축물 ④ 처마 높이가 **9**m 이상인 건축물 ⑤ 기둥과 기둥 사이의 거리가 **10**m 이상인 건축물 ⑥ 단독주택 및 공동주택
설 비	직통계단	보행거리가 30m 이하가 되도록 설치하여야 한다.
	옥상광장 설치대상	5층 이상인 층이 문화 및 집회시설(전시장 및 동 · 식물원은 제외), 종교시설, 판매시설, 주점영업, 장례시설
	난 간	옥상광장 또는 2층 이상인 층에 있는 노대의 주위에는 높이 **1.2**m 이상의 난간을 설치하여야 한다. 다만, 그 노대 등에 출입할 수 없는 구조인 경우에는 그러하지 아니하다.
	헬리포트	층수가 **11**층 이상인 건축물로서 **11**층 이상인 층의 바닥면적의 합계가 **1**만m² 이상인 건축물의 옥상에는 헬리포트를 설치하여야 한다.
	피난안전구역	① 초고층건축물에는 피난층 또는 지상으로 통하는 직통계단과 직접 연결되는 피난안전구역을 지상층으로부터 최대 **30**개 층마다 **1**개소 이상 설치하여야 한다. ② 준초고층건축물에는 피난층 또는 지상으로 통하는 직통계단과 직접 연결되는 피난안전구역을 해당 건축물 전체 층수의 1/2에 해당하는 층으로부터 상하 5개층 이내에 1개소 이상 설치하여야 한다.
면적산정	건축면적	① 지표면으로부터 1m 이하에 있는 부분(창고 중 물품을 입출고하기 위해 차량을 접안시키는 부분의 경우에는 1.5m 이하)은 건축면적에 산입하지 아니한다. ② 문화 및 집회시설(공연장 · 관람장 · 전시장), 교육연구시설(학교 · 도서관 · 연구소), 생활권수련시설, 공공업무시설로서 바닥면적 합계가 1,000m² 이상 + 지면과 접하는 저층의 일부를 높이 8m 이상으로 개방하여 보행통로나 공지 등으로 활용할 수 있는 구조 → 건폐율 산정 시 개방부분의 상부에 해당하는 부분을 건축면적에서 제외할 수 있다.
	바닥면적	① 벽 · 기둥의 구획이 없는 건축물 → 지붕 끝에서 **1**m 후퇴한 선으로 둘러싸인 수평투영면적으로 한다. ② 건축물의 노대 등의 바닥: 노대 등의 면적 − (가장 긴 외벽에 접한 길이 x 1.5m) ③ 다락은 층고가 **1.5**m(경사지붕 **1.8**m) 이하: 바닥면적에 산입하지 아니한다.
	높이 및 층수	승강기탑 · 계단탑 · 장식탑의 수평투영면적의 합계가 건축면적의 **1/8** 이하(공동주택 중 전용면적이 85m² 이하인 경우에는 1/6 이하) → 높이 12m를 초과하는 부분만 높이에 산입하고, 층수에는 산입하지 아니한다.

05 높이제한

일조 등의 확보	전용주거지역 · 일반주거지역	① 원칙: 정북방향 ㉠ 건축물의 높이 **10**m 이하 → 인접대지경계선으로부터 **1.5**m 이상 ㉡ 건축물의 높이 **10**m 초과 → 건축물 각 부분의 높이 **1/2** 이상 ② 예외: 정남방향 ㉠ 도시개발구역 ㉡ 정비구역 ㉢ 정북방향으로 도로, 공원, 하천 등이 있는 경우 ㉣ 정북방향으로 접하고 있는 대지의 소유자와 합의한 경우
	공동주택	일반상업지역과 중심상업지역에 건축하는 공동주택은 일조 등의 확보를 위한 높이제한을 적용하지 않는다.
	적용 제외	2층 이하로서 높이가 8m 이하인 건축물에는 조례로 정하는 바에 따라 일조 등의 확보를 위한 높이제한을 적용하지 아니할 수 있다.

06 건축협정 등

건축협정	① 토지 또는 건축물의 소유자, 지상권자 등 → 전원의 합의 → 건축협정을 체결할 수 있다. ② 건축협정 체결 대상 토지가 둘 이상의 특별자치시 또는 시 · 군 · 구에 걸치는 경우 → 토지면적의 과반이 속하는 인가권자에게 인가를 신청할 수 있다. ③ 건축협정을 폐지하려는 경우 → 과반수의 동의 + 인가 ④ 착공신고를 한 날부터 20년이 지난 후에 폐지 인가를 신청할 수 있다.
결합건축	① 상업지역 등에서 대지 간의 최단거리가 100m 이내의 범위에 있는 2개의 대지가 합의한 경우에는 2개의 대지를 대상으로 결합건축을 할 수 있다. ② 결합건축 대상 대지가 둘 이상의 특별자치시, 특별자치도 및 시 · 군 · 구에 걸치는 경우 → 토지 면적의 과반이 속하는 허가권자에게 허가를 신청할 수 있다. ③ 결합건축 협정체결 유지기간은 최소 30년으로 한다. ④ 결합건축협정서를 폐지하려는 경우 → 전원의 동의 + 신고
이행강제금 (집행벌)	① 건폐율 초과 · 용적률 초과 · 무허가 · 무신고 → 1m²의 시가표준액의 **50/100**에 해당하는 금액에 위반면적을 곱한 금액 이하의 범위에서 대통령령으로 정하는 비율(건폐율 초과: **80/100**, 용적률 초과: **90/100**, 무허가: **100/100**, 무신고: **70/100**)을 곱한 금액 ② 주거용 건축물로서 연면적 60m² 이하인 건축물 → 부과금액의 1/2 이하의 범위에서 조례로 정하는 금액을 부과한다. ③ 가중부과: 영리목적을 위한 위반이나 상습적 위반의 경우 → 부과금액의 100/100의 범위에서 가중하여야 한다. ④ 부과횟수: 1년에 2회 이내에서 조례로 정하는 횟수만큼 반복하여 부과 · 징수할 수 있다. ⑤ 감경: 축사 등 농업용 · 어업용 시설로서 500m²(수도권 외의 지역에서는 1,000m²) 이하인 경우 → 1/5을 감경할 수 있다.

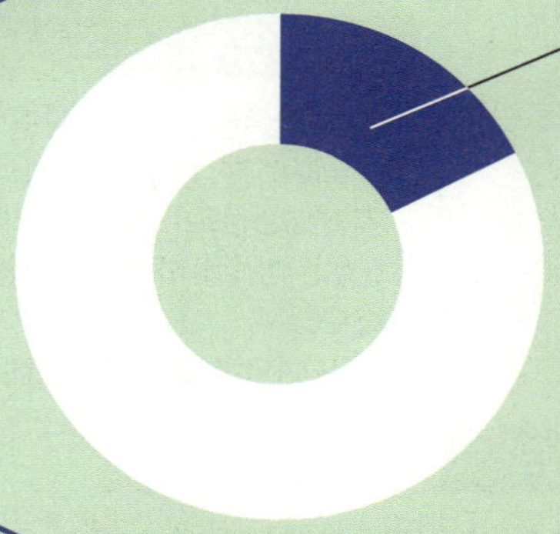

PART

05

주택법

13 주택법 1

사업주체 → **사업계획승인** → **착수** → **사용검사** → **주택의 공급** → **주택의 리모델링**

- 사업주체
  - 등록사업자
  - 주택조합
    - 지역주택조합
    - 직장주택조합
    - 리모델링주택조합
- 사업계획승인
  - 30호(한옥은 50호) 이상의 단독주택건설
  - 30세대 이상의 공동주택건설
  - 1만m² 이상의 대지조성사업
  - 매도청구
  - 승인 여부 통보: 60일 이내
- 착수: (5년) → 2공구: 2년
- 사용검사: 사업주체 → 시장 · 군수 · 구청장
- 주택의 공급
  - 입주자모집공고승인
  - 분양가상한제
  - 저당권설정제한
  - 투기과열지구 및 전매제한
  - 공급질서교란금지
- 주택의 리모델링
  - 리모델링 허가기준 (리모델링주택조합: 주택단지 전체를 리모델링하는 경우 → 전체 75% 이상 + 동별 50% 이상 동의)
  - 리모델링 기본계획 수립 및 고시
    - → 수립권자: 특별시장, 광역시장, 대도시 시장 (도지사 승인)

1. 용어의 정의

(1) 주택: 세대원이 장기간 독립된 주거생활을 할 수 있는 구조로 된 건축물 + 부속토지

(2) 국민주택: ① 국가, 지자체, 토지주택공사, 지방공사가 건설 + 주거전용면적 85m² 이하의 주택
② 국가 · 지자체의 재정 또는 주택도시기금 + 주거전용면적 85m² 이하의 주택

(3) 단위규모(주거전용면적)

> 국민주택규모: 85m² 이하(수도권을 제외한 도시지역이 아닌 읍 · 면 지역은 100m² 이하)

(4) 도시형 생활주택: 300세대 미만의 국민주택규모에 해당하는 주택으로서 도시지역에 건설하는 주택

아파트형 주택	① 세대별로 독립된 주거가 가능하도록 욕실 및 부엌을 설치할 것 ② 지하층에 세대를 설치하지 아니할 것
단지형 연립주택	건축위원회의 심의를 받은 경우에는 5개 층까지 건축할 수 있다.
단지형 다세대주택	건축위원회의 심의를 받은 경우에는 5개 층까지 건축할 수 있다.

* 하나의 건축물에는 도시형 생활주택과 그 밖의 주택을 함께 건축할 수 없다.
  → 준주거지역, 상업지역은 아파트형 주택 + 도시형 생활주택 외의 주택을 함께 건축할 수 있다.

(5) 준주택: 오피스텔, 노인복지주택, 기숙사, 다중생활시설

(6) 공공택지: 공공사업에 따라 개발 · 조성되는 공동주택이 건설되는 용지

(7) 주택단지: 다음의 시설로 분리된 토지는 각각 별개의 주택단지로 본다.

> ① 철도, 고속도로, 자동차전용도로 ② 폭 20m 이상인 일반도로 ③ 폭 8m 이상인 도시계획예정도로

(8) 부대시설: 주택에 딸린 주차장, 관리사무소, 담장, 주택단지 안의 도로 등

(9) 복리시설: 어린이놀이터, 근린생활시설, 유치원, 주민운동시설 및 경로당 등

(10) 기간시설: 도로, 상 · 하수도 · 전기시설 · 가스시설 · 통신시설 · 지역난방시설 등

(11) 간선시설: 주택단지 안의 기간시설을 주택단지 밖에 있는 같은 종류의 기간시설에 연결시키는 시설(가스 · 통신 · 지역난방시설은 주택단지 안의 시설을 포함)

(12) 리모델링: 건축물의 노후화 억제 또는 기능 향상 등을 위하여 대수선하거나 15년이 경과 + 전용면적 30%(85m² 미만은 40%) 이내 + 세대수 15% 이내에서 증축하는 행위. 수직증축의 경우에는 기존 층수가 14층 이하인 경우에는 2개 층, 15층 이상인 경우에는 3개 층까지 증축 가능

(13) 공구: 하나의 주택단지에서 둘 이상으로 구분되는 일단의 구역으로, 착공신고 및 사용검사를 별도로 수행할 수 있는 구역(공구별 세대수는 300세대 이상일 것)

2. 주택의 건설

(1) 사업주체

① 단독사업주체

공공사업주체	국가, 지방자치단체, 한국토지주택공사, 지방공사
등록사업자 (국장에게 등록)	㉠ 주택건설사업자[연간 20호(20세대) 이상] ㉡ 대지조성사업자(연간 1만m² 이상)

② 공동사업주체: 토지소유자 + 등록사업자(임의적), 주택조합(세대수를 증가하지 아니하는 리모델링주택조합은 제외) + 등록사업자(임의적), 고용자 + 등록사업자(의무)

(2) 주택건설(대지조성)사업의 시행

① 사업계획승인대상(단독주택은 30호 이상 (→ 한옥은 50호 이상) 또는 공동주택은 30세대 이상, 대지 1만m² 이상)

승인신청 → 통보(60일 이내) → 승인 → 5년 이내에 착수 → 시공/감리 → 사용검사 (기간: 15일 이내)

② 국공유지 우선매각: 국민주택규모의 주택을 50% 이상 건설하는 사업주체, 주택조합

③ 체비지 우선매각: 국민주택용지로 사용하는 사업주체, 양도가격: 감정가격

주택조합의 설립(조합설립인가. 다만, 국민주택공급 + 직장주택조합 = 신고)

구 분	조합원의 자격 요건	조합원의 교체 및 신규가입
지역주택조합	① 같은 지역에 6개월 이상 거주할 것 ② 조합설립인가신청일로부터 조합주택의 입주가능일까지 주택을 소유하지 아니하거나 주거전용면적이 85m² 이하의 주택 1채를 소유한 세대주	① 대상: 지역주택조합 및 직장주택조합 ② 원칙: 조합설립인가를 받은 후 조합원을 교체하거나 신규로 가입하게 할 수 없다. ③ 예외: 충원 가능한 사유 ㉠ 조합원의 사망 ㉡ 사업계획승인 이후에 입주자로 선정된 지위가 양도 · 증여 · 판결 등으로 변경 ㉢ 조합원의 탈퇴 → 주택건설예정세대수의 50% 미만 ㉣ 조합원이 무자격자로 판명되어 자격을 상실한 경우 ㉤ 주택건설예정세대수가 변경되어 조합원 수가 변경된 세대수의 50% 미만
직장주택조합	① 같은 국가 · 지방자치단체 · 법인에 근무하는 자 ② 조합설립인가신청일로부터 조합주택의 입주가능일까지 주택을 소유하지 아니하거나 주거전용면적 85m² 이하의 주택 1채를 소유한 세대주 * 국민주택을 공급받기 위한 직장주택조합의 경우 → 무주택자에 한하여 조합원이 될 수 있다.	
리모델링 주택조합	① 공동주택과 복리시설의 소유자 ② 대수선인 리모델링은 사용검사를 받은 후 10년 이상의 기간이 경과할 것(증축인 리모델링은 15년 경과할 것)	

빈칸완성 한번 더!

사업주체 → **사업계획승인** → **착수** → **사용검사** → **주택의 공급** → **주택의 리모델링**

사업주체
- 등록사업자
- 주택조합
  - 지역주택조합
  - (　　　　)
  - 리모델링주택조합

사업계획승인
- 30호(한옥은 50호) 이상의 단독주택건설
- 30세대 이상의 공동주택건설
- 1만m^2 이상의 대지조성사업
- (　　　　)
- 승인 여부 통보: 60일 이내

착수
(5년)
2공구: (　　)

사용검사
사업주체 → 시장 · 군수 · 구청장

주택의 공급
- 입주자모집공고승인
- (　　　　)
- 저당권설정제한
- (　　　　) 및 전매제한
- 공급질서교란금지

주택의 리모델링
- 리모델링 허가기준
  (리모델링주택조합: 주택단지 전체를 리모델링하는 경우 → 전체 (　　) 이상 + 동별 (　　) 이상 동의)
- 리모델링 기본계획 수립 및 고시
  → 수립권자: 특별시장, 광역시장, 대도시 시장
  대도시 시장 → 도지사 승인

1. 용어의 정의

(1) 주택: 세대원이 장기간 독립된 주거생활을 할 수 있는 구조로 된 건축물 + (　　　　)
(2) (　　　　): ① 국가, 지자체, (　　　　), 지방공사가 건설 + 주거전용면적 (　　) 이하의 주택
② 국가 · 지자체의 재정 또는 주택도시기금 + 주거전용면적 85m^2 이하의 주택
(3) 단위규모(주거전용면적)

> 국민주택규모: 85m^2 이하(수도권을 제외한 도시지역이 아닌 읍 · 면 지역은 (　　) 이하)

(4) 도시형 생활주택: 300세대 미만의 국민주택규모에 해당하는 주택으로서 도시지역에 건설하는 주택

(　　　　)	① 세대별로 독립된 주거가 가능하도록 욕실 및 부엌을 설치할 것 ② 지하층에 세대를 설치하지 아니할 것
단지형 연립주택	건축위원회의 심의를 받은 경우에는 5개 층까지 건축할 수 있다.
단지형 다세대주택	건축위원회의 심의를 받은 경우에는 5개 층까지 건축할 수 있다.

* 하나의 건축물에는 도시형 생활주택과 그 밖의 주택을 함께 건축할 수 없다.
→ 준주거지역, (　　　　)은 아파트형 주택 + 도시형 생활주택 외의 주택을 함께 건축할 수 있다.

(5) 준주택: (　　　　), 노인복지주택, (　　　　), 다중생활시설
(6) 공공택지: 공공사업에 따라 개발 · 조성되는 (　　　　)이 건설되는 용지
(7) 주택단지: 다음의 시설로 분리된 토지는 각각 별개의 주택단지로 본다.

> ① 철도, 고속도로, 자동차전용도로 ② 폭 (　　)이상인 일반도로 ③ 폭 (　　)이상인 도시계획예정도로

(8) 부대시설: 주택에 딸린 (　　　　), 관리사무소, 담장, 주택단지 안의 도로 등
(9) 복리시설: 어린이놀이터, 근린생활시설, (　　　　), 주민운동시설 및 경로당 등
(10) 기간시설: 도로, 상 · 하수도 · 전기시설 · 가스시설 · 통신시설 · 지역난방시설 등
(11) 간선시설: 주택단지 안의 기간시설을 주택단지 밖에 있는 같은 종류의 기간시설에 연결시키는 시설(가스 · 통신 · 지역난방시설은 주택단지 안의 시설을 포함)
(12) 리모델링: 건축물의 노후화 억제 또는 기능 향상 등을 위하여 대수선하거나 (　　)이 경과 + 전용면적 30%(85m^2 미만은 (　　)) 이내 + 세대수 (　　)이내에서 증축하는 행위. 수직증축의 경우에는 기존 층수가 14층 이하인 경우에는 (　　　　), 15층 이상인 경우에는 (　　　　)까지 증축 가능
(13) 공구: 하나의 주택단지에서 둘 이상으로 구분되는 일단의 구역으로, 착공신고 및 (　　　　)를 별도로 수행할 수 있는 구역(공구별 세대수는 (　　)세대 이상일 것)

2. 주택의 건설

(1) 사업주체
① 단독사업주체

공공사업주체	국가, 지방자치단체, 한국토지주택공사, 지방공사
등록사업자 (국장에게 등록)	㉠ 주택건설사업자[연간 (　　)(20세대) 이상] ㉡ 대지조성사업자(연간 (　　) 이상)

② 공동사업주체: 토지소유자 + 등록사업자(임의적), 주택조합(세대수를 증가하지 아니하는 리모델링주택조합은 제외) + 등록사업자(임의적), (　　　　) + 등록사업자(의무)

(2) 주택건설(대지조성)사업의 시행 → 한옥은 (　　)이상
① 사업계획승인대상(단독주택은 30호 이상 또는 공동주택은 (　　　　) 이상, 대지 (　　　　) 이상)

승인신청 → 통보(60일 이내) → 승인 → 5년 이내에 착수 → 시공/감리 → 사용검사

② 국공유지 우선매각: 국민주택규모의 주택을 (　　)이상 건설하는 사업주체, 주택조합 → 기간: 15일 이내
③ 체비지 우선매각: 국민주택용지로 사용하는 사업주체, 양도가격: (　　　　)

주택조합의 설립(조합설립인가. 다만, 국민주택공급 + 직장주택조합 = (　　))

구 분	조합원의 자격 요건	조합원의 교체 및 신규가입
지역주택조합	① 같은 지역에 (　　) 이상 거주할 것 ② 조합설립인가신청일로부터 조합주택의 입주가능일까지 주택을 소유하지 아니하거나 주거전용면적이 (　　)이하의 주택 1채를 소유한 세대주	① 대상: 지역주택조합 및 직장주택조합 ② 원칙: 조합설립인가를 받은 후 조합원을 교체하거나 신규로 가입하게 할 수 없다. ③ 예외: 충원 가능한 사유 ㉠ (　　　　) ㉡ 사업계획승인 이후에 입주자로 선정된 지위가 양도 · 증여 · 판결 등으로 변경 ㉢ 조합원의 탈퇴 → 주택건설예정세대수의 (　　　　) ㉣ 조합원이 무자격자로 판명되어 자격을 상실한 경우 ㉤ 주택건설예정세대수가 변경되어 조합원 수가 변경된 세대수의 50% 미만
직장주택조합	① 같은 국가 · 지방자치단체 · 법인에 근무하는 자 ② 조합설립인가신청일로부터 조합주택의 입주가능일까지 주택을 소유하지 아니하거나 주거전용면적 85m^2 이하의 주택 1채를 소유한 세대주 * (　　　　)을 공급받기 위한 직장주택조합의 경우 → (　　　　)에 한하여 조합원이 될 수 있다.	
리모델링 주택조합	① 공동주택과 복리시설의 소유자 ② 대수선인 리모델링은 사용검사를 받은 후 10년 이상의 기간이 경과할 것(증축인 리모델링은 (　　)경과할 것)	

핵심 POINT

목표정답수 총 7문제 중 5문제 이상

POINT 01 용어의 정의(1) ☆☆☆

- **단독주택** 단독주택, 다중주택, 다가구주택(공관 X)
- **공동주택** 아파트, 연립주택, 다세대주택(기숙사 X)

  → 공 기가 안 좋아~
- **국민주택**
  ① 국가, 지방자치단체, 한국토지주택공사, 지방공사가 건설한 주택 + 85m² 이하인 주택(수도권을 제외한 도시지역이 아닌 읍 또는 면은 100m² 이하)
  ② 국가, 지방자치단체의 재정 또는 주택도시기금의 자금을 지원받아 건설되는 주택 + 85m² 이하인 주택(수도권을 제외한 도시지역이 아닌 읍 또는 면은 100m² 이하)
- **민영주택** 국민주택을 제외한 주택을 말한다.
- **준주택** 오피스텔, 노인복지주택, 기숙사(학생복지주택 및 공공매입주택 중 독립된 주거의 형태를 갖추지 않은 것을 포함), 다중생활시설 암기TIP 오노기다
- **아파트형 주택**
  ① 세대별로 독립된 주거가 가능하도록 욕실 및 부엌을 설치할 것
  ② 지하층에는 세대를 설치하지 아니할 것
- **준주거지역 또는 상업지역** 하나의 건축물에 아파트형 주택 + 도시형 생활주택 외의 주택을 함께 건축할 수 있다.
- **별개의 주택단지**
  폭 20m 이상의 일반도로
  폭 8m 이상의 도시계획예정도로
  → 분리된 토지
- **세대구분형 공동주택(구분소유할 수 없는 주택)**

사업계획승인을 받은 경우	「공동주택관리법」에 따라 허가를 받거나 신고를 한 경우
① 세대별로 구분된 각각의 공간마다 별도의 욕실, 부엌과 현관을 설치할 것 ② 하나의 세대가 통합하여 사용할 수 있도록 세대간에 연결문 또는 경량구조의 경계벽을 설치할 것 ③ 전체 세대수와 전체 주거전용면적 합계의 3분의 1을 넘지 아니할 것	① 기존 세대수를 포함하여 2세대 이하일 것 ② 세대별로 구분된 각각의 공간마다 별도의 욕실, 부엌과 구분 출입문을 설치할 것 ③ 공동주택 전체 세대수의 10분의 1과 해당 동의 세대수의 3분의 1을 각각 넘지 않을 것 ④ 구조, 화재, 소방 및 피난안전 등 관계 법령에서 정하는 안전기준을 충족할 것

POINT 02 용어의 정의(2) ☆☆☆

- **부대시설** 주차장, 관리사무소, 담장, 주택단지 안의 도로, 경비실, 자전거보관소, 건축설비, 방범설비, 냉난방공급시설(지역난방공급시설은 제외)
- **복리시설** 어린이놀이터, 근린생활시설, 유치원, 경로당, 주민운동시설, 소매시장, 상점, 노유자시설, 종교시설
- **간선시설** 주택단지 안의 기간시설을 주택단지 밖의 기간시설에 연결시키는 시설을 말한다. 다만, 가스 · 통신 · 지역난방시설은 주택단지 안의 시설을 포함한다.
- **공공택지** 공공사업(산업단지개발사업, 공공주택지구조성사업, 수용방식으로 시행하는 도시개발사업, 혁신도시개발사업) + 공동주택건설용지
- **리모델링**
  ① 대수선
  ② 증축
  - ㉠ 15년 경과 + 주거전용면적 30% 이내에서 증축 (주거전용면적 85m² 미만 → 40% 증축)
  - ㉡ 세대수 15% 이내 + 수직 증축(15층 이상인 경우 → 3개 층 이하까지 증축 가능, 기존 층수가 14층 이하인 경우 → 2개 층 이하)
- **공구** 하나의 주택단지에서 착공신고 및 사용검사를 별도로 수행할 수 있는 구역
  → 공구별 세대수는 300세대 이상(전체 세대수는 600세대 이상) + 공구 간 경계는 6m 이상일 것

POINT 03 등록사업자

- **등록대상** 연간 단독주택 20호 이상, 공동주택 20세대(도시형 생활주택은 30세대) 이상을 건설하거나, 연간 1만m² 이상 대지조성사업을 시행하려는 자는 국토교통부장관에게 등록하여야 한다. → 국가, 지자체, 한국토지주택공사, 지방공사, 공익법인, (주택조합 + 등록사업자), (고용자 + 등록사업자)는 등록하지 않아도 된다.
- **등록요건**
  ① 자본금 3억원(개인의 경우에는 자산평가액 6억원) 이상일 것
  ② 건축분야 기술인 1명 이상, 토목분야 기술인 1명 이상일 것
  (건축분야 → 주택건설사업, 토목분야 → 대지조성사업)
- **시공** 6개층 이상인 아파트를 건설한 실적이 있는 자 또는 최근 3년간 300세대 이상의 공동주택 건설실적이 있는 자 → 주택으로 쓰는 층수가 6개층 이상인 주택을 건설할 수 있다.
- **등록말소(하여야 한다)**
  ① 거짓이나 그 밖의 부정한 방법으로 등록한 경우
  ② 등록증을 대여한 경우

POINT 04 주택조합(1) ☆☆☆

조합원의 모집

- **원칙** 해당 주택건설대지의 50% 이상에 해당하는 토지의 사용권원 확보 → 시장 · 군수 · 구청장 신고 + 공개모집
- **예외** 충원하거나 재모집하는 경우에도 신고하지 아니하고 선착순의 방법으로 조합원을 모집할 수 있다.

지역주택조합과 직장주택조합의 인가요건

조합설립인가신청 시 80% 이상의 토지의 사용권원을 확보하고 주택건설대지의 15% 이상의 토지의 소유권을 확보하여 시장 · 군수 · 구청장에게 제출

리모델링주택조합의 인가요건

① 전체를 리모델링하는 경우 → 전체 3분의 2 이상의 결의 + 동별 과반수 결의
② 동을 리모델링하는 경우 → 동의 3분의 2 이상의 결의
: 조합설립인가 결의서 + [대수선: 10년, 증축: 15년] 이상의 기간이 경과하였음을 증명하는 서류를 제출할 것

지역주택조합과 직장주택조합의 조합원 무주택세대주 또는 85m² 이하의 주택을 1채 소유한 세대주

조합설립 신고 국민주택 + 직장주택조합 → 시장 · 군수 · 구청장에게 신고(조합원은 무주택자에 한함)

주택의 우선공급 지역주택조합과 직장주택조합(리모델링주택조합은 제외)

조합원의 수 지역주택조합과 직장주택조합은 조합설립인가를 받는 날부터 사용검사를 받는 날까지 주택건설예정세대수(임대주택 세대수는 제외)의 50% 이상이 조합원 + 조합원은 20명 이상이어야 한다.

총회의 의결(조합원 100분의 20 이상이 직접 출석)

① 자금의 차입과 그 방법 · 이자율 및 상환방법
② 예산으로 정한 사항 외에 조합원에게 부담이 될 계약의 체결
③ 사업비의 조합원별 분담 명세 확정 및 변경
④ 사업비의 세부항목별 사용계획이 포함된 예산안
⑤ 시공자의 선정 · 변경
⑥ 조합임원의 선임 및 해임
⑦ 업무대행자의 선정 · 변경 및 업무대행계약의 체결
⑧ 조합해산의 결의 및 해산 시의 회계보고

POINT 05 주택조합(2) ☆☆☆

충원이 가능한 사유 ① 조합원의 사망, ② 주택건설예정 세대수의 50% 미만이 되는 경우(조합원의 탈퇴, 주택건설예정 세대수가 변경), ③ 조합원이 무자격자로 판명되어 자격을 상실한 경우

자격요건 판단 시점 조합원으로 추가모집되거나 충원되는 자가 조합원 자격요건을 갖추었는지를 판단할 때에는 조합설립인가 신청일을 기준으로 한다.

추가모집에 따른 변경인가신청 사업계획승인 신청일까지 하여야 한다.

사업계획승인신청 지역주택조합과 직장주택조합은 조합설립인가를 받은 날부터 2년 이내에 사업계획승인을 신청하여야 한다.

조합임원의 결격사유

① 금고 이상의 선고유예를 받고 선고유예기간 중에 있는 사람
② 법원의 판결 등으로 자격이 상실 또는 정지된 사람
③ 공동사업주체인 등록사업자 또는 업무대행사의 임직원

조합가입 철회

① 주택조합의 가입을 신청한 자는 30일 이내에 청약철회할 수 있다.
② 청약철회는 서면을 발송한 날에 효력이 발생한다.
③ 모집주체는 7일 이내에 가입비 반환을 요청하여야 한다.
④ 예치기관의 장은 10일 이내에 반환하여야 한다.
⑤ 모집주체는 청약철회를 이유로 위약금 또는 손해배상을 청구할 수 없다.

조합설립인가의 취소 ~ 할 수 있다.

주택조합의 종결 및 해산

① 종결 여부 결정: 주택조합의 발기인은 조합원 모집신고가 수리된 날부터 2년이 되는 날까지 조합설립인가를 받지 못한 경우 → 주택조합 가입신청자 전원으로 구성되는 총회의 의결을 거쳐 주택조합사업의 종결 여부를 결정하여야 한다. → 가입신청자 3분의 2 이상의 찬성으로 의결한다.
② 해산 여부 결정: 주택조합은 설립인가를 받은 날부터 3년이 되는 날까지 사업계획승인을 받지 못한 경우 → 총회의 의결을 거쳐 해산 여부를 결정하여야 한다.

핵심 POINT

목표정답수 총 7문제 중 5문제 이상

POINT 06 사업계획승인 ☆☆☆

사업계획승인대상
① 단독주택은 30호(한옥은 50호 이상), ② 공동주택은 30세대 이상, ③ 대지는 1만m^2 이상

사업계획승인권자(60일 이내 통보)
① 대지면적이 10만m^2 이상: 시 · 도지사 또는 대도시 시장
② 대지면적이 10만m^2 미만: 특별시장, 광역시장, 특별자치시장, 특별자치도지사, 시장, 군수
③ 사업주체가 국가 또는 한국토지주택공사: 국토교통부장관
④ 국토교통부장관이 지정 · 고시하는 지역: 국토교통부장관

표본설계도서 한국토지주택공사, 지방공사, 등록사업자는 국토교통부장관에게 주택의 형별(型別)로 표본설계도서를 작성 · 제출하여 승인을 받을 수 있다.

사업계획승인의 변경 사업주체가 국가, 지방자치단체, 한국토지주택공사, 지방공사인 경우로 ① 총사업비의 20% 범위에서 증감하는 경우, ② 대지면적의 20% 범위에서 증감하는 경우, ③ 건축물의 설계와 용도별 위치를 변경하지 아니하는 범위에서의 건축물의 배치조정 및 주택단지 안의 도로의 선형변경의 경우에는 변경승인을 받지 않아도 된다.

착수기간 사업계획승인을 받은 날부터 5년(최초로 공사를 진행하는 공구 외의 공구는 착공신고일부터 2년) 이내에 공사를 시작하여야 한다.

연장기간 소송진행으로 공사 착수가 지연되는 경우에는 1년의 범위에서 착수기간을 연장할 수 있다.

착공신고 사업계획승인권자는 착공신고를 받은 날부터 20일 이내에 신고수리 여부를 신고인에게 통지하여야 한다.

사업계획승인의 취소 다음의 하나에 해당하는 경우 사업계획승인을 취소할 수 있다.
① 사업주체가 5년 이내에 착수하지 아니하는 경우
② 사업주체가 경매 등으로 대지의 소유권을 상실한 경우
③ 사업주체가 부도 등으로 공사의 완료가 불가능한 경우
(②, ③: 분양보증이 된 경우는 제외)

국공유지의 우선 매각 ① 국민주택규모의 주택을 50% 이상 건설하는 사업주체, ② 주택조합

국공유지를 임차한 자가 2년 이내에 착수 X 임대계약을 취소할 수 있다.

타인토지에의 출입 등 국가, 지자체, 한국토지주택공사, 지방공사 + 사업계획수립을 위한 조사나 측량

POINT 07 매도청구 ☆☆☆

사업주체의 매도청구
① 매도청구대상: 대지(건축물을 포함)
② 매도청구가격: 시가
③ 협의기간: 3개월 이상
④ 95% 이상 사용권원 확보: 모든 소유자
⑤ 95% 미만 사용권원 확보: 10년 이전에 소유권을 확보하여 계속 보유한 자에게는 매도청구할 수 없다.
⑥ 리모델링주택조합: 리모델링 결의에 찬성하지 아니한 자에게 매도청구할 수 있다.

주택소유자의 매도청구
① 매도청구대상: 주택의 소유자 → 토지의 소유권을 회복한 자(실소유자)
② 매도청구가격: 시가
③ 대표자선정: 4분의 3 이상의 동의
④ 매도청구요건: 전체 대지면적의 5% 미만
⑤ 송달기간: 2년 이내
⑥ 판결효력: 주택의 소유자 전체에 대하여 효력이 있다.
⑦ 구상권 행사: 비용의 전부(주택소유자 → 사업주체)를 구상할 수 있다.

POINT 08 임대주택 건설

완화적용 대상 용적률

임대주택 건설비율 완화된 용적률의 60% 이하

임대주택 인수자 국토교통부장관, 시 · 도지사, 한국토지주택공사, 지방공사 → 시 · 도지사가 우선인수할 수 있다.

임대주택 공급가격 건축비로 하고 부속토지는 기부채납한 것으로 본다.

임대주택 선정방법 공개추첨의 방법

기출 OX 문제

용어의 정의

01 주택이란 세대의 구성원이 장기간 독립된 주거생활을 할 수 있는 구조로 된 건축물의 전부 또는 일부를 말하며, 그 부속토지는 제외한다. 제30회 ( )

02 2층의 공관과 3층의 기숙사는 주택법령상 주택에 해당한다. 제29회 ( )

03 단독주택에는 「건축법 시행령」에 따른 다가구주택이 포함되지 않는다. 제30회 ( )

04 「건축법 시행령」에 따른 다중생활시설과 오피스텔은 '준주택'에 해당하지 않는다. 제31회 ( )

05 주택단지에 딸린 어린이놀이터, 근린생활시설, 유치원, 주민운동시설, 지역난방공급시설 등은 부대시설에 포함된다. 제30회, 제34회, 제35회 ( )

06 '간선시설'이란 도로 · 상하수도 · 전기시설 · 가스시설 · 통신시설 · 지역난방시설 등을 말한다. 제31회, 제34회 ( )

07 방범설비와 자전거보관소는 '복리시설'에 해당한다. 제31회, 제32회 ( )

08 주민공동시설은 '부대시설'에 해당한다. 제31회 ( )

09 주택단지에 해당하는 토지가 폭 8m 이상인 도시계획예정도로로 분리된 경우, 분리된 토지를 각각 별개의 주택단지로 본다. 제30회, 제32회, 제34회 ( )

10 폭 10m인 일반도로로 분리된 토지는 각각 별개의 주택단지이다. 제28회, 제32회 ( )

11 공구란 하나의 주택단지에서 둘 이상으로 구분되는 일단의 구역으로서 공구별 세대수는 200세대 이상으로 해야 한다. 제28회 ( )

12 500세대인 국민주택규모의 아파트형 주택은 도시형 생활주택에 해당한다. 제28회, 제32회 ( )

13 「산업입지 및 개발에 관한 법률」에 따른 산업단지개발사업에 의하여 개발 · 조성되는 공동주택이 건설되는 용지는 '공공택지'에 해당한다. 제28회 ( )

14 한국토지주택공사가 수도권에 건설한 주거전용면적이 1세대당 80m²인 아파트는 '국민주택'에 해당한다. 제29회 ( )

15 주택도시기금으로부터 자금을 지원받아 건설되는 1세대당 주거전용면적 84m²인 주택은 '국민주택'에 해당한다. 제31회 ( )

16 하나의 건축물에는 단지형 연립주택 또는 단지형 다세대주택과 아파트형 주택을 함께 건축할 수 없다. 제35회 ( )

정답

01 X 주택이란 세대의 구성원이 장기간 독립된 주거생활을 할 수 있는 구조로 된 건축물의 전부 또는 일부 및 그 부속토지를 말한다. 02 X 공관과 기숙사는 주택법령상 주택에 해당하지 않는다. 03 X 단독주택에는 「건축법 시행령」에 따른 다가구주택이 포함된다. 04 X 다중생활시설은 준주택에 해당한다. 05 X 주택단지에 딸린 어린이놀이터, 근린생활시설, 유치원, 주민운동시설은 복리시설에 해당하고, 지역난방공급시설은 부대시설에서 제외된다. 06 X 간선시설이 아니라 기간시설에 해당한다. 07 X 방범설비와 자전거보관소는 부대시설에 해당한다. 08 X 주민공동시설은 복리시설에 해당한다. 09 O 10 X 별개의 주택단지가 아니라 하나의 주택단지이다. 11 X 공구란 하나의 주택단지에서 둘 이상으로 구분되는 일단의 구역으로서 공구별 세대수는 300세대 이상으로 해야 한다. 12 X 도시형 생활주택은 세대수가 300세대 미만으로 구성되기 때문에 500세대인 국민주택규모의 아파트형 주택은 도시형 생활주택에 해당하지 않는다. 13 O 14 O 15 O 16 O

기출 OX 문제

주택의 건설

01 한국토지주택공사가 연간 10만m^2 이상의 대지조성사업을 시행하려는 경우에는 대지조성사업의 등록을 하여야 한다. 제31회, 제36회 (　)

02 고용자가 그 근로자의 주택을 건설하는 경우에는 대통령령으로 정하는 바에 따라 등록사업자와 공동으로 사업을 시행하여야 한다. 제34회 (　)

03 세대수를 증가하는 리모델링주택조합이 그 구성원의 주택을 건설하는 경우에는 등록사업자와 공동으로 사업을 시행할 수 없다. 제31회, 제36회 (　)

04 주택건설공사를 시공할 수 있는 등록사업자가 최근 3년간 300세대 이상의 공동주택을 건설한 실적이 있는 경우에는 주택으로 쓰는 층수가 7개 층인 주택을 건설할 수 있다. 제31회 (　)

05 지역주택조합설립인가를 받으려는 자는 해당 주택건설대지의 80% 이상에 해당하는 토지의 사용권원을 확보하고 주택건설대지에 15% 이상의 소유권을 확보하여야 한다. 제28회 (　)

06 지역주택조합은 주택건설예정세대수의 50% 이상의 조합원으로 구성하되, 조합원은 10명 이상이어야 한다. 제28회 (　)

07 지역주택조합의 설립인가를 받은 후 조합원이 사망한 경우에는 조합원을 충원할 수 있다. 제31회 (　)

08 지역주택조합의 설립인가를 받은 후 조합원의 탈퇴 등으로 조합원 수가 주택건설예정세대수의 60%가 된 경우에는 조합원을 충원할 수 있다. 제31회 (　)

09 지역주택조합은 조합원의 공개모집 이후 조합원의 사망 · 자격상실 · 탈퇴 등으로 인한 결원을 충원하거나 미달된 조합원을 재모집하는 경우에는 신고하지 아니하고 선착순의 방법으로 조합원을 모집할 수 있다. 제28회 (　)

10 지역주택조합은 조합임원의 선임을 의결하는 총회의 경우에는 조합원의 100분의 20 이상이 직접 출석하여야 한다. 제29회 (　)

11 지역주택조합은 설립인가를 받은 날부터 2년 이내에 사업계획승인을 신청하여야 한다. 제29회 (　)

12 사업계획승인권자는 사업주체가 경매로 인하여 대지소유권을 상실한 경우에는 그 사업계획의 승인을 취소하여야 한다. 제29회 (　)

13 사업계획승인권자는 사업계획승인의 신청을 받았을 때에는 정당한 사유가 없으면 신청받은 날부터 60일 이내에 사업주체에게 승인 여부를 통보하여야 한다. 제30회, 제32회 (　)

14 주택단지의 전체 세대수가 500세대인 주택건설사업을 시행하려는 자는 주택단지를 공구별로 분할하여 주택을 건설 · 공급할 수 있다. 제30회, 제32회 (　)

15 등록사업자는 동일한 규모의 주택을 대량으로 건설하려는 경우에는 시 · 도지사에게 주택의 형별로 표본설계도서를 작성 · 제출하여 승인을 받을 수 있다. 제31회 (　)

16 지방공사가 사업주체인 경우 건축물의 설계와 용도별 위치를 변경하지 아니하는 범위에서의 건축물의 배치조정은 사업계획변경승인을 받지 않아도 된다. 제31회 (　)

17 사업계획승인권자는 착공신고를 받은 날부터 20일 이내에 신고수리 여부를 신고인에게 통지하여야 한다. 제32회 (　)

18 사업주체는 사업계획승인을 받은 날부터 1년 이내에 공사를 착수하여야 한다. 제32회 (　)

정답

01 X 한국토지주택공사는 등록하지 않아도 된다. 02 O 03 X 공동으로 사업을 시행할 수 있다. 04 O 05 O 06 X 지역주택조합은 주택건설예정세대수의 50% 이상의 조합원으로 구성하되, 조합원은 20명 이상이어야 한다. 07 O 08 X 주택건설예정세대수의 50% 미만이 된 경우에 조합원을 충원할 수 있다. 09 O 10 O 11 O 12 X 사업계획승인권자는 사업주체가 경매로 인하여 대지소유권을 상실한 경우에는 그 사업계획의 승인을 취소할 수 있다. 13 O 14 X 주택단지의 전체 세대수가 600세대 이상인 주택건설사업을 시행하려는 자는 주택단지를 공구별로 분할하여 주택을 건설 · 공급할 수 있다. 15 X 국토교통부장관에게 표본설계도서를 작성 · 제출하여 승인을 받을 수 있다. 16 O 17 O 18 X 사업주체는 사업계획승인을 받은 날부터 5년 이내에 공사를 시작하여야 한다.

MEMO

14 주택법 2

1. 주택상환사채 ☆☆

발행권자	한국토지주택공사와 등록사업자. 다만, 등록사업자는 금융기관 또는 주택도시보증공사로부터 보증을 받은 경우에만 발행할 수 있다.
등록사업자의 발행요건	① 법인으로서 자본금이 5억원 이상일 것 ② 건설업 등록을 한 자일 것 ③ 최근 3년간 연평균 주택건설 실적이 300호 이상일 것
발행규모	등록사업자가 발행할 수 있는 주택상환사채의 규모는 최근 3년간의 연평균 주택건설 호수 이내로 한다.
발행절차	한국토지주택공사와 등록사업자는 발행계획을 수립 → 국토교통부장관(승인)
발행방법	기명증권으로 발행(액면 또는 할인의 방법)
상환기간	3년을 초과할 수 없다. 이 경우 상환기간은 주택상환사채 발행일부터 주택의 공급계약 체결일까지의 기간으로 한다.
양도금지	양도하거나 중도해약을 할 수 없다. 단, 해외이주 등 부득이한 경우로서 국토교통부령으로 정하는 경우에는 그러하지 아니한다.
효 력	등록사업자의 등록이 말소된 경우에도 등록사업자가 발행한 주택상환사채의 효력에는 영향을 미치지 아니한다.
적용 법률	이 법에서 규정된 것 외에는 「상법」 중 사채발행에 관한 규정을 적용한다.

2. 분양가상한제 적용주택 ☆☆☆

적용대상	사업주체가 공공택지와 공공택지 외의 택지(국장이 지정하는 지역)에서 공급하는 공동주택(도시형 생활주택, 경제자유구역위원회에서 의결한 경우, 주거환경개선사업 및 공공재개발사업에서 건설·공급하는 주택, 관광특구에서 50층 이상이거나 높이가 150m 이상인 공동주택, 도심공공주택복합사업, 혁신지구재생사업은 제외)
분양가격	택지비 + 건축비로 구성(토지임대부 분양주택의 경우에는 건축비만 해당)
분양가 공시주체	① 공공택지 = 사업주체 → (택지비: 공급가격 + 가산금액) ② 공공택지 외의 택지 = 시장·군수·구청장 → (택지비: 감정가격 + 가산금액)
분양가 심사위원회	① 시장·군수·구청장이 20일 이내에 설치·운영하여야 한다. ② 시장·군수·구청장은 분양가심사위원회의 심사결과에 따라 입주자모집 승인 여부를 결정하여야 한다.
분양가상한제 적용지역	① 국장이 주택가격이 급등하거나 급등할 우려가 있는 지역 중 심의를 거쳐 지정 ② 지정대상지역: 투기과열지구로 지정된 지역 중 다음의 어느 하나에 해당하는 지역을 말한다. ㉠ 직전월부터 소급하여 12개월간의 아파트 분양가격상승률이 물가상승률의 2배를 초과한 지역 ㉡ 직전월부터 소급하여 3개월간의 주택매매거래량이 전년 동기 대비 20% 이상 증가한 지역 ㉢ 직전월부터 소급하여 주택공급이 있었던 2개월 동안 해당 지역에서 공급되는 주택의 월평균 청약경쟁률이 모두 5 : 1을 초과하였거나 해당 지역에서 공급되는 국민주택규모 주택의 월평균 청약경쟁률이 모두 10 : 1을 초과한 지역

3. 주택의 공급 ☆

(1) 공급질서교란금지(양도/양수, 알선/광고 → 금지, 상속과 저당 → 허용)

> ① 주택을 공급받을 수 있는 조합원의 지위
> ② 주택상환사채
> ③ 입주자저축증서
> ④ 시장·군수·구청장이 발행한 무허가건물확인서·건물철거예정증명서 또는 건물철거확인서
> ⑤ 이주대책에 따라 주택을 공급받을 수 있는 지위 또는 이주대책대상 확인서

(2) 저당권설정 등의 제한
① 사업주체가 입주예정자의 동의 없이 저당권 등 담보물권을 설정하는 행위를 금지
② 입주자모집공고승인신청일(주택조합의 경우에는 사업계획승인신청일) 이후부터 소유권이전등기를 신청할 수 있는 날(입주 가능일) 이후 60일까지 제한
③ 부기등기: 대지는 입주자모집공고승인신청과 동시에 하여야 하고 주택은 소유권보존등기와 동시에 하여야 한다.

4. 전매제한의 특례 ☆☆

(1) 세대원이 근무, 생업, 질병치료, 취학, 결혼으로 세대원 전원이 다른 광역시, 자치시, 자치도, 시 또는 군으로 이전(수도권 안에서 이전하는 경우는 제외)
(2) 상속으로 취득한 주택으로 세대원 전원이 이전
(3) 세대원 전원이 해외이주 또는 2년 이상 체류
(4) 이혼으로 인하여 입주자로 선정된 지위나 주택을 배우자에게 이전
(5) 채무불이행으로 경매 또는 공매가 시행되는 경우
(6) 입주자로 선정된 지위 또는 주택의 일부를 배우자에게 증여
(7) 실직·파산 또는 신용불량으로 경제적 어려움이 발생한 경우

5. 사용검사 ☆

사용검사권자	① 사업주체 → 시장·군수·구청장(국가, 한국토지주택공사인 경우에는 국장) ② 사업계획승인 조건의 미이행: 동별로 가능
사업주체의 파산 시	① 시공을 보증한 자 ② 시공을 보증한 자가 없는 경우에는 입주예정자(대표회의)
사용검사기간	사용검사는 신청일부터 15일 이내에 하여야 한다.
사용검사의 효과	사업주체 또는 입주예정자는 사용검사를 받은 후가 아니면 주택 또는 대지를 사용할 수 없다.
임시사용승인	① 주택: 동별, 대지: 구획별 ② 공동주택: 세대별로 임시사용승인을 할 수 있다.
준공검사 등의 의제	① 의제: 사용승인, 준공검사 또는 준공인가 ② 협의기간: 10일 이내에 의견제출

빈칸완성 한번 더!

1. 주택상환사채 ★★

발행권자	한국토지주택공사와 등록사업자. 다만, ( )는 금융기관 또는 주택도시보증공사로부터 보증을 받은 경우에만 발행할 수 있다.
등록사업자의 발행요건	① 법인으로서 자본금이 ( ) 이상일 것 ② 건설업 등록을 한 자일 것 ③ 최근 3년간 연평균 주택건설 실적이 300호 이상일 것
발행규모	등록사업자가 발행할 수 있는 주택상환사채의 규모는 최근 3년간의 연평균 주택건설 호수 이내로 한다.
발행절차	한국토지주택공사와 등록사업자는 발행계획을 수립 → ( )
발행방법	기명증권으로 발행(액면 또는 할인의 방법)
상환기간	3년을 초과할 수 없다. 이 경우 상환기간은 주택상환사채 발행일부터 주택의 공급계약 체결일까지의 기간으로 한다.
양도금지	양도하거나 중도해약을 할 수 ( ). 단, 해외이주 등 부득이한 경우로서 국토교통부령으로 정하는 경우에는 그러하지 아니한다.
효 력	등록사업자의 등록이 ( ) 경우에도 등록사업자가 발행한 주택상환사채의 효력에는 영향을 미치지 ( ).
적용 법률	이 법에서 규정된 것 외에는 ( ) 중 사채발행에 관한 규정을 적용한다.

2. 분양가상한제 적용주택 ★★★

적용대상	사업주체가 ( )와 공공택지 외의 택지(국장이 지정하는 지역)에서 공급하는 공동주택(( ), 경제자유구역위원회에서 의결한 경우, 주거환경개선사업 및 공공재개발사업에서 건설 · 공급하는 주택, ( )에서 50층 이상이거나 높이가 ( ) 이상인 공동주택, 도심공공주택복합사업, 혁신지구재생사업은 ( ))
분양가격	택지비 + 건축비로 구성(토지임대부 분양주택의 경우에는 건축비만 해당)
분양가 공시주체	① 공공택지 = ( ) → (택지비: 공급가격 + 가산금액) ② 공공택지 외의 택지 = ( ) → (택지비: 감정가격 + 가산금액)
분양가 심사위원회	① ( )이 20일 이내에 설치 · 운영하여야 한다. ② 시장 · 군수 · 구청장은 분양가심사위원회의 심사결과에 따라 입주자모집 승인 여부를 결정하여야 한다.
분양가상한제 적용지역	① ( )이 주택가격이 급등하거나 급등할 우려가 있는 지역 중 심의를 거쳐 지정 ② 지정대상지역: 투기과열지구로 지정된 지역 중 다음의 어느 하나에 해당하는 지역을 말한다. ㉠ 직전월부터 소급하여 ( )의 아파트 분양가격상승률이 물가상승률의 ( )배를 초과한 지역 ㉡ 직전월부터 소급하여 ( )의 주택매매거래량이 전년 동기 대비 ( ) 이상 증가한 지역 ㉢ 직전월부터 소급하여 주택공급이 있었던 ( ) 동안 해당 지역에서 공급되는 주택의 월평균 청약경쟁률이 모두 ( )을 초과하였거나 해당 지역에서 공급되는 국민주택규모 주택의 월평균 청약경쟁률이 모두 ( )을 초과한 지역

3. 주택의 공급 ★

(1) 공급질서교란금지(양도/양수, 알선/광고 → 금지, (   ) → 허용)

> ① 주택을 공급받을 수 있는 조합원의 지위
> ② (   )
> ③ 입주자저축증서
> ④ 시장 · 군수 · 구청장이 발행한 무허가건물확인서 · 건물철거예정증명서 또는 건물철거확인서
> ⑤ 이주대책에 따라 주택을 공급받을 수 있는 지위 또는 이주대책대상 확인서

(2) 저당권설정 등의 제한
① 사업주체가 입주예정자의 동의 없이 저당권 등 담보물권을 설정하는 행위를 금지
② 입주자모집공고승인 (   )(주택조합의 경우에는 사업계획승인신청일) 이후부터 소유권이전등기를 신청할 수 있는 날(입주 가능일) 이후 (   )까지 제한
③ 부기등기: 대지는 입주자모집공고승인신청과 (   )에 하여야 하고 주택은 (   )와 동시에 하여야 한다.

4. 전매제한의 특례 ★★

(1) 세대원이 근무, 생업, 질병치료, 취학, 결혼으로 세대원 (   )이 다른 광역시, 자치시, 자치도, 시 또는 군으로 이전((   ) 안에서 이전하는 경우는 (   ))
(2) (   )으로 취득한 주택으로 세대원 (   )이 이전
(3) 세대원 전원이 해외이주 또는 (   ) 이상 체류
(4) (   )으로 인하여 입주자로 선정된 지위나 주택을 배우자에게 이전
(5) 채무불이행으로 (   ) 또는 (   )가 시행되는 경우
(6) 입주자로 선정된 지위 또는 주택의 일부를 배우자에게 (   )
(7) 실직 · 파산 또는 신용불량으로 경제적 어려움이 발생한 경우

5. 사용검사 ★

사용검사권자	① 사업주체 → 시장 · 군수 · 구청장(국가, 한국토지주택공사인 경우에는 국장) ② 사업계획승인 조건의 미이행: ( )로 가능
사업주체의 파산 시	① 시공을 보증한 자 ② 시공을 보증한 자가 없는 경우에는 입주예정자(대표회의)
사용검사기간	사용검사는 신청일부터 ( ) 이내에 하여야 한다.
사용검사의 효과	사업주체 또는 입주예정자는 사용검사를 받은 후가 아니면 주택 또는 대지를 사용할 수 없다.
임시사용승인	① 주택: 동별, 대지: ( ) ② 공동주택: ( )로 임시사용승인을 할 수 있다.
준공검사 등의 의제	① 의제: 사용승인, 준공검사 또는 준공인가 ② 협의기간: ( ) 이내에 의견제출

핵심 POINT

목표정답수 총 7문제 중 5문제 이상

POINT 01 주택상환사채 ☆☆

- **발행권자** 한국토지주택공사와 등록사업자 (보증을 받은 경우에만 발행할 수 있다.)
- **등록사업자**
  ① 자본금이 5억원 이상
  ② 건설업 등록을 한 자
  ③ 최근 3년간 주택건설 실적이 300호 이상
- **발행계획** 국토교통부장관의 승인
- **발행방법** 기명증권(양도 X, 중도해약 X)
- **양도 가능사유**
  ① 세대원의 근무 · 취학 · 결혼으로 인하여 세대원 전원이 이전하는 경우
  ② 세대원 전원이 해외로 이주하거나 2년 이상 해외에 체류하고자 하는 경우
  ③ 세대원 전원이 상속으로 이전하는 경우
- **명의변경** 취득자의 성명과 주소를 사채원부에 기록하는 방법 → 취득자의 성명을 채권에 기록하지 아니하면 발행자 및 제3자에게 대항할 수 없다.
- **상환기간** 3년을 초과할 수 없다(사채 발행일 ~ 공급계약 체결일).
- **등록사업자의 등록말소** 효력에는 영향을 미치지 않는다. (보증을 받았으므로 효력 유효)

POINT 02 토지임대부 분양주택 ☆

- **임대차기간** 토지임대부 분양주택의 토지에 대한 임대차기간은 40년 이내로 한다.
  → 75% 이상이 갱신계약을 청구하는 경우 40년의 범위에서 갱신할 수 있다.
- **지위의 승계** 토지임대부 분양주택을 양수한 자 또는 상속받은 자는 임대차계약을 승계한다.
- **토지임대료** 월별 임대료를 원칙으로 하되, 토지소유자와 주택을 공급받은 자가 합의한 경우 임대료를 선납하거나 보증금으로 전환하여 공급할 수 있다.
- **증액청구** 토지소유자는 토지임대료 약정을 체결한 후 2년이 지나기 전에는 증액을 청구할 수 없다.
- **보증금 전환** 토지임대료를 보증금으로 전환하려는 경우 이자율은 은행의 3년 만기 정기예금 평균이자율 이상이어야 한다.
- **적용 법률** 「주택법」에서 정하지 아니한 사항은 「집합건물의 소유 및 관리에 관한 법률」, 「민법」 순으로 적용한다.
- **주택의 매입** 토지임대부 분양주택을 공급받은 자는 전매제한기간이 지나기 전에 한국토지주택공사에 해당 주택의 매입을 신청할 수 있다.

POINT 03 분양가상한제 ☆☆

- **입주자모집공고** 시장 · 군수 · 구청장의 승인(공공주택사업자 X), 복리시설 → 신고(공공주택사업자 X)
  (견본주택을 건설하는 경우 마감자재목록표와 영상물 등을 승인권자에게 제출)
- **분양가상한제 적용대상에서 제외하는 주택**
  ① 도시형 생활주택
  ② 경제자유구역위원회에서 의결한 경우
  ③ 관광특구에서 50층 이상 또는 150m 이상인 공동주택
  ④ 한국토지주택공사 또는 지방공사가 소규모주택 정비사업 등의 시행자로 참여하고, 전체 세대수의 10% 이상을 임대주택으로 건설 · 공급하는 경우
  ⑤ 「도시 및 주거환경정비법」에 따른 주거환경개선사업 및 공공재개발사업에서 건설 · 공급하는 주택
  ⑥ 혁신지구재생사업에서 건설 · 공급하는 주택
  ⑦ 도심공공주택복합사업에서 건설 · 공급하는 주택
- **분양가격** 택지비 + 건축비(토지임대부 분양주택의 경우에는 건축비만 해당)
- **분양가격 공시의무** 공공택지(사업주체), 공공택지 외의 택지(시장 · 군수 · 구청장)
- **분양가상한제 적용지역** 국장이 지정
  - 투기과열지구로 지정된 지역 중 다음의 어느 하나에 해당하는 지역
    ① 직전월부터 소급하여 12개월간 아파트 분양가격상승률이 물가상승률의 2배를 초과한 지역
    ② 직전월부터 소급하여 3개월간 주택매매거래량이 전년 동기 대비 20% 이상 증가한 지역
    ③ 직전월부터 소급하여 2개월간 월평균 청약경쟁률이 5 : 1을 초과하였거나, 국민주택규모 주택의 월평균 청약경쟁률이 모두 10 : 1을 초과한 곳
- **분양가심사위원회** 시장 · 군수 · 구청장은 사업계획승인신청이 있는 날부터 20일 이내에 분양가심사위원회를 설치 · 운영하여야 한다.

비교정리

구 분	공공택지	공공택지 외의 택지
분양가 공시주체	사업주체	시장 · 군수 · 구청장
택지비	공급가격 + 가산금액	감정가격 + 가산금액

분양가상한제 적용주택의 입주자 거주의무

분양가격	공공택지	공공택지 외의 택지
80% 미만	5년	3년
80% 이상 100% 미만	3년	2년

POINT 04 투기과열지구 ☆☆☆

지정권자 국토교통부장관, 시 · 도지사

지정절차
① 국장 → 시 · 도지사의 의견청취
② 시 · 도지사 → 국장과 협의(시장 · 군수 · 구청장 의견청취 X)

지정대상지역
① 직전월부터 소급하여 2개월간 월별 평균 청약경쟁률이 모두 5 : 1을 초과하였거나 국민주택규모 주택의 월별 평균 청약경쟁률이 모두 10 : 1을 초과한 곳
② 직전월의 주택분양실적이 전달보다 30% 이상 감소한 곳
③ 사업계획승인 건수나 건축허가 건수(직전월부터 소급하여 6개월간 건수)가 직전연도 보다 급격하게 감소한 곳
④ 해당 지역이 속하는 시 · 도의 주택보급률이 전국 평균 이하인 곳
⑤ 해당 지역이 속하는 시 · 도의 자가주택비율이 전국 평균 이하인 곳

재검토 국장이 반기마다 재검토

전매제한대상 상속은 제외

전매제한기간 입주자로 선정된 날부터 수도권은 3년, 수도권 외의 지역은 1년이다.
→ 전매제한 기산점

결과 통보 투기과열지구 지정의 해제를 요청받은 국장 또는 시 · 도지사는 요청받은 날부터 40일 이내에 심의를 거쳐 투기과열지구 지정의 해제 여부를 결정하여 심의 결과를 통보하여야 한다.

POINT 05 조정대상지역 ☆

지정권자 국토교통부장관

지정대상지역

과열지역 직전월부터 소급하여 3개월간 주택가격상승률이 소비자물가상승률의 1.3배를 초과하는 지역으로서 다음의 어느 하나에 해당하는 지역
① 직전월부터 소급하여 2개월 동안 월별 평균 청약경쟁률이 5 : 1을 초과하였거나 국민주택규모 주택의 월별 평균 청약경쟁률이 모두 10 : 1을 초과한 곳
② 직전월부터 소급하여 3개월간 분양권 전매거래량이 직전연도의 같은 기간보다 30% 이상 증가한 지역
③ 해당 지역이 속하는 시 · 도의 주택보급률 또는 자가주택비율이 전국 평균 이하인 지역

위축지역 직전월부터 소급하여 6개월간의 주택가격상승률이 마이너스 1.0% 이하인 지역으로서 다음의 어느 하나에 해당하는 지역
① 직전월부터 소급하여 3개월 연속 주택매매거래량이 직전연도의 같은 기간보다 20% 이상 감소한 지역
② 직전월부터 소급하여 3개월간 평균 미분양주택의 수가 직전연도의 같은 기간보다 2배 이상인 지역
③ 해당 지역이 속하는 시 · 도의 주택보급률 또는 자가주택비율이 전국 평균 초과인 지역

해제요청 시 · 도지사 또는 시장 · 군수 · 구청장은 국장에게 조정대상지역의 해제를 요청할 수 있다.

핵심 POINT

목표정답수 총 7문제 중 5문제 이상

POINT 06 전매제한의 특례 ☆☆

전매제한의 특례 한국토지주택공사(사업주체가 공공주택사업자인 경우에는 공공주택사업자)의 동의를 받아 전매 가능사유

① 세대원이 근무, 생업상의 사정이나 질병치료, 취학, 결혼으로 인하여 세대원 전원이 다른 광역시, 특별자치시, 특별자치도, 시 또는 군으로 이전하는 경우. 다만, 수도권 안에서 이전하는 경우를 제외한다.
② 상속 + 세대원 전원이 이전하는 경우
③ 세대원 전원이 해외로 이주하거나 2년 이상의 기간 해외에 체류하고자 하는 경우
④ 이혼 + 배우자에게 이전하는 경우
⑤ 분양가상한제 적용주택, 공공택지 외의 택지에서 건설 · 공급되는 주택, 「도시 및 주거환경정비법」에 따른 공공재개발사업에서 건설 · 공급되는 주택의 소유자가 국가 · 지방자치단체 및 금융기관에 대한 채무를 이행하지 못하여 경매 또는 공매가 시행되는 경우
⑥ 입주자로 선정된 지위 또는 주택의 일부를 배우자에게 증여하는 경우
⑦ 실직 · 파산 또는 신용불량으로 경제적 어려움이 발생한 경우

주택의 우선매입 분양가상한제 적용주택을 전매하는 경우에는 한국토지주택공사가 그 주택을 우선매입할 수 있다.

부기등기의무 사업주체가 분양가상한제 적용주택, 공공택지 외의 택지에서 건설 · 공급하는 주택 및 토지임대부 분양주택을 공급하는 경우에는 그 주택의 소유권을 제3자에게 이전할수 없음을 소유권에 관한 등기에 부기등기하여야 한다.

POINT 07 공급질서 교란금지 및 저당권설정 제한 ☆

공급질서 교란금지

① 대상행위: 매매 · 증여 · 알선 · 광고는 금지(상속 · 저당은 허용)
② 대상 증서(지위)
- ㉠ 조합원의 지위
- ㉡ 입주자저축증서
- ㉢ 주택상환사채(토지상환채권 X, 도시개발채권 X)
- ㉣ 시장 · 군수 · 구청장이 발행한 건축물철거확인서
- ㉤ 공공사업시행으로 인한 이주대책대상자확인서

③ 위반의 효과: 지위의 무효, 계약의 취소(하여야 한다), 사업주체의 환매, 퇴거명령, 입주자 자격제한(10년 이내), 3년 이하의 징역 또는 3천만원 이하의 벌금(이익의 3배에 해당하는 금액이 3천만원을 초과하는 경우에는 이익의 3배에 해당하는 금액)

저당권설정 제한

① 제한시기: 입주자모집공고승인신청일(주택조합의 경우 사업계획승인신청일) 이후부터 소유권이전등기를 신청할 수 있는 날 이후 60일까지의 기간 동안 입주예정자의 동의 없이는 저당권설정 등의 행위를 하여서는 아니 된다.
② 부기등기 시기: 대지(입주자모집공고승인신청과 동시), 주택(소유권보존등기와 동시)
③ 위반의 효과: 무효

POINT 08 주택의 리모델링☆☆

리모델링주택조합의 허가기준 → 시장·군수·구청장

① 주택단지 전체를 리모델링하는 경우: 전체 75% 이상 + 동별 50% 이상의 동의
② 동을 리모델링하는 경우: 75% 이상의 동의

입주자 · 사용자 · 관리주체의 허가기준 입주자 전체의 동의

입주자대표회의 허가기준 소유자 전원의 동의

안전진단요청 증축형 리모델링을 하려는 자는 시장 · 군수 · 구청장에게 안전진단을 요청하여야 한다.

리모델링기본계획

① 수립권자: 특별시장 · 광역시장 및 대도시 시장(→ 도지사의 승인). 다만, 대도시가 아닌 시장은 도지사가 리모델링기본계획의 수립이 필요하다고 인정하는 경우 리모델링기본계획을 수립하여야 한다.
② 작성기준: 국토교통부장관이 정한다.
③ 수립단위 및 타당성검토: 10년 단위로 수립하여야 하며, 5년마다 타당성을 검토하여야 한다.

수립절차 공람(14일 이상) + 지방의회 의견청취(30일 이내 의견제시) + 협의 + 심의

공람 및 지방의회 의견절차를 생략할 수 있는 경우 리모델링 수요가 감소하거나 10% 범위에서 증가하는 경우

리모델링지원센터 시장 · 군수 · 구청장은 리모델링의 원활한 추진을 지원하기 위하여 리모델링지원센터를 설치하여 운영할 수 있다.

권리변동계획

세대수가 증가되는 리모델링을 하는 경우에는 리모델링 전후의 대지 또는 건축물의 권리변동명세, 조합원의 비용분담, 사업비, 조합원 외의 자에 대한 분양계획에 대한 계획(권리변동계획)을 수립하여 사업계획승인 또는 행위허가를 받아야 한다.

MEMO

기출 OX 문제

주택건설자금 및 주택의 공급

01 한국토지주택공사는 주택상환사채를 발행할 수 있다. 제31회 ( )

02 등록사업자가 주택상환사채를 발행하려면 금융기관 또는 주택도시보증공사의 보증을 받아야 한다. 제27회 ( )

03 주택상환사채는 기명증권으로 발행한다. 제31회, 제33회, 제36회 ( )

04 주택상환사채는 취득자의 성명을 채권에 기록하지 아니하면 사채발행자 및 제3자에게 대항할 수 없다. 제27회 ( )

05 등록사업자의 등록이 말소된 경우에는 등록사업자가 발행한 주택상환사채의 효력은 상실된다. 제27회, 제31회, 제36회 ( )

06 「관광진흥법」에 따라 지정된 관광특구에서 건설 · 공급하는 층수가 51층이고, 높이가 140m인 아파트는 분양가상한제의 적용대상이다. 제27회 ( )

07 시 · 도지사는 주택가격상승률이 물가상승률보다 현저히 높은 지역으로서 주택가격의 급등이 우려되는 지역에 대해서 분양가상한제 적용지역으로 지정할 수 있다. 제27회 ( )

08 주택의 사용검사 후 주택단지 내 일부의 토지의 소유권을 회복한 자에게 주택소유자들이 매도청구를 하려면 해당 토지의 면적이 주택단지 전체 대지면적의 5% 미만이어야 한다. 제27회, 제29회, 제30회 ( )

09 주택의 사용검사 후 주택단지 내 일부의 토지의 소유권을 회복한 자에게 주택소유자들이 대표자를 선정하여 매도청구에 관한 소송을 하는 경우 대표자는 복리시설을 포함하여 주택의 소유자 전체의 4분의 3 이상의 동의를 받아 선정한다. 제29회, 제30회 ( )

10 주택의 분양실적이 전달보다 30% 이상 증가한 곳은 투기과열지구로 지정하여야 한다. 제25회, 제32회 ( )

11 국토교통부장관은 해당 지역이 속하는 시 · 도의 주택보급률 또는 자가주택 비율이 전국 평균을 초과하는 지역을 투기과열지구로 지정할 수 있다. 제29회 ( )

12 시 · 도지사는 주택의 분양 · 매매 등 거래가 위축될 우려가 있는 지역을 시 · 도 주거정책심의위원회의 심의를 거쳐 조정대상지역으로 지정할 수 있다. 제29회 ( )

13 투기과열지구의 지정기간은 3년으로 하되, 해당 지역 시장 · 군수 · 구청장의 의견을 들어 연장할 수 있다. 제29회 ( )

14 상속에 의하여 취득한 주택으로 세대원 전원이 이전하는 경우로서 한국토지주택공사(사업주체가 공공주택사업자인 경우에는 공공주택사업자)의 동의를 받은 경우에는 전매제한 주택을 전매할 수 있다. 제27회 ( )

15 사업주체가 공공택지 외의 택지에서 건설 · 공급하는 주택을 공급하는 경우에는 그 주택의 소유권을 제3자에게 이전할 수 없음을 소유권에 관한 등기에 부기등기하여야 한다. 제27회 ( )

16 토지임대부 분양주택의 토지에 대한 임대차기간은 50년 이내로 한다. 제33회, 제36회 ( )

17 대수선인 리모델링을 하려는 자는 시장 · 군수 · 구청장에게 안전진단을 요청하여야 한다. 제31회, 제34회 ( )

정답

01 O 02 O 03 O 04 O 05 X 등록사업자의 등록이 말소된 경우에도 등록사업자가 발행한 주택상환사채의 효력에는 영향을 미치지 아니한다. 06 X 「관광진흥법」에 따라 지정된 관광특구에서 건설 · 공급하는 공동주택으로서 해당 건축물의 층수가 50층 이상이거나 높이가 150m 이상인 경우에는 분양가상한제를 적용하지 아니한다. 07 X 분양가상한제 적용지역은 국토교통부장관이 지정할 수 있다. 08 O 09 O 10 X 투기과열지구 지정 직전월의 주택분양실적이 전달보다 30% 이상 감소한 곳은 투기과열지구로 지정할 수 있다. 11 X 국토교통부장관은 해당 지역이 속하는 시 · 도의 주택보급률 또는 자가주택 비율이 전국 평균 이하인 지역을 투기과열지구로 지정할 수 있다. 12 X 조정대상지역은 국토교통부장관이 지정할 수 있다. 13 X 투기과열지구의 지정기간은 법령에 규정되어 있지 않다. 14 O 15 O 16 X 임대차기간은 40년 이내로 한다. 17 X 대수선이 아니라 증축형 리모델링을 하려는 자는 시장 · 군수 · 구청장에게 안전진단을 요청하여야 한다.

주택법

01 총칙(용어의 정의)

국민주택	① 국가, 지방자치단체, 한국토지주택공사, 지방공사가 건설한 **85**m²(수도권을 제외한 도시지역이 아닌 읍 · 면은 **100**m²) 이하인 주택 ② 국가, 지방자치단체의 재정 또는 주택도시기금으로부터 자금을 지원받아 건설한 주거전용면적 **85**m²(수도권을 제외한 도시지역이 아닌 읍 · 면은 **100**m²) 이하인 주택
도시형 생활주택	① **300**세대 미만 + 국민주택규모 + 도시지역에 건설하는 주택 ② 아파트형 주택: 주거전용면적이 **85**m² 이하 ③ 단지형 연립 · 다세대주택: 건축위원회의 심의를 받은 경우에는 5개 층까지 건축 가능
세대구분형 공동주택	① 구분소유를 할 수 없는 주택 ② 사업계획승인을 받아 건설하는 공동주택: 주택단지 전체 주거전용면적과 주택 세대수의 **1/3**을 넘지 아니할 것 ③ 「공동주택관리법」에 따라 허가를 받거나 신고하고 설치한 공동주택: ㉠ 기존 세대수를 포함하여 2세대 이하일 것, ㉡ 공동주택 전체 세대수의 1/10과 동의 세대수의 1/3을 넘지 아니할 것
주택규모별 건설비율	국토교통부장관은 사업주체가 건설하는 주택의 75%(주택조합이나 고용자는 100%) 이하의 범위에서 국민주택규모로 건설하게 할 수 있다.
리모델링	① 대수선: 10년 경과된 공동주택 ② 증축: **15**년 경과된 공동주택 + 세대별 주거전용면적의 **30**%(주거전용면적이 **85**m² 미만인 경우에는 **40**%) 이하 + 기존 세대수의 **15**% 이내 ③ 수직증축: 최대 **3**개 층 이하로 증축 가능. 단, 기존 층수가 **14**층 이하인 경우에는 **2**개 층, **15**층 이상인 경우에는 **3**개 층을 말한다.
공 구	공구별 세대수는 **300**세대 이상 + 공구 간의 경계: 6m 이상(전체 세대수: **600**세대 이상)
주택단지	일반도로(폭 **20**m 이상), 도시계획예정도로(폭 **8**m 이상) → 각각 별개의 주택단지로 본다.

02 사업주체

등록사업자 └→ 국토교통부장관		① 등록기준: 연간 단독주택 20호, 공동주택 20세대(도시형 생활주택은 30세대) 이상 주택건설 또는 연간 1만m^2 이상의 대지조성 ② 등록요건: ㉠ 자본금 3억원(개인: 자산평가액 6억원) 이상, ㉡ 건축 · 토목분야 기술인: 1명 이상 ③ 시공요건: ㉠ 자본금 5억원(개인: 자산평가액 10억원) 이상일 것, ㉡ 건축 · 토목분야 기술인 3명 이상일 것, ㉢ 최근 5년간 주택건설실적이 100호(세대) 이상일 것 ④ 시공: 다음의 어느 하나에 해당하는 등록사업자는 주택으로 쓰는 층수가 **6**개 층 이상인 주택을 건설할 수 있다. ㉠ 주택으로 쓰는 층수가 6개 층 이상인 아파트를 건설한 실적이 있는 자 ㉡ 최근 **3**년간 **300**세대 이상의 공동주택을 건설한 실적이 있는 자 ◈[참고] 등록사업자가 각 층 거실의 바닥면적 300m^2 이내마다 1개소 이상의 직통계단을 설치한 경우에는 6개 층인 주택을 건설할 수 있다.
주택조합	조합원의 자격	① 지역주택조합: 같은 지역 + 6개월 이상 거주 + 무주택 세대주 또는 85m^2 이하의 주택 1채를 소유한 세대주인 자 ② 직장주택조합: 동일한 특별시 · 광역시 · 자치시 · 자치도 · 시 · 군 + 동일한 국가 · 지자체 · 법인에 근무 + 무주택 세대주 또는 85m^2 이하의 주택 1채를 소유한 세대주인 자 └→ 국민주택을 공급받기 위한 직장주택조합의 설립신고의 경우에는 무주택자에 한한다.
	설립인가 └→ 시장 · 군수 · 구청장	① 지역주택조합 · 직장주택조합: 주택건설대지의 **80**% 이상의 토지의 사용권원을 확보하고 **15**% 이상의 토지의 소유권을 확보하여야 한다(리모델링주택조합 X). ② 리모델링주택조합 ㉠ 주택단지 전체를 리모델링하는 경우 결의요건 → 전체 구분소유자 및 의결권 **2/3** 이상 + 동별 과반수 ㉡ 동을 리모델링하는 경우 결의요건 → 동의 구분소유자 및 의결권의 2/3 이상 ③ 주택건설예정세대수의 **50**% 이상의 조합원으로 구성하되, 조합원은 **20**명 이상이어야 한다(리모델링주택조합 X).
	조합원의 교체	① 지역주택조합 · 직장주택조합은 조합설립인가 후에는 조합원을 교체하거나 신규가입하게 할 수 없다. ② 추가모집 승인을 받은 경우와 충원(조합원의 사망, 조합원의 탈퇴 등으로 조합원 수가 주택건설예정세대수의 50% 미만이 되는 경우, 무자격자로 판명되어 자격을 상실하는 경우)하는 경우에는 조합원을 교체하거나 신규 가입하게 할 수 있다. ③ 조합원으로 추가모집되는 자와 충원되는 자의 조합원 자격요건 판단은 조합설립인가신청일 기준으로 한다. ④ 조합원 추가모집의 승인과 조합원 추가모집에 따른 주택조합의 변경인가신청은 사업계획승인신청일까지 하여야 한다.
	조합원의 출석요건	① 자금의 차입, ② 예산으로 정한 사항 외에 조합원에게 부담이 될 계약의 체결, ③ 업무대행자의 선정 · 변경, ④ 시공자의 선정 · 변경, ⑤ 조합임원의 선임 및 해임, ⑥ 사업비의 조합원별 분담 명세 확정 및 변경, ⑦ 조합해산의 결의 및 해산 시의 회계보고 → 조합원 **20/100** 이상이 직접 출석하여야 한다.
	가입철회 등	① 주택조합의 가입을 신청한 자는 가입비 등을 예치한 날부터 30일 이내에 청약을 철회할 수 있다. ② 모집주체는 7일 이내에 예치기관의 장에게 가입비 등의 반환을 요청하여야 한다. ③ 예치기관의 장은 요청일부터 10일 이내에 가입비 등을 예치한 자에게 반환하여야 한다.

03 사업계획승인 등

사업계획승인	사업계획승인 신청	① 지역주택조합 · 직장주택조합은 설립인가를 받은 날부터 **2**년 이내에 사업계획승인을 신청하여야 한다. ② 사업계획승인대상이 아닌 리모델링주택조합의 경우에는 2년 이내에 허가를 신청하여야 한다.
	사업계획승인 대상	① 단독주택의 경우에는 30호(한옥은 **50**호) 이상 ② 공동주택의 경우에는 30세대(전용면적이 30m² 이상 + 진입도로의 폭이 6m 이상인 단지형 연립주택 또는 단지형 다세대주택은 50세대) 이상 ③ 대지의 경우에는 1만m² 이상
	사업계획승인권자	① 대지면적이 10만m² 이상: 시 · 도지사 또는 대도시 시장 ② 대지면적이 10만m² 미만: 특별시장 · 광역시장 · 특별자치시장 · 특별자치도지사 · 시장 · 군수 ③ 국가 및 한국토지주택공사가 사업주체인 경우: 국토교통부장관 ④ 국토교통부장관이 지정 · 고시하는 지역: 국토교통부장관
	대지의 소유권 확보(X)	① 사업주체가 대지의 소유권을 확보하지 못하였으나 그 대지를 사용할 수 있는 권원을 확보한 경우 ② 사업주체가 국가 · 지방자치단체 · 한국토지주택공사 · 지방공사 ③ 리모델링주택조합이 매도청구를 하는 경우
	승인여부 통보	사업계획승인권자는 정당한 사유가 없으면 신청받은 날부터 **60**일 이내에 승인여부를 통보하여야 한다. **비교정리** · 착공신고는 20일 이내에 신고수리 여부를 신고인에게 통지하여야 한다.
	공사착수 기간	① 사업계획승인을 받은 경우: 사업계획승인을 받은 날부터 **5**년 이내에 공사를 시작하여야 한다. 다만, 사업주체가 소송 진행 등으로 인하여 공사착수가 지연되어 연장신청을 한 경우에는 **1**년의 범위에서 공사착수기간을 연장할 수 있다. ② 공구별 분할시행 ㉠ 1공구 → 사업계획승인을 받은 날부터 5년 이내에 공사를 시작하여야 한다. ㉡ **2**공구 → 착공신고일로부터 **2**년 이내에 공사를 시작하여야 한다. ③ 사업계획승인을 받은 날부터 5년 이내에 공사를 시작하지 아니하는 경우에는 사업계획승인을 취소할 수 있다. → **2**공구는 취소할 수 없다.
	경미한 변경	사업주체가 국가, 지방자치단체, 한국토지주택공사, 지방공사인 경우로 ① 총사업비의 **20**%의 범위에서 사업비가 증감하는 경우, ② 대지면적의 **20**% 범위에서 면적이 증감하는 경우에는 변경승인을 받지 않아도 된다.
사용검사	사용검사	① 원칙: 주택단지 전체 ② 예외: 동별(사업계획승인 조건의 미이행 등의 사유), 공구별로 사용검사 가능 ③ 사용검사기간: 신청일부터 **15**일 이내
	사용검사 신청	① 사용검사의 신청: 사업주체 → 시장 · 군수 · 구청장 ② 사업주체의 파산 → ㉠ 시공을 보증한 자, ㉡ 시공을 보증한 자가 없는 경우에는 입주예정자 대표회의
	임시사용 승인	① 주택: 동별, 대지: 구획별 ② 공동주택: 세대별

주택건설 촉진대책	국공유지 우선매각	① 국민주택규모의 주택을 50% 이상 건설하는 사업주체 또는 주택조합 ② 2년 이내에 주택건설 또는 대지조성사업을 시행하지 아니하면 환매하거나 임대계약을 취소할 수 있다.
	체비지의 우선매각	① 사업주체가 국민주택용지로 사용하기 위하여 체비지의 매각을 요구한 경우 도시개발시행자는 체비지 총 면적의 50%의 범위에서 이를 우선적으로 사업주체에게 매각할 수 있다. ② 양도가격 ㉠ 원칙: 감정가격 ㉡ 예외: 조성원가(85m² 이하의 임대주택, 60m² 이하의 국민주택)
매도청구	사업주체의 매도청구 (지구단위계획구역)	① 매도청구권자: 80% 이상 사용권원을 확보하여 사업계획승인을 받은 사업주체 ② 매도청구방법: ㉠ **3**개월 이상 협의, ㉡ 시가로 매도청구, ㉢ 대지+건축물에 대하여 매도청구할 수 있다. ③ **95%** 이상 사용권원 확보: 사용권원을 확보하지 못한 대지의 모든 소유자에게 매도청구할 수 있다. ④ **95%** 미만 사용권원 확보: **10**년 이전에 소유권을 취득하여 계속 보유한 자를 제외하고 매도청구할 수 있다.
	사용검사후 매도청구	① 주택소유자 → 실소유자 ② 가격: 시가 ③ 요건: 전체 대지면적의 **5%** 미만 ④ 대표자 선정: **3/4** 이상 동의 ⑤ 송달기간: **2**년 이내 ⑥ 판결의 효력: 주택소유자 전체에 효력이 있다.
주택건설자금	주택상환사채	① 발행권자: 한국토지주택공사(지급보증 X), 등록사업자(금융기관 또는 주택도시보증공사의 지급보증 O) ② 등록사업자의 발행요건: 법인 + 자본금 5억원 이상 + 최근 3년간 연평균 주택건설 실적이 300호 이상 건설일 것 ③ 상환기간: 3년 초과 금지(발행일로부터 주택공급계약 체결일까지) ④ 발행방법: 기명증권(양도 금지), 등록사업자의 등록이 말소된 경우에도 주택상환사채의 효력에는 영향을 미치지 아니한다.

04 주택의 공급

분양가상한제	분양가상한제 적용주택	① 적용대상: ㉠ 공공택지, ㉡ 공공택지 외의 택지(국장이 지정하는 지역)에서 사업주체가 공급하는 공동주택 ② 적용제외: ㉠ 도시형 생활주택, ㉡ 경제자유구역에서 경제자유구역위원회가 심의 · 의결한 경우, ㉢ 관광특구에서 **50**층 이상 또는 높이가 **150**m 이상인 공동주택, ㉣ 한국토지주택공사 또는 지방공사가 소규모주택 정비사업 등의 시행자로 참여하고, 전체 세대수의 10% 이상을 임대주택으로 건설 · 공급하는 경우 ㉤ 「도시 및 주거환경정비법」에 따른 주거환경개선사업 및 공공재개발사업에서 건설 · 공급하는 주택 ㉥ 혁신지구재생사업에서 건설 · 공급하는 주택 ㉦ 도심공공주택복합사업에서 건설 · 공급하는 주택 ③ 분양가격: 택지비 + 건축비(토지임대부 분양주택의 경우에는 건축비만 해당) ④ 공시주체: ㉠ 공공택지-사업주체, ㉡ 공공택지 외의 택지-시장 · 군수 · 구청장

	분양가상한제 적용지역 (국토교통부장관이 지정)	투기과열지구로 지정된 지역 중 다음의 어느 하나에 해당하는 지역을 말한다. ① 분양가상한제 적용 직전월부터 소급하여 12개월간의 아파트 분양가격상승률이 물가상승률의 2배를 초과한 지역 ② 분양가상한제 적용 직전월부터 소급하여 3개월간의 주택매매거래량이 전년 동기 대비 20% 이상 증가한 지역 ③ 분양가상한제 적용 직전월부터 소급하여 주택공급이 있었던 2개월 동안 해당 지역에서 공급되는 주택의 월평균 청약 경쟁률이 모두 5 : 1을 초과하였거나 해당 지역에서 공급되는 국민주택규모 주택의 월평균 청약경쟁률이 모두 10 : 1을 초과한 지역
	분양가심사위원회	① 시장 · 군수 · 구청장이 사업계획승인신청이 있은 날부터 20일 이내에 설치 · 운영하여야 한다. ② 10인 이내 위원(민간 위원 6명 이상 포함)으로 구성
투기과열지구 (국토교통부장관 또는 시 · 도지사가 지정)		① 국토교통부장관 또는 시 · 도지사는 ㉠ 투기과열지구지정 직전월부터 소급하여 주택공급이 있었던 2개월 동안 해당 지역에서 공급되는 주택의 월별 평균 청약경쟁률이 5 : 1을 초과하였거나 국민주택규모 주택의 월별 평균 청약경쟁률이 10:1을 초과한 곳, ㉡ 투기과열지구지정 직전월의 주택분양실적이 전달보다 30% 이상 감소한 곳, ㉢ 해당 지역이 속하는 시 · 도의 주택보급률이 전국 평균 이하인 곳, ㉣ 해당 지역이 속하는 시 · 도의 자가주택비율이 전국 평균 이하인 곳을 투기과열지구로 지정할 수 있다. ② 국토교통부장관은 반기마다 주거정책심의위원회를 소집하여 지정의 유지 여부를 재검토하여야 한다. ③ 지정해제를 요청받은 국토교통부장관 또는 시 · 도지사는 40일 이내에 심의를 거쳐 통보하여야 한다.
조정대상지역 (국토교통부장관이 지정)		① 과열지역: 조정대상지역 지정 전월부터 소급하여 3개월간의 해당 지역 주택가격상승률이 해당 지역이 포함된 시 · 도 소비자물가상승률의 1.3배를 초과한 지역으로서 다음의 어느 하나에 해당하는 지역을 말한다. ㉠ 조정대상지역 지정 직전월부터 소급하여 주택공급이 있었던 2개월 동안 해당 지역에서 공급되는 주택의 월별 평균 청약경쟁률이 모두 5 : 1을 초과하였거나 국민주택규모 주택의 월별 평균 청약경쟁률이 모두 10 : 1을 초과한 지역 ㉡ 조정대상지역 지정 직전월부터 소급하여 3개월간의 분양권 전매거래량이 직전 연도의 같은 기간보다 30% 이상 증가한 지역 ㉢ 해당 지역이 속하는 시 · 도의 주택보급률 또는 자가주택비율이 전국 평균 이하인 지역 ② 위축지역: 조정대상지역 지정 직전월부터 소급하여 6개월간의 평균 주택가격상승률이 마이너스 1.0% 이하인 지역으로서 다음의 어느 하나에 해당하는 지역을 말한다. ㉠ 조정대상지역 지정 직전월부터 소급하여 3개월 연속 주택매매거래량이 직전 연도의 같은 기간보다 20% 이상 감소한 지역 ㉡ 조정대상지역 지정 직전월부터 소급하여 3개월간의 평균 미분양주택의 수가 직전 연도의 같은 기간보다 2배 이상인 지역 ㉢ 해당 지역이 속하는 시 · 도의 주택보급률 또는 자가주택비율이 전국 평균을 초과하는 지역
저당권설정 등의 제한		① 입주자모집공고승인신청일부터 소유권이전등기를 신청할 수 있는날(입주 가능일) 이후 60일까지의 기간 ② 주택조합인 경우에는 사업계획승인신청일부터 소유권이전등기신청할 수 있는 날(입주 가능일) 이후 60일까지의 기간 ③ 부기등기 시기: 대지 – 입주자 모집공고승인신청과 동시, 주택 – 소유권보존등기와 동시에 하여야 한다.

공급질서 교란금지	① 조합원의 지위, 주택상환사채, 입주자저축증서, 시장 · 군수 · 구청장이 발행한 무허가건물확인서, 이주대책대상자확인서 ② 양도 · 양수(매매 · 증여 등 권리변동을 수반하는 모든 행위) · 알선 · 광고 금지 → 상속 · 저당은 허용 ③ 위반 시 조치: 지위 무효, 계약 취소, 퇴거명령, 환매, 입주자 자격제한(10년 이내)
주택의 감리자	① 감리자는 업무를 수행하면서 위반사항을 발견 → 7일 이내에 사업계획승인권자에게 보고하여야 한다. ② 사업계획승인권자는 감리자가 업무수행 중 위반사항을 알고도 이를 묵인한 경우 → 1년의 범위에서 감리업무의 지정을 제한할 수있다.
토지임대부 분양주택	① 임대차기간: **40**년 이내로 한다. ② 계약갱신청구: 토지임대부 분양주택 소유자의 **75**% 이상이 청구하여야 한다. ③ 토지임대료를 보증금으로 전환하여 납부하는 경우 이자율: 은행의 **3**년 만기 정기예금 평균이자율 이상이어야 한다.
임대주택건설 및 용적률 완화	① 임대주택 건설 비율: 완화된 용적률의 **60**% 이하의 범위에서 임대주택으로 공급하여야 한다. ② 임대주택 우선인수자: 시 · 도지사 ③ 임대주택 공급가격: 건축비(O), 부속토지(기부채납) ④ 임대주택 선정방법: 공개추첨의 방법

05 리모델링

리모델링 허가(요건) └→ 시장 · 군수 · 구청장	① 리모델링주택조합 ㉠ 주택단지 전체를 리모델링하는 경우에는 전체 **75**% 이상 + 동별 **50**% 이상의 동의를 받아야 한다. ㉡ 동을 리모델링하는 경우에는 동별 75% 이상의 동의를 받아야 한다. ② 입주자 · 사용자 · 관리주체: 입주자 전체의 동의 ③ 입주자대표회의: 소유자 전원의 동의
리모델링기본계획	① 수립권자: 특별시장 · 광역시장 · 대도시 시장 → **10**년 단위로 수립, **5**년마다 타당성검토 ② 수립절차: 공람(**14**일 이상) + 지방의회 의견청취(**30**일 이내 의견제시) ③ 대도시 시장 → 도지사의 승인을 받아야 한다.

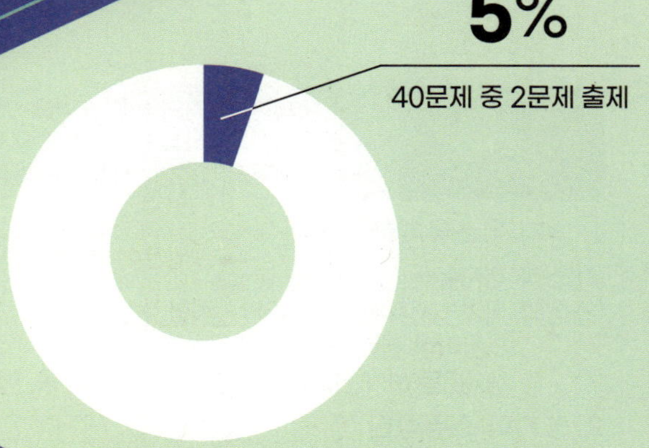

PART

06

농지법

15 농지법

15 농지법

소유	• 소유제한: 자기의 농업경영에 이용 • 소유상한: 원칙적 폐지, 예외적 인정 • 농지취득자격증명: 시장 · 구청장 · 읍장 · 면장

1. 농지의 소유제한

(1) 원칙: 경자유전
(2) 예외: 국가 · 지자체, 학교, 주말 · 체험영농(농업진흥지역 밖), 상속, 8년 이상 경작 후 이농, 담보농지, 농지전용허가(신고), 농지전용협의, 토지수용, 매립농지

① 매수청구: 농지소유자 → 한국농어촌공사
② 매수가격: 공시지가와 실제거래가격 중 낮은 가격
③ 융자: 농지관리기금

2. 농지의 소유상한 ☆☆

주말 · 체험영농(1천m² 미만), 상속(1만m²), 8년 이상 농업경영 후 이농(1만m²)

3. 농지취득자격증명 ☆☆

(1) 농 · 취 · 증(O): 학교 + 시험 · 연구 · 실습지, 농지전용허가 · 농지전용신고 (농업경영계획서 X)
(2) 농 · 취 · 증(X): 국가 · 지자체 · 상속 · 담보농지 · 농지전용협의 · 법인의 합병 · 공유농지의 분할 · 시효완성
(3) 발급권자: 시장 · 구청장 · 읍장 · 면장(7일 이내 발급 → 농업경영계획서 또는 주말 · 체험영농계획서를 작성하지 아니하고 신청한 경우에는 4일, 농지위원회 심의대상인 경우에는 14일 이내 발급)

이용	• 농지의 대리경작: 유휴농지(지력 증진을 위한 경우는 제외) • 농지의 임대차: 원칙 → 금지, 예외 → 허용

1. 대리경작제도 ☆

(1) 지정권자: 시장 · 군수 · 구청장
(2) 지정대상: 유휴농지의 소유권자 · 임차권자
(3) 지정절차: ① 지정예고: 소유권자 · 임차권자(이의신청: 10일 이내 시장·군수·구청장) ② 지정통지: 대리경작자, 소유권자 · 임차권자
③ 지정예고를 할 수 없는 경우: 14일 이상 시 · 군 · 구 게시판에 공고
(4) 대리경작자 지정: ① 농업인 · 농업법인 ② 농업생산자단체 · 학교
(5) 대리경작기간: 따로 정하지 아니하면 3년으로 한다.
(6) 토지사용료: 수확량의 100분의 10을 수확일로부터 2개월 이내에 지급 → 거부 시 공탁

2. 농지의 임대차

(1) 임대차사유: 국가 · 지방자치단체, 주말 · 체험영농, 상속, 이농, 담보농지, 매립농지, 60세 이상 + 농업경영기간이 5년이 넘는 농지를 임대하는 경우 (개인이 3년 이상 소유한 농지)
(2) 임대차계약방법: 서면계약, 임대차계약은 등기가 없어도 시장 · 구청장 · 읍장 · 면장의 확인을 받고 해당 농지를 인도받은 경우 다음 날부터 제3자에게 효력이 생긴다.
(3) 임대차계약기간: 3년 또는 5년 이상. 임대차기간을 정하지 아니하거나 3년 또는 5년보다 짧은 경우에는 3년 또는 5년으로 한다. (다년생식물 재배지, 비닐하우스를 설치한 농지)
(4) 임대인의 지위승계: 임대농지의 양수인은 임대인의 지위를 승계한 것으로 본다.
(5) 무효: 「농지법」에 위반된 약정으로서 임차인에게 불리한 것은 효력이 없다.

4. 농지의 처분의무 ☆☆☆

(1) 처분: 사유가 발생한 날로부터 1년 이내
(2) 통지: 처분대상농지, 처분의무기간
(3) 처분명령: 6개월 이내(3년간 처분명령유예 가능)
(4) 매수청구(처분명령받은 때)
(5) 이행강제금(시장 · 군수 · 구청장이 부과)
① 부과: 처분명령을 이행하지 아니한 자
② 절차: 미리 문서로써 계고(요식행위)
③ 금액: 감정가격 또는 개별공시지가 중 높은 가액의 100분의 25에 해당하는 금액
④ 방법: 이행 시까지 반복 부과(1년에 1회씩)
⑤ 이의신청: 고지받은 날로부터 30일 이내

농지의 처분사유

① 정당한 사유(징집, 질병, 취학, 공직취임) 없이 자기의 농업경영에 이용하지 아니한 경우
② 농업회사법인이 요건에 맞지 아니하게 된 후 3개월이 지난 경우
③ 학교 등이 실습지 등의 목적사업에 이용하지 아니하게 되었다고 인정한 경우
④ 주말 · 체험영농에 이용하지 아니하게 되었다고 인정한 경우
⑤ 전용허가(신고) 후 2년 이내에 착수 X
⑥ 농지의 소유상한을 초과하여 취득

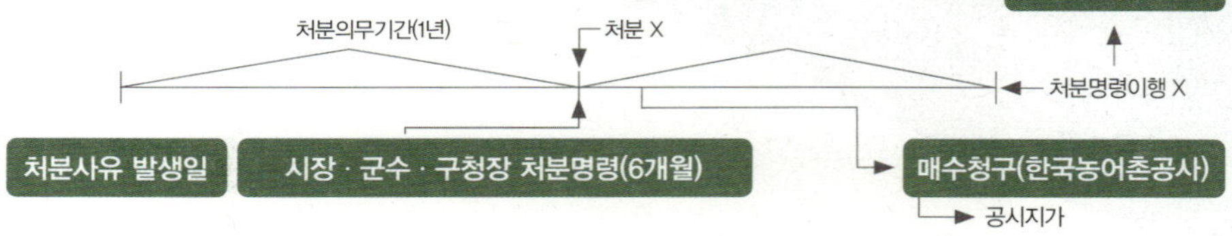

보전	• 농업진흥지역: 시 · 도지사가 지정 • 전용허가: 농림축산식품부장관 • 전용신고: 시장 · 군수 · 구청장

☆ **농업진흥지역** 시 · 도지사(지정) → 심의 → 농림축산식품부장관(승인)

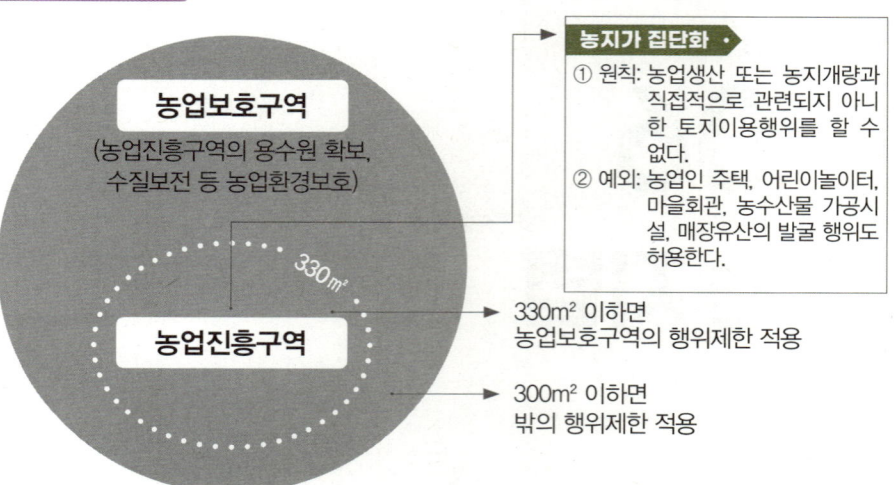

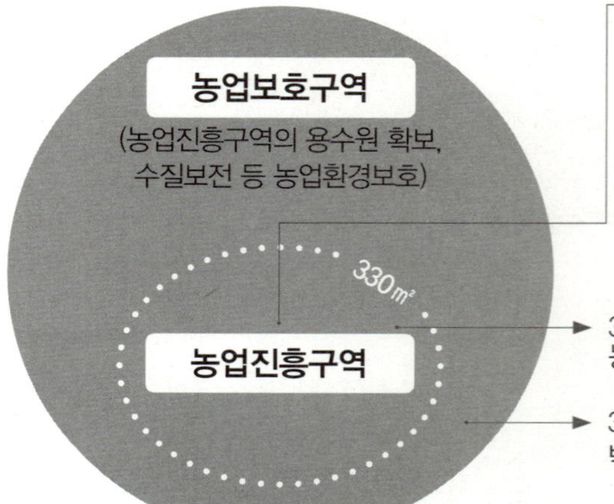

농지가 집단화

① 원칙: 농업생산 또는 농지개량과 직접적으로 관련되지 아니한 토지이용행위를 할 수 없다.
② 예외: 농업인 주택, 어린이놀이터, 마을회관, 농수산물 가공시설, 매장유산의 발굴 행위도 허용한다.

330m² 이하면 농업보호구역의 행위제한 적용

300m² 이하면 밖의 행위제한 적용

빈칸완성 한번 더!

소유
- 소유제한: 자기의 농업경영에 이용
- 소유상한: 원칙적 폐지, 예외적 인정
- 농지취득자격증명: 시장 · 구청장 · (　　)

1. 농지의 소유제한

(1) 원칙: 경자유전
(2) 예외: 국가 · 지자체, 학교, 주말 · 체험영농(→ 농업진흥지역 밖), 상속, 8년 이상 경작 후 (　　), 농지전용허가(신고), 농지전용협의, 토지수용, 매립농지

① 매수청구: 농지소유자 → (　　)
② 매수가격: 공시지가와 실제거래가격 중 낮은 가격
③ 융자: 농지관리기금

2. 농지의 소유상한 ☆☆

주말 · 체험영농((　　) 미만), 상속((　　)), 8년 이상 농업경영 후 이농((　　))

3. 농지취득자격증명 ☆☆

(1) 농 · 취 · 증(O): 학교 + 시험 · 연구 · 실습지, (　　) · (　　) (→ 농업경영계획서 X)
(2) 농 · 취 · 증(X): 국가 · 지자체 · 상속 · 담보농지 · 농지전용협의 · 법인의 합병 · 공유농지의 분할 · (　　)
(3) 발급권자: 시장 · 구청장 · 읍장 · 면장(7일 이내 발급 → 농업경영계획서 또는 주말 · 체험영농계획서를 작성하지 아니하고 신청한 경우에는 4일, 농지위원회 심의대상인 경우에는 14일 이내 발급)

이용
- 농지의 대리경작: 유휴농지(지력 증진을 위한 경우는 제외)
- 농지의 임대차: 원칙 → 금지, 예외 → 허용

1. 대리경작제도 ☆

(1) 지정권자: 시장 · 군수 · 구청장
(2) 지정대상: 유휴농지의 소유권자 · 임차권자
(3) 지정절차: ① 지정예고: 소유권자 · 임차권자(→ 이의신청: 10일 이내 시장·군수·구청장) ② 지정통지: 대리경작자, 소유권자 · 임차권자
③ 지정예고를 할 수 없는 경우: 14일 이상 시 · 군 · 구 게시판에 공고
(4) 대리경작자 지정: ① 농업인 · 농업법인 ② 농업생산자단체 · 학교
(5) 대리경작기간: 따로 정하지 아니하면 (　　)으로 한다.
(6) 토지사용료: 수확량의 (　　)을 수확일로부터 (　　) 이내에 지급 → 거부 시 공탁

2. 농지의 임대차

(1) 임대차사유: 국가 · 지방자치단체, 주말 · 체험영농(→ 개인이 3년 이상 소유한 농지), 상속, 이농, 담보농지, 매립농지, 60세 이상 + 농업경영기간이 5년이 넘는 농지를 임대하는 경우
(2) 임대차계약방법: (　　), 임대차계약은 등기가 없어도 시장 · 구청장 · 읍장 · 면장의 확인을 받고 해당 농지를 인도받은 경우 (　　)부터 제3자에게 효력이 생긴다.
(3) 임대차계약기간: (　　) 이상. 임대차기간을 정하지 아니하거나 3년 또는 5년보다 짧은 경우에는 (　　)으로 한다.(→ 다년생식물 재배지, 비닐하우스를 설치한 농지)
(4) 임대인의 지위승계: 임대농지의 양수인은 임대인의 지위를 승계한 것으로 본다.
(5) 무효: 「농지법」에 위반된 약정으로서 임차인에게 불리한 것은 효력이 (　　).

4. 농지의 처분의무 ☆☆☆

(1) 처분: 사유가 발생한 날로부터 (　　) 이내
(2) 통지: 처분대상농지, 처분의무기간
(3) 처분명령: (　　) 이내(3년간 처분명령유예 가능)
(4) 매수청구(처분명령받은 때)
(5) 이행강제금(시장 · 군수 · 구청장이 부과)
① 부과: 처분명령을 이행하지 아니한 자
② 절차: 미리 문서로써 계고(요식행위)
③ 금액: 감정가격 또는 개별공시지가 중 높은 가액의 (　　)에 해당하는 금액
④ 방법: 이행 시까지 반복 부과(1년에 1회씩)
⑤ 이의신청: 고지를 받은 날로부터 30일 이내

농지의 처분사유
① 정당한 사유(징집, (　　), 취학, (　　)) 없이 자기의 농업경영에 이용하지 아니한 경우
② 농업회사법인이 요건에 맞지 아니하게 된 후 3개월이 지난 경우
③ 학교 등이 실습지 등의 목적사업에 이용하지 아니하게 되었다고 인정한 경우
④ 주말 · 체험영농에 이용하지 아니하게 되었다고 인정한 경우
⑤ 전용허가(신고) 후 (　　) 이내에 착수 X
⑥ 농지의 소유상한을 초과하여 취득

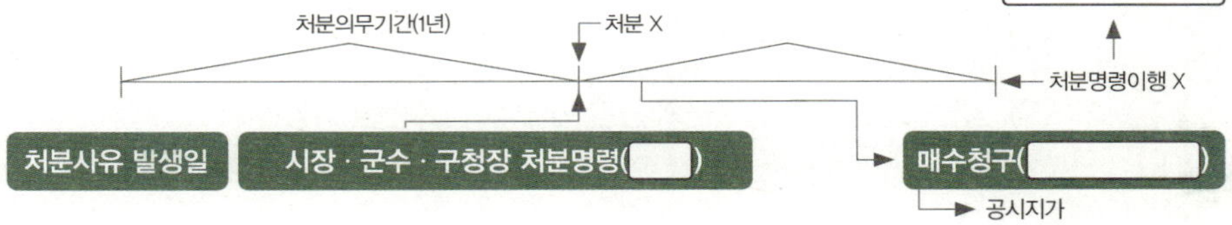

처분의무기간(1년)
처분 X
처분명령이행 X
처분사유 발생일
시장 · 군수 · 구청장 처분명령(　　)
매수청구(　　)
공시지가

보전
- 농업진흥지역: (　　)가 지정
- 전용허가: 농림축산식품부장관
- 전용신고: (　　)

☆ (　　) 시 · 도지사(지정) → 심의 → (　　)(승인)

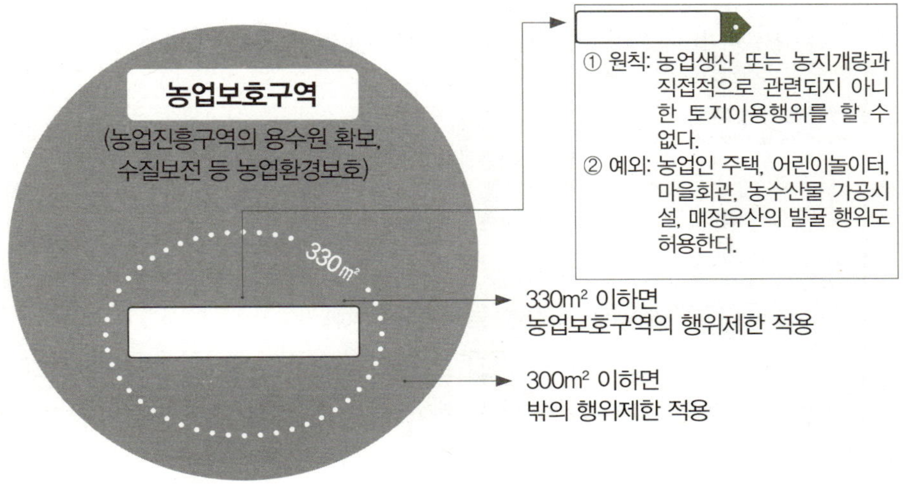

농업보호구역
(농업진흥구역의 용수원 확보, 수질보전 등 농업환경보호)
330m²
① 원칙: 농업생산 또는 농지개량과 직접적으로 관련되지 아니한 토지이용행위를 할 수 없다.
② 예외: 농업인 주택, 어린이놀이터, 마을회관, 농수산물 가공시설, 매장유산의 발굴 행위도 허용한다.
330m² 이하면 농업보호구역의 행위제한 적용
300m² 이하면 밖의 행위제한 적용

핵심 POINT

목표정답수 총 2문제 중 1문제 이상

POINT 01 농지 및 농업인 ☆☆☆

농지의 개념 전 · 답 · 과수원, 그 밖의 법적 지목을 불문하고 실제로 농작물 경작지 또는 다년생식물 재배지로 이용되는 토지(조경목적으로 식재한 것은 제외)

농지의 제외
① 지목이 전 · 답 · 과수원이 아닌 토지로서 농작물 경작지 또는 다년생식물 재배지로 계속하여 이용되는 기간이 3년 미만인 토지
② 지목이 임야인 토지로서 산지전용허가를 거치지 아니하고 농작물의 경작 또는 다년생식물 재배에 이용되는 토지
③ 「초지법」에 따라 조성된 초지

농업인
① 1,000m^2 이상의 농지에서 농작물 또는 다년생식물을 경작 또는 재배하거나 1년 중 90일 이상 농업에 종사하는 자
② 농지에 330m^2 이상의 고정식 온실 · 버섯재배사 · 비닐하우스 등 농업생산에 필요한 시설을 설치하여 농작물 또는 다년생식물을 경작 또는 재배하는 자
③ 대가축 2두, 중가축 10두, 소가축 100두, 가금 1,000수 또는 꿀벌 10군 이상을 사육하거나 1년 중 120일 이상 축산업에 종사하는 자
④ 농업경영을 통한 농산물의 연간 판매액이 120만원 이상인 자

POINT 02 농지의 소유제한 ☆☆

농지의 소유상한
① 주말 · 체험영농: 세대원 합산 1천m^2 미만
② 상속과 이농(8년 이상 경영): 1만m^2까지
→ 소유 가능

농지취득자격증명을 발급받아야 하는 경우
① 학교 + 시험 · 연구 · 실습지 → 농업경영계획서 작성 X
② 농지전용허가를 받거나 농지전용신고를 한 자 → 농업경영계획서 작성 X
③ 주말 · 체험영농 → 주말 · 체험영농계획서 O

농지의 처분사유
① 소유농지를 정당한 사유(징집, 질병, 취학, 공직취임) 없이 자기의 농업경영에 이용하지 아니한 경우
② 농지전용허가를 받거나 전용신고를 하고 2년 이내에 목적사업에 착수하지 아니한 경우(면제사유 없음)

농지의 처분의무 1년

농지의 처분명령 6개월(3년간 직권으로 처분명령유예)

매수청구 한국농어촌공사(공시지가) **비교정리** 농업진흥지역에서의 매수청구→감정가격

이행강제금 1년에 1회씩, 감정가격 또는 개별공시지가 중 높은 가액의 100분의 25

POINT 03 농지의 위탁경영

농지의 위탁경영사유
① 「병역법」에 따른 징집 또는 소집된 경우
② 3개월 이상 국외여행 중인 경우
③ 농업법인이 청산 중인 경우
④ 질병, 취학, 공직취임, 부상으로 3월 이상 치료가 필요한 경우, 교도소, 구치소에 수용 중인 경우
⑤ 임신 중이거나 분만 후 6개월 미만인 경우

POINT 04 농지의 보전 ☆

농림축산식품부장관은 효율적인 농지관리를 위하여 매년 유휴농지조사, 농업진흥지역의 실태조사를 하여야 한다.

농업진흥지역 지정권자 시 · 도지사 → 농림축산식품부장관의 승인

농업진흥지역 구분 농업진흥구역(집단화) + 농업보호구역(농업진흥구역의 농업환경보호)

농업진흥지역 지정대상 녹지지역(특별시는 제외) · 관리지역 · 농림지역 · 자연환경보전지역

농업진흥구역에서 허용되는 행위
① 농수산물 가공 · 처리시설, ② 농수산물 관련 시험 · 연구시설,
③ 국가유산 보수 · 복원, 매장유산의 발굴행위, ④ 농업인 주택의 설치

농업보호구역에서 허용되는 행위
농업진흥구역에서 허용되는 행위 + ① 관광농업사업(3만m^2 미만), ② 주말농원사업(3,000m^2 미만), ③ 단독주택(1,000m^2 미만), ④ 양수장 · 정수장(3,000m^2 미만), ⑤ 태양에너지 발전설비(1만m^2 미만)의 설치

농지전용허가의 필수적 취소 명령을 위반한 경우

타용도 일시사용허가(시장, 군수, 구청장)
토석과 광물을 채굴하는 경우(5년 이내), 농지보전부담금 납입 X

타용도 일시사용신고(시장, 군수, 구청장)
썰매장, 지역축제장으로 일시적으로 사용하는 경우 → 6개월 이내, 농지보전부담금 납입 X

기출 OX 문제

농지의 소유 및 보전

01 실제로 농작물 경작지로 이용되는 토지이더라도 법적 지목이 과수원인 경우에는 농지에 해당하지 않는다. 제27회 ( )
02 3,000m² 의 농지에서 농작물을 경작하면서 1년 중 80일을 농업에 종사하는 개인은 농업인에 해당한다. 제27회 ( )
03 꿀벌 10군을 사육하는 자는 농업인에 해당한다. 제28회 ( )
04 8년 이상 농업경영을 한 후 이농한 자는 이농 당시 소유농지 중에서 총 1만m²까지만 소유할 수 있다. 제21회 ( )
05 농지를 농업인 주택의 부지로 전용하려고 농지전용신고를 한 사람은 그 농지를 취득하는 경우에는 농지취득자격증명을 발급받지 아니하고 농지를 취득할 수 있다. 제26회 ( )
06 농지 소유자가 선거에 따른 공직취임으로 휴경하는 경우에는 소유농지를 자기의 농업경영에 이용하지 아니하더라도 농지처분의무가 면제된다. 제25회 ( )
07 농지처분의무기간은 처분사유가 발생한 날부터 6개월이다. 제25회 ( )
08 농지 소유자가 시장 · 군수 또는 구청장으로부터 농지처분명령을 받은 경우 한국토지주택공사에 그 농지의 매수를 청구할 수 있다. 제25회 ( )
09 시장 · 군수 또는 구청장은 농지처분명령을 받은 후 농지법령상의 정당한 사유 없이 지정기간까지 그 처분명령을 이행하지 아니한 자에게 감정가격 또는 개별공시지가 중 높은 가액의 100분의 25에 해당하는 이행강제금을 부과한다. 제28회 ( )
10 농지 소유자가 6개월간 미국을 여행 중인 경우에는 소유농지를 위탁경영할 수 있다. 제29회, 제36회 ( )
11 농업인이 자기 노동력이 부족하여 농작업의 전부를 위탁하는 경우 소유 농지를 위탁경영할 수 있다. 제34회 ( )
12 유휴농지의 대리경작자는 수확량의 100분의 10을 농림축산식품부령으로 정하는 바에 따라 그 농지의 소유권자나 임차권자에게 토지 사용료로 지급하여야 한다. 제28회 ( )
13 광역시의 녹지지역은 농업진흥지역 지정대상이 아니다. 제22회 ( )
14 특별시의 녹지지역은 농업진흥지역으로 지정할 수 있다. 제31회 ( )
15 녹지지역을 포함하는 농업진흥지역을 지정하는 경우 국토교통부장관의 승인을 받아야 한다. 제22회 ( )
16 농업보호구역에서는 매장 유산의 발굴행위를 할 수 없다. 제22회 ( )
17 농지의 임차인이 농작물의 재배시설로서 비닐하우스를 설치한 농지의 임대차기간은 10년 이상으로 하여야 한다. 제31회 ( )
18 산지전용허가를 받지 아니하고 불법으로 개간한 농지라도 이를 다시 산림으로 복구하려면 농지전용허가를 받아야 한다. 제29회 ( )
19 농지전용허가를 받은 자가 조업의 정지명령을 위반한 경우에는 그 허가를 취소하여야 한다. 제24회 ( )
20 지력의 증진이나 토양의 개량 · 보전을 위하여 필요한 기간 동안 휴경하는 농지에 대해서도 대리경작자를 지정할 수 있다. 제32회 ( )

정답

01 X 실제로 농작물의 경작에 이용되는 토지는 농지에 해당한다. 02 O 03 O 04 O 05 X 농지전용신고를 한 사람이 농지를 취득한 경우에는 농지취득자격증명을 발급받아야 한다. 06 O 07 X 농지처분의무기간은 1년이다. 08 X 농지처분명령을 받은 경우 한국농어촌공사에 그 농지의 매수를 청구할 수 있다. 09 O 10 O 11 X 농업인이 자기 노동력이 부족하여 농작업의 일부를 위탁하는 경우에 소유 농지를 위탁경영할 수 있다. 12 O 13 X 광역시의 녹지지역은 농업진흥지역의 지정대상이다. 14 X 특별시의 녹지지역은 농업진흥지역으로 지정할 수 없다. 15 X 농림축산식품부장관의 승인을 받아야 한다. 16 X 농업보호구역에서는 매장 유산의 발굴행위를 할 수 있다. 17 X 임대차기간은 5년 이상으로 하여야 한다. 18 X 산지전용허가를 받지 아니하고 불법으로 개간한 농지를 다시 산림으로 복구하려는 경우에는 농지전용허가를 받지 않아도 된다. 19 O 20 X 지력의 증진이나 토양의 개량 · 보전을 위하여 필요한 기간 동안 휴경하는 농지에 대해서는 대리경작자를 지정할 수 없다.

PART 06

숫자로 익히는 마무리 암기노트

농지법

01 농 지

농지에서 제외	① 지목이 전 · 답 · 과수원이 아닌 토지로서 농작물 경작지 또는 다년생 식물 재배지로 이용되는 기간이 **3**년 미만인 토지 ② 지목이 임야인 토지로서 산지전용허가를 거치지 아니하고 농작물의 경작 또는 다년생식물 재배지로 이용되는 토지 ③ 「초지법」에 따라 조성된 초지

02 농업인

요 건	① **1,000**m² 이상의 농지에서 농작물을 경작하거나 **1**년 중 **90**일 이상을 농업에 종사하는 자 ② 농지에 **330**m² 이상 고정식 온실 · 비닐하우스 등을 설치하여 경작하는 자 ③ 대가축 **2**두 · 중가축 **10**두 · 소가축 **100**두, 가금 **1,000**수, 꿀벌 **10**군 이상을 사육하거나 **1**년 중 **120**일 이상 축산업에 종사하는 자 ④ 농산물을 통한 연간 판매액이 **120**만원 이상인 자

03 농업법인

영농조합법인 또는 업무집행권을 가진 자 중 **1/3** 이상이 농업인인 농업회사법인

04 자 경

농업인이 그 소유농지에서 상시 종사하거나 농작업의 **1/2** 이상을 자기의 노동력으로 경작 또는 재배하는 것

05 농지의 소유상한

① 상속농지(농업경영을 하지 아니하는 사람): **1**만m²까지만 소유
② **8**년 이상 농업경영 후 이농한 사람: **1**만m²까지만 소유
③ 주말 · 체험영농: **1,000**m² 미만(세대원 전부가 소유한 총면적)

06 농지취득자격증명

발급권자: 시장 · 구청장 · 읍장 · 면장 – 7일 이내 발급(농업경영계획서 또는 주말 · 체험영농계획서 작성이 필요 없는 경우에는 4일, 농지위원회의 심의대상인 경우에는 14일)

07 농지의 처분

처분사유	① 농업회사법인이 농업법인 요건에 맞지 아니하게 된 후 3개월이 지난 경우 ② 농지전용허가 · 신고 후 농지를 취득한 자가 취득한 날부터 **2년** 이내에 그 목적사업에 착수하지 아니한 경우 등
처분기간	① 처분사유가 발생한 날부터 **1년** 이내에 처분하여야 한다. ② 처분의무기간에 처분하지 아니하는 경우 및 거짓이나 부정한 방법으로 농지취득자격증명을 발급받아 농지를 소유한 것으로 시장 · 군수 또는 구청장이 인정한 경우에는 **6개월** 이내에 처분할 것을 명할 수 있다.
처분유예	3년간 직권으로 처분명령을 유예 → 자기 농업경영에 이용하는 경우, 한국농어촌공사와 매도위탁계약을 체결하는 경우

08 이행강제금 부과

부과금액	감정가격 또는 개별공시지가 중 높은 가액의 **25/100** + 매년 1회 부과 · 징수(30일 이내에 이의제기 가능)

09 농지의 대리경작

비교정리 · 농지의 임대차기간 → 3년 또는 5년(다년생식물재배지 또는 비닐하우스를 설치한 농지) 이상

대리경작자 지정 및 기간	① 이의신청: 지정예고일부터 10일 이내 → 시장 · 군수 · 구청장 → 7일 이내에 결과를 알려야 한다(기간만료 3개월 전까지 해지신청). ② 대리경작자의 의무: 대리경작자는 수확량의 **10/100**을 농작물의 수확일부터 **2개월 이내에 토지사용료로 해당 농지의 소유자 또는 임차권을 가진 자에게 지급하여야 한다.** ③ 대리경작기간: 따로 정하지 아니하면 **3년**으로 한다.

10 농지의 위탁경영

사 유	① 「병역법」에 따라 징집 또는 소집된 경우 ② **3개월 이상 국외여행 중인 경우** ③ 농업법인이 청산 중인 경우 ④ 질병, 취학, 공직취임, 부상으로 **3개월** 이상 치료가 필요한 경우, 교도소 · 구치소 또는 보호감호시설에 수용 중인 경우 ⑤ 농업인이 자기 노동력이 부족하여 농작업의 일부를 위탁하는 경우 ⑥ 임신 중이거나 분만 후 6개월 미만인 경우 ⑦ 농작업에 **1년 중 30일 이상** 직접 종사하거나 농작업의 **1/3** 이상을 자기 또는 세대원의 노동력에 의하는 경우(벼를 이식 또는 파종, 재배관리 및 수확, 과수를 가지치기 또는 열매솎기)

11 농업진흥구역에서 가능한 행위

① 농지개량시설, 미곡종합처리장 3만m² 미만, 육종연구를 위한 시험연구시설 3,000m² 미만
② 농업기계수리시설 3,000m² 미만, 유기질비료제조시설 3,000m²(지방자치단체가 설치하는 경우에는 1만m²) 미만

12 농업보호구역에서 가능한 행위

① 농업진흥구역에서 가능한 모든 행위
② 관광농원 3만m² 미만, 주말농원 3,000m² 미만, 양수장 · 정수장 3,000m² 미만, 단독주택 1,000m² 미만, 태양에너지발전설비 1만m² 미만

13 농지전용허가 취소(필수)

조치명령을 위반한 경우에는 허가를 취소하여야 한다.

14 농지전용신고대상

① 농업진흥지역 밖: 농 · 어업인 주택(660m² 이하), 축산업용 시설(농업인 1,500m² 이하, 법인 7,000m² 이하)
② 농업진흥지역 밖: 농수산물 유통 · 가공시설(농업인 3,300m² 이하, 법인 7,000m² 이하), 양어장 및 양식장(세대 또는 법인 1만m² 이하)
③ 농수산업 관련 시험 · 연구시설[법인당 7,000m²(농업진흥지역 안의 경우에는 3,000m²) 이하]
④ 농업진흥지역 밖에 설치하는 어린이놀이터 · 마을회관 등 공동생활 편의시설(규모 제한없음)

15 타용도 일시사용(전용 X)

① 간이 농수축산업용 시설: 7년 이내, 현장사무소: 사업시행기간 이내, 토석과 광물의 채굴: 5년 이내, 태양에너지발전설비를 설치하는 경우 → 시장 · 군수 · 구청장의 허가
② 썰매장, 지역축제장 등으로 일시적으로 사용하는 경우: 6개월 이내, 현장사무소: 6개월 이내 → 시장 · 군수 · 구청장에게 신고
③ 농지의 타용도 일시사용허가를 받거나 타용도 일시사용신고를 한 자는 농지보전부담금 납입대상이 아니다.

부 록

유형별 계산문제

국토의 계획 및 이용에 관한 법률

유형 1 연면적 계산문제

A시에 소재하는 甲의 대지 1,000m² 중 700m²는 제3종 일반주거지역에 걸쳐 있고, 나머지 300m²는 일반공업지역에 걸쳐 있을 경우, 이 토지에 건축할 수 있는 최대 연면적으로 옳은 것은? (단, A시의 제3종 일반주거지역의 용적률은 300%이고 일반공업지역에 적용되는 용적률은 250%이며, 그 밖의 다른 조건은 고려하지 않음)

① 1,650m² ② 2,200m² ③ 2,500m²
④ 2,850m² ⑤ 3,200m²

해설 하나의 대지가 둘 이상의 용도지역에 걸치는 경우로서 각 용도지역에 걸치는 부분 중 가장 작은 부분의 규모가 330m² 이하인 경우에는 전체 대지의 건폐율 및 용적률은 각 부분이 전체 대지면적에서 차지하는 비율을 고려하여 가중평균한 값을 적용하므로, 용적률 = (700 × 3 + 300 × 2.5) ÷ 1,000 × 100 = 285%이다. 용적률 285%란 대지면적의 2.85배가 연면적이 된다는 뜻이므로, 건축 가능한 최대 연면적은 2,850m²이다.

정답 ▶ ④

유형 2 건폐율 계산문제

국토의 계획 및 이용에 관한 법령상 일반상업지역 내의 지구단위계획구역에서 건폐율이 60%이고, 대지면적이 400m²인 부지에 건축물을 건축하려는 자가 그 부지 중 100m²를 공공시설의 부지로 제공하는 경우, 지구단위계획으로 완화하여 적용할 수 있는 건폐율의 최대한도(%)는 얼마인가? (단, 조례는 고려하지 않으며, 건축주가 용도폐지되는 공공시설을 무상양수받은 경우가 아님) 제27회

① 60% ② 65% ③ 70%
④ 75% ⑤ 80%

해설 완화할 수 있는 건폐율 = 해당 용도지역에 적용되는 건폐율 × [1 + 공공시설 등의 부지로 제공하는 면적(공공시설 등의 부지를 제공하는 자가 법 제65조 제2항에 따라 용도가 폐지되는 공공시설을 무상으로 양수받은 경우에는 그 양수받은 부지면적을 빼고 산정한다) ÷ 원래의 대지면적] 이내이다. 따라서 60 × (1 +100 ÷ 400) = 75%이다.

정답 ▶ ④

유형 3 용적률 계산문제(1)

A시에서 甲이 소유하고 있는 1,000m²의 대지는 제1종 일반주거지역에 800m², 제2종 일반주거지역에 200m²씩 걸쳐 있다. 甲이 대지 위에 건축할 수 있는 최대 연면적이 1,200m²일 때, A시 조례에서 정하고 있는 제1종 일반주거지역의 용적률은? (단, 조례상 제2종 일반주거지역의 용적률은 200%이며, 기타 건축제한은 고려하지 않음) 제21회

① 100% ② 120% ③ 150%
④ 180% ⑤ 200%

해설 제2종 일반주거지역에 걸쳐 있는 대지면적이 200m²이기 때문에 전체 대지에 적용되는 용적률은 가중평균하여 적용한다. 가중평균한 용적률 = 1,200 ÷ 1,000 × 100 = 120%가 된다. 가중평균한 용적률 120% = [(800 × X%) + (200 × 200%)] ÷ 1,000으로 계산하면 120,000 = 800X + 40,000이 된다. 따라서 제1종 일반주거지역의 용적률은 100%이다.

정답 ▶ ①

유형 4 용적률 계산문제(2)

甲은 도시지역 내에 지정된 지구단위계획구역에서 제3종 일반주거지역인 자신의 대지에 건축물을 건축하려고 하는바, 그 대지 중 일부를 학교의 부지로 제공하였다. 국토의 계획 및 이용에 관한 법령상 다음 조건에서 지구단위계획을 통해 완화되는 용적률을 적용할 경우 甲에게 허용될 수 있는 건축물의 최대 연면적은? (단, 지역 · 지구의 변경은 없는 것으로 하며, 기타 용적률에 영향을 주는 다른 조건은 고려하지 않음) 제24회

- 甲의 대지면적: 1,000m²
- 학교 부지 제공면적: 200m²
- 제3종 일반주거지역의 현재 용적률: 300%
- 학교 제공부지의 용적률은 현재 용도지역과 동일함

① 3,200m² ② 3,300m² ③ 3,600m²
④ 3,900m² ⑤ 4,200m²

해설 공공시설 등의 부지를 제공하는 경우에는 다음의 비율까지 용적률을 완화하여 적용할 수 있다.

완화할 수 있는 용적률 = 해당 용도지역에 적용되는 용적률 + [1.5 × (공공시설 등의 부지로 제공하는 면적 × 공공시설 등 제공 부지의 용적률) ÷ 공공시설 등의 부지 제공 후의 대지면적] 이내

따라서 용적률(300) + [1.5 × (200m² × 300) ÷ 800m²] = 412.5%가 된다. 최대 연면적 = 대지면적(800) × 용적률(4.125)이기 때문에 3,300m²이다.

정답 ▶ ②

도시개발법

유형 1 평균 토지부담률 계산문제(1)

도시개발법령상 다음 조건에서 환지계획구역의 평균 토지부담률은? 제22회

- 환지계획구역 면적: 120만m^2
- 보류지 면적: 60만m^2
- 체비지 면적: 30만m^2
- 시행자에게 무상귀속되는 공공시설 면적: 20만m^2
- 청산대상 토지면적: 10만m^2

① 10% ② 25% ③ 40%
④ 50% ⑤ 60%

해설 평균 토지부담률 = (보류지 면적 − 무상귀속되는 공공시설 면적) ÷ (환지계획구역의 면적 − 무상귀속되는 공공시설 면적) × 100%이다. 따라서 (60만m^2 − 20만m^2) ÷ (120만m^2 − 20만m^2) × 100% = 40%이다.

정답 ▶ ③

유형 2 평균 토지부담률 계산문제(2)

도시개발법령상 조합인 시행자가 면적식으로 환지계획을 수립하여 환지방식에 의한 사업시행을 하는 경우, 환지계획구역의 평균 토지부담률(%)은 얼마인가? (단, 다른 조건은 고려하지 않음) 제27회

- 환지계획구역 면적: 200,000m^2
- 공공시설의 설치로 시행자에게 무상귀속되는 토지면적: 20,000m^2
- 시행자가 소유하는 토지면적: 10,000m^2
- 보류지 면적: 106,500m^2

① 40% ② 45% ③ 50%
④ 55% ⑤ 60%

해설 조합인 시행자의 평균 토지부담률 = [보류지 면적 − (무상귀속되는 면적+시행자가 소유하는 토지면적)] ÷ [환지계획구역 면적 − (무상귀속되는 면적 + 시행자가 소유하는 토지면적)] × 100이다. 따라서 [106,500 − (20,000 + 10,000)] ÷ [200,000 − (20,000 + 10,000)] × 100 = 45%이다.

정답 ▶ ②

유형 3 비례율 계산문제

도시개발법령상 환지 설계를 평가식으로 하는 경우 다음 조건에서 비례율은? (단, 제시된 조건 이외의 사항은 고려하지 않음) 제24회

- 도시개발사업으로 조성되는 토지 · 건축물의 평가액 합계: 80억원
- 환지 전 토지 · 건축물의 평가액 합계: 40억원
- 총 사업비: 20억원

① 100% ② 125% ③ 150%
④ 200% ⑤ 250%

해설 환지 설계를 평가식으로 하는 경우 비례율 = [도시개발사업으로 조성되는 토지 · 건축물의 평가액 합계(공공시설 또는 무상으로 공급되는 토지 · 건축물의 평가액 합계는 제외) − 총사업비] ÷ 환지 전 토지 · 건축물의 평가액 합계(법 제27조 제5항 각 호에 해당하는 토지 및 같은 조 제7항에 해당 하는 건축물의 평가액 합계는 제외) × 100이다. 따라서 비례율은 (80억원 − 20억원) ÷ 40억원 × 100 = 150%이다.

정답 ▶ ③

도시 및 주거환경정비법

유형1 토지등소유자 산정방법

도시 및 주거환경정비법령상 재개발사업을 시행하기 위하여 조합을 설립하고자 할 때, 다음표의 예시에서 산정되는 토지등소유자의 수로 옳은 것은?

지번	토지 소유자	건축물 소유자	지상권자
1	A	H	
2	B		D
3	F	G	
4	A	A	

① 3명 ② 4명
③ 5명 ④ 6명
⑤ 8명

해설 토지등소유자 산정 = 지번1의 경우 A와 H 각각 1명, 지번2의 경우 B, D 중 1명, 지번3의 경우 F와 G 각각 1명, 지번4의 경우 A가 이미 지번1에서 산정되었으므로 0명이다. 따라서 조합원은 모두 5명이다.

보충 토지등소유자 산정방법

1. 주거환경개선사업, 재개발사업의 경우에는 다음의 기준에 따라 산정한다.
   - 1필지의 토지 또는 하나의 건축물을 여럿이서 공유할 때에는 그 여럿을 대표하는 1인을 토지등소유자로 산정할 것
   - 토지에 지상권이 설정되어 있는 경우, 토지의 소유자와 해당 토지의 지상권자를 대표하는 1인을 토지등소유자로 산정할 것
   - 1인이 다수 필지의 토지 또는 다수의 건축물을 소유하고 있는 경우에는 필지나 건축물의 수에 관계없이 토지등소유자를 1인으로 산정할 것. 다만, 재개발사업으로서 토지등소유자가 재개발사업을 시행하는 경우 토지등소유자가 정비구역 지정 후에 정비사업을 목적으로 취득한 토지 또는 건축물에 대해서는 정비구역 지정 당시의 토지 또는 건축물의 소유자를 토지등소유자의 수에 포함하여 산정하되, 이 경우 동의 여부는 이를 취득한 토지등소유자에 따를 것
2. 재건축사업의 경우 1인이 둘 이상의 소유권 또는 구분소유권을 소유하고 있는 경우에는 소유권 또는 구분소유권의 수에 관계없이 토지등소유자를 1인으로 산정할 것
3. 추진위원회 또는 조합의 설립에 동의한 자로부터 토지 또는 건축물을 취득한 자는 추진위원회 또는 조합의 설립에 동의한 것으로 볼 것
4. 토지등기부등본 · 건물등기부등본 · 토지대장 및 건축물관리대장에 소유자로 등재될 당시 주민등록 번호의 기록이 없고 기록된 주소가 현재 주소와 상이한 경우로서 소재가 확인되지 아니한 자는 토지등소유자의 수에서 제외할 것
5. 국 · 공유지에 대해서는 그 재산관리청 각각을 토지등소유자로 산정할 것

정답 ▶ ③

건축법

유형1 대지면적 산정방법

건축법령상 대지 A의 건축선을 고려한 대지면적은? (단, 도로는 보행과 자동차 통행이 가능한 통과 도로로서 법률상 도로이며, 대지 A는 도시지역임) 제21회

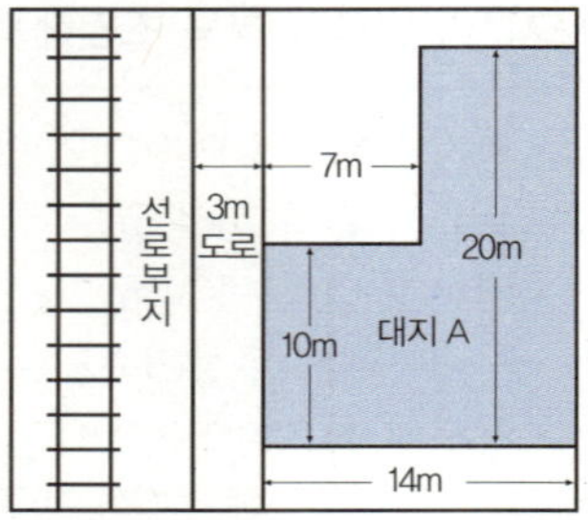

① $170m^2$ ② $180m^2$
③ $200m^2$ ④ $205m^2$
⑤ $210m^2$

해설 소요 너비에 못 미치는 도로로서 도로 반대쪽에 선로부지가 있으므로 선로부지가 있는 쪽의 도로 경계선에서 소요 너비에 해당하는 수평거리의 선을 건축선으로 한다. 따라서 대지 A쪽으로 1m를 후퇴하여 건축선이 정해지므로 대지면적은 (7m × 10m) + (13m × 10m) = $200m^2$가 된다.

정답 ▶ ③

유형 2 증축 가능한 면적 산정방법

다음의 그림은 지상 3층과 다락의 구조를 갖추고 있는 다세대주택인 건축물이다. 2층과 3층은 주거전용공간이며, 지붕이 경사진 형태인 다락의 높이는 1.7m, 처마길이는 50cm이다. 대지면적이 200m², 용적률 및 건폐율 한도가 각각 200%, 50%라 할 때, 증축 가능한 최대면적은 얼마인가? (단, 기타 건축제한 및 인센티브는 없는 것으로 함) 제20회

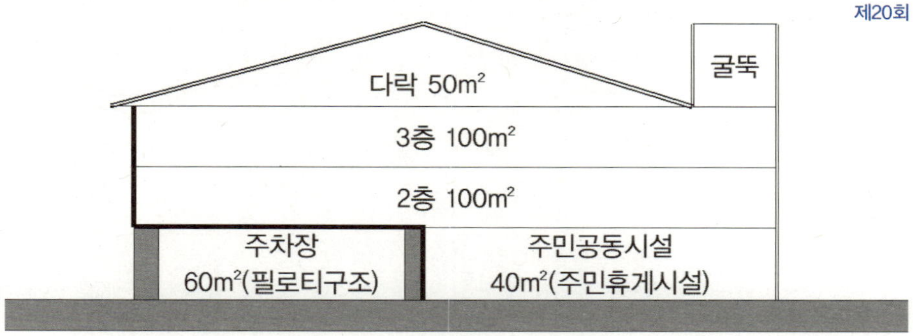

① 90m²　② 110m²　③ 140m²
④ 160m²　⑤ 200m²

해설
- 승강기탑, 계단탑, 장식탑, 다락[층고가 1.5m(경사진 형태의 지붕인 경우에는 1.8m) 이하인 것만 해당한다]은 바닥면적에 산입하지 아니한다. 따라서 다락 50m²는 바닥면적에 포함되지 않는다.
- 건축물의 외부 또는 내부에 설치하는 굴뚝은 바닥면적에 산입하지 않는다.
- 1층 부분의 주차장 면적은 용적률 산정 시 연면적에서 제외된다.
- 대지면적 200m²에 용적률 200%를 곱하면 최대 연면적은 400m²가 된다. 현재 1층의 주민공동시설 면적 40m²와 2층 부분의 바닥면적 100m², 3층 부분의 바닥면적 100m²를 사용하고 있다.

따라서 최대 연면적 400m² 중 현재 사용하고 있는 240m²를 제외한 160m²의 면적이 최대 증축 가능한 면적이다.

정답 ▶ ④

유형 3 용적률 산정방법

건축법령상 1,000m²의 대지에 건축한 다음 건축물의 용적률은 얼마인가? (단, 제시된 조건 외에 다른 조건은 고려하지 않음) 제24회

- 하나의 건축물로서 지하 2개 층, 지상 5개 층으로 구성되어 있으며, 지붕은 평지붕임
- 건축면적은 500m²이고, 지하층 포함 각 층의 바닥면적은 480m²로 동일함
- 지하 2층은 전부 주차장, 지하 1층은 전부 제1종 근린생활시설로 사용됨
- 지상 5개 층은 전부 업무시설로 사용됨

① 240%　② 250%　③ 288%
④ 300%　⑤ 480%

해설 용적률 = 연면적 ÷ 대지면적 × 100이다. 연면적은 하나의 건축물 각 층의 바닥면적의 합계로 하되, 용적률을 산정할 때에는 지하층의 면적, 지상층의 주차용으로 쓰는 면적, 초고층건축물과 준초고층건축물에 설치하는 피난안전구역의 면적, 건축물의 경사지붕 아래에 설치하는 대피공간의 면적은 연면적에서 제외한다. 그러므로 연면적 = 480m² × 5 = 2,400m²이다.
따라서 용적률 = 2,400m² ÷ 1,000m² × 100 = 240%가 된다.

정답 ▶ ①

유형 4 층수 산정방법

지하층이 2개 층이고 지상층은 전체가 층의 구분이 명확하지 아니한 건축물로서, 건축물의 바닥면적은 600m²이며 바닥면적의 300m²에 해당하는 부분은 그 높이가 12m이고 나머지 300m²에 해당하는 부분의 높이는 16m이다. 이러한 건축물의 건축법령상 층수는? (단, 건축물의 높이는 건축법령에 의하여 산정한 것이고, 지표면의 고저차는 없으며, 건축물의 옥상에는 별도의 설치물이 없음) 제23회

① 1층　② 3층　③ 4층
④ 5층　⑤ 6층

해설 층의 구분이 명확하지 아니한 건축물은 그 건축물의 높이 4m마다 하나의 층으로 보기 때문에 높이가 12m인 경우에는 3층이 되고, 높이가 16m인 경우에는 4층의 건축물이 된다. 또한, 건축물의 부분에 따라 층수가 다른 경우에는 가장 많은 층수로 보기 때문에 해당 건축물의 층수는 4층이 된다.

정답 ▶ ③

유형 5 바닥면적 산정방법

건축법령상 대지면적이 160m²인 대지에 건축되어 있고, 각 층의 바닥면적이 동일한 지하 1층 · 지상 3층인 하나의 평지붕 건축물로서 용적률이 150%라고 할 때, 이 건축물의 바닥면적은 얼마인가? (단, 제시된 조건 이외의 다른 조건이나 제한은 고려하지 아니함) 제25회

① 60m² ② 70m² ③ 80m²
④ 100m² ⑤ 120m²

해설 용적률 = 연면적 ÷ 대지면적 × 100이다. 현재 용적률은 150%이고, 대지면적은 160m²이다. 이 경우 대지면적(160m²)의 1.5배가 연면적이 된다. 따라서 이 건축물의 연면적은 240m²가 된다. 여기에서 지하층은 용적률 산정 시 연면적에서 제외되기 때문에 지상 3층만 계산하면 이 건축물의 바닥면적은 80m²가 된다.

정답 ▶ ③

유형 6 높이 산정방법

건축법령상 다음의 예시에서 규정하고 있는 건축물의 높이로 옳은 것은?

- 건축물의 용도: 일반업무시설
- 건축면적: 560m²
- 층고가 4m인 6층의 건축물
- 옥상에 설치된 높이 6m인 장식탑의 수평투영면적 80m²

① 18m ② 25m ③ 28m
④ 30m ⑤ 36m

해설 건축면적의 1/8은 560m² × 1/8 = 70m²가 된다.
옥상에 설치된 높이 6m인 장식탑의 수평투영면적이 80m²이기 때문에 건축면적의 1/8을 초과한다. 따라서 옥상에 설치된 높이 6m인 장식탑의 높이는 건축물의 높이에 포함하여야 한다.
즉, 층고가 4m인 6층의 건축물의 높이는 24m + 6m = 30m가 된다.

정답 ▶ ④

2026 박문각 공인중개사

김희상 부동산공법 체계도

초판인쇄 | 2025. 10. 25.　초판발행 | 2025. 10. 30.　편저자 | 김희상
발행인 | 박 용　발행처 | (주)박문각출판　등록 | 2015년 4월 29일 제2019-000137호
주소 | 06654 서울특별시 서초구 효령로 283 서경 B/D　팩스 | (02)584-2927
전화 | 교재 문의 (02) 6466-7202, 동영상 문의 (02) 6466-7201

ISBN 979-11-7519-334-5　　정가 18,000원